HR财务思维

薪酬设计+成本管控+全面控制与量化考核+人效倍增

王美江◎著

人民邮电出版社
北京

图书在版编目（CIP）数据

HR财务思维 : 薪酬设计+成本管控+全面控制与量化考核+人效倍增 / 王美江著. -- 北京 : 人民邮电出版社, 2020.6
ISBN 978-7-115-53785-0

Ⅰ. ①H… Ⅱ. ①王… Ⅲ. ①企业管理－财务管理 Ⅳ. ①F275

中国版本图书馆CIP数据核字(2020)第061166号

内容提要

HR作为企业领导者的左膀右臂，必须了解基本的财务概念，看得懂财务报表，能够平衡好企业成本、用工策略、薪酬管控、社保税管等的关系。这样才能优化企业的人才结构，帮助企业以合理成本创造最大效益。

本书从HR的财务思维入手，通过7章内容，全面而深入地讲述了企业HR做财务报表分析、分清HR与成本的关系、用工管理新挑战、编制人力资源成本预算、分析人力资源成本、降低人力资源成本、人力资源全面成本管理等的策略与方法。

本书内容丰富且极具可操作性，适合企业HR相关人员阅读，也适合创业者、中小企业管理者等阅读。

◆ 著　　　　王美江
责任编辑　李士振
责任印制　周昇亮

◆ 人民邮电出版社出版发行　　北京市丰台区成寿寺路 11 号
邮编　100164　　电子邮件　315@ptpress.com.cn
网址　https://www.ptpress.com.cn
北京七彩京通数码快印有限公司印刷

◆ 开本：720×960　1/16
印张：19.5　　　　2020 年 6 月第 1 版
字数：368 千字　　　　2025 年 2 月北京第 21 次印刷

定价：69.80 元

读者服务热线：(010)81055296　印装质量热线：(010)81055316
反盗版热线：(010)81055315

前言

随着我国企业更深入地参与国际市场竞争，企业各个部门都面临巨大的挑战。部门员工不但要了解和熟悉本部门的业务，更要学习和使用跨部门、跨领域的内容，以便更好地服务于企业，帮助企业参与市场竞争。

如企业的人力资源管理部门，就是为企业获得人才、降本增效的关键渠道。俗话说“人财不分家”，如果人力资源管理人员连基础的财务知识都不懂，与业务部门的沟通不在一个“频道”上，那如何做好人力资源管理工作呢？更别谈帮助企业营利了。这样的人力资源管理人员怎能得到领导和业务部门的信赖和认可呢？

另外，我国企业转型升级，国家实施了新的税管和社保制度，企业需要各部门精细化发展，需要在成本方面进行全面管控。人力资源管理人员作为企业的“大管家”，必须了解基本的财务概念，看得懂财务报表，懂得如何平衡好企业成本、用工策略、薪酬管控、社保税管等的关系，能够为企业降本增效。这样的人力资源管理人员才是企业需要的人才。

正是基于这样的考虑，本书作者在同名畅销微课的基础上策划出版了这样一本书，希望能够给读者更多的实用方法、更好的思路指导，希望帮助人力资源管理人员更好地服务于企业，助力企业转型升级。

本书内容可操作性强，全面呈现了人力资源管理人员必备的财务思维。不论是三大报表，还是企业的用工成本，人力资源管理人员都能在本书中找到实用的方法。本书内容一看就懂，简单实用。此外，本书图文结合，配以大量丰富的图表，方便读者理解和学习。特别是表格，能帮助读者快速上手、轻松掌握必备的知识和技能。

本书内容顺应市场需求，加入了诸多作者服务过的企业的实操案例，让读者在阅读、学习的过程中，能够通过借鉴其他企业的成功或失败经验，少走弯路，更快、更好地做好人力资源管理工作。

通过阅读本书，读者能掌握更深入的财务思维、更清晰的分析逻辑、更全面的知识体系，从而成为学习、工作都更高效的人力资源管理高手。

本书面向的读者如下。

① 企业人力资源相关人员，包括人力资源专员、人力资源总监等；

② 中小企业管理者、创始人；

③ 人力资源专业的师生；

④ 人力资源爱好者。

编者

目录

第1章　HR财务思维：三大报表分析

第2章　HR财务思维：HR与成本的关系

第 3 章　HR 财务思维：用工管理新挑战与人力成本概述

第 4 章　人力资源管理部门财务融合：如何编制人力资源成本预算

第 7 章 人力资源管理部门财务融合：人力资源全面成本管理 18 招

第 1 章

HR 财务思维：三大报表分析

“人财不分家”，无论是人力资源部门，还是财务部门，都是企业健康发展的重要基石。如果 HR（人力资源，英文为 Human Resource，简称 HR，可指对企业员工进行选拔、使用、培养、考核、奖惩等一系列的管理活动，也指相关职位和相关从业人员。若无特殊说明，本书所指 HR 即相关从业人员）连基础的财务知识都不懂，自然难以与业务部门进行有效沟通，其人才管理也就难以达到预期效果。其实，企业所有的业务和经营活动都反映在三大财务报表当中，这也是企业管理的基础，当然也是 HR 理解业务的来龙去脉、洞察企业经营管理的基础。

1.1 财务 3 张报表：洞察企业经营背后的“故事”

财务报表是企业会计核算工作的精髓，集中体现了企业一定时期的财务状况、经营成果和现金流量。在企业众多的财务报表中，对外公布的报表主要是资产负债表、利润表、现金流量表（上市公司还必须公布所有者权益变动表）。

一直以来，大家都认为看财务报表是非常让人头疼的事情，其实分析财务报表是一门“艺术”。读懂财务报表并不难，只要解开财务报表的神秘面纱就可以清楚地了解报表的本质和信息。作为企业的 HR，能看懂这 3 张报表，非常重要。

1.1.1 资产负债表：企业家底、实力、“里子”

什么是资产负债表?

资产负债表（the Balance Sheet）亦称财务状况表，表示企业在一定日期（通常为各会计期末）的财务状况（即资产、负债和所有者权益的状况）的主要会计报表。资产负债表利用会计平衡原则，将合乎会计原则的资产、负债、所有者权益科目分为“资产”和“负债及所有者权益”两大区块，在经过分录、转账、分类账、试算平衡、调整等会计程序后，以特定日期的静态企业情况为基准，浓缩成一张报表。这张报表的作用除了企业内部除错、指明经营方向、防止弊端外，也可让所有阅读者于最短时间内了解企业的经营状况。

企业的 HR，或者其他非会计人员，如何轻松看懂资产负债表呢?

1. 资产负债表的功能

资产负债表共有四大功能，如表 1.1-1 所示。

表 1.1-1　资产负债表的四大功能

序号	功能	具体内容	备注
1	反映资产及其分布情况	资产负债表能够反映企业在特定时点拥有的资产及其分布状况的信息	如企业的流动资产有多少、固定资产有多少、长期投资有多少、无形资产有多少等
2	表明企业所承担的债务及其偿还时间	—	—
3	反映净资产及其形成原因	资产负债表反映在特定时点投资人所拥有的净资产及其形成的原因	—
4	反映企业财务状况趋势	资产负债表能够反映企业财务状况的发展趋势	反映的数据是静态的，把几年的数据结合起来看就是动态的

2. 如何快速看懂资产负债表

由于资产负债表是工作人员在特定时间制作出来的有固定格式的表格，查看企业资产负债表时，一般要注意 3 点：一是倒着看；二是注意其有效性，即制表的时效性；三是比较连续静点表之间的关系。

简单来说，快速看懂资产负债表有 3 步，具体内容如图 1.1-1 所示。

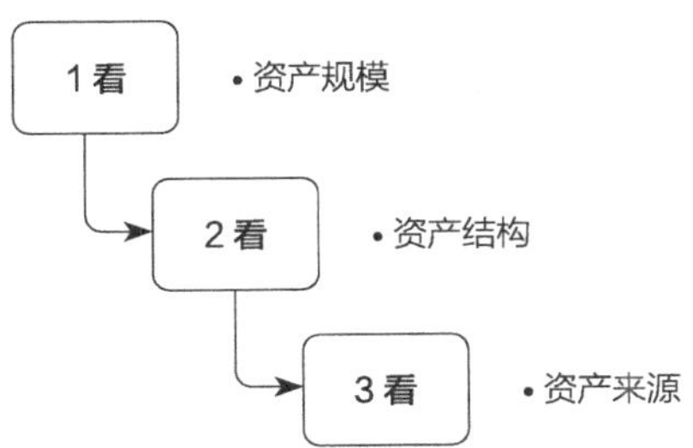

图 1.1-1　快速看懂资产负债表的 3 步

（1）看资产规模

HR 想要了解企业的资产规模如何，需要从两个要素着手，分别是资产分类和资产总额，如表 1.1-2 所示。

表 1.1-2　企业资产规模的两个要素

序号	要素	具体内容	备注
1	资产分类	企业资产为一级分类，二级分类有流动资产、非流动资产	比如，一个家庭有 300 万元资产，其表现形式有可能包括房屋、现金、股票、黄金、古董、牲畜等，其中，牲畜在报表中为生物资产。企业也是同样的道理
		二级分类主要有流动资产和非流动资产，非流动资产中又包括固定资产和无形资产等	
		资产很多，其表现形式往往会有不同	
2	资产总额	企业需要进行经营和管理才能扩大规模、提高社会影响力	企业在不同时期，有不同的发展方向，需要不同的资产状况，但企业资产总额却是企业发展过程中的关键
		经营，即对财和物的管理，是指利用有限资源换取更多资源的活动，而资产、资本、资源都是在不同领域对同一对象的称谓	

（2）看资产结构

从企业资产结构来讲，HR 主要从固流结构、现金和存货来看。

① 固流结构。

固定资产和流动资产之间的比率，称为固流结构。资产结构是平衡企业盈利能力和企业安全的重要指标，也是了解资产特性并且合理地运用资产特性，创造更多利润的关键指标。

企业的固流结构是非常关键的指标，根据它可以快速判断出企业的发展前景。每个企业的发展状况不一样，其固流结构也不一样，只有利于企业发展的合适的固流结构才是好的固流结构。

企业报表是用来检查企业战略是否得到实现的工具。比如，企业制定本月的发展战略是出售固定资产，什么时候出售完、企业的现金流有无增加、固定资产有无减少，就得看报表。填制完报表以后，对比新旧报表，若发现新报表中固定资产不减反增，这就体现出企业存在执行力差的问题。

② 现金和存货。

越大的企业，财务管理越重要。资产结构不仅可以用固流结构来表示，还可以用现金和存货来表示。比如在房地产行业中，房地产企业买的土地，就不属于固定资产，而属于存货。这类企业需要用现金跟存货来进行对比，尤其是跟土地的价值来进行对比。

因此，企业 HR 在掌握基本原理后，可以自己创设适合本企业的相关财务指标，以方便查看。

（3）看资产来源

看企业资产的来源，概括起来，就是要看企业有多少负债、看资产负债表中的总指标（即资产负债率）。

① 有多少负债。

账户式资产负债表分左右两方：左方为资产项目；右方为负债及所有者权益项目，一般按要求清偿时间的先后顺序排列，所以，其能反映企业的负债情况和所有者权益数目。

② 资产负债率。

资产负债率是用来衡量企业的偿债能力的指标，通过资产负债率，即可看出企业的负债水平。资产负债率可以衡量企业的偿债能力，不是主要给企业经营者、HR 看的。如果总资产是一个杠杆，其中负债越多，支点就会越往前靠，此时用财务杠杆撬动的利润也更大。从消费的角度来讲，借钱是需要还利息的，借钱多是不好的，但从经营的角度来讲，讲究的则是白手起家。

有人找小李帮忙，需要借 100 元，并承诺到时一定会还利息。只是，这时小李只有 1 元，于是为了帮忙，向朋友借了 99 元，小李就拿 100 元给了借钱的人，之后借钱的人除了把本钱给小李之外，还另外给了他 1 元的利息，小李再把钱全还给朋友。这时，小李就挣了 1 元，但是小李只拿出了 1 元，剩下的都是向其他人借的，也就是小李的净资产收益率是 100%。如果不出钱就能借到 100 元，小李还挣了 1 元，净资产收益率就是无穷大。

可见，其他人或者银行愿不愿意借钱给企业，看的就是企业的资产负债率。资产负债率是企业经营者、HR 的参考指标，更是债权人用来考核企业的指标。如果企业的资产负债率过高，不仅银行不会贷款，甚至其他债权人也不会进行投资。

③ 资产负债率高低。

一般来说，债权人会先看企业的资产负债率再决定借给企业多少钱，一旦资产负债率过高，则有可能不借。因此，HR 在了解了相关指标后，就能做好人力资源管控的预案，就能明白未来如何为企业招聘、如何制定薪酬标准等。

④ 资产财务杠杆。

资产负债率高，表明财务杠杆大。财务杠杆展现企业利用资源整合为股东创造更多利润的愿望和能力。负债越多，杠杆越大；撬动的利润就越多，但是同时风险也越大。HR 要根据这些指标，准确判断企业未来发展的形势，帮助企业编制更加合理的人力资源预算。

1.1.2 利润表：企业能力、“面子”

利润表（Income Statement）是反映企业在一定会计期间的经营成果的财务报表。当前国际上常用的利润表格式有单步式和多步式两种。单步式利润表是将当期收入总额相加，然后将所有费用总额相加，一次计算出当期收益的利润表格式，其特点是所提供的信息都是原始数据，便于理解；多步式利润表是将各种利润分多步计算求得净利润的利润表格式，便于阅读者比较和分析企业经营情况和盈利能力。

利润表是企业的能力和“面子”的反映，它有 3 个功能，明白这 3 个功能，HR 才能更清楚地掌握企业的经营状况。

1. 利润表的 3 个功能

利润表给企业做的是一个录像，这个录像专门记录企业在一定时期内有多少收入、多少费用、多少利润。利润表可以告诉 HR，企业是在赚钱还是在赔钱。如果是在赚钱，主要赚在什么地方；如果是在赔钱，主要赔在什么地方。由此，HR 可以发现人力成本的状况。

① 利润表反映企业在一定时期内的经营成果。或者说它可以告诉 HR，这段时间企业是在赚钱还是在赔钱。

② 利润表有助于 HR 评价企业的获利能力，从而调整人力成本管控措施。

③ 利润表可以帮助 HR 预测企业未来盈利变化的趋势，进而调整人力成本预算、薪酬绩效体系等。

利润表的核心公式为：利润 = 收入 − 成本费用。因此，在读利润表的过程中，HR 重点关注核心的收入与成本费用即可。将利润表核心公式中的要素细化，可以从表 1.1–3 中看出利润表的主要构成。

表 1.1–3　利润表

会企 02 表

编制单位：　　　　　　　　____年____月　　　　　　　　单位：元

项目	本期金额	上期金额
一、营业收入		
减：营业成本		
税金及附加		
销售费用		

续表

项目	本期金额	上期金额
管理费用		
研发费用		
财务费用		
其中：利息费用		
利息收入		
加：其他收益		
投资收益（损失以“–”号填列）		
其中：对联营企业和合营企业的投资收益		
公允价值变动收益（损失以“–”号填列）		
资产减值损失（损失以“–”号填列）		
资产处置收益（损失以“–”号填列）		
二、营业利润（亏损以“–”号填列）		
加：营业外收入		
减：营业外支出		
三、利润总额（亏损总额以“–”号填列）		
减：所得税费用		
四、净利润（净亏损以“–”号填列）		
（一）持续经营净利润（净亏损以“–”号填列）		
（二）终止经营净利润（净亏损以“–”号填列）		
五、其他综合收益的税后净额		
（一）不能重分类进损益的其他综合收益		
1. 重新计量设定受益计划变动额		
2. 权益法下不能转损益的其他综合收益		
……		

续表

项目	本期金额	上期金额
（二）将重分类进损益的其他综合收益		
1. 权益法下可转损益的其他综合收益		
2. 可供出售金融资产公允价值变动损益		
3. 持有至到期投资重分类为可供出售金融资产损益		
4. 现金流量套期损益的有效部分		
5. 外币财务报表折算差额		
……		
六、综合收益总额		
七、每股收益：		
（一）基本每股收益		
（二）稀释每股收益		

从表 1.1–3 中可以看出，利润表的项目主要包括营业收入、营业利润、利润总额、净利润等，这些要素中也包含着 HR 需要关注的人力成本费用，如管理费用等。这些费用的变化，影响着企业的利润状况。

2. 如何快速看懂利润表

利润 = 收入 – 成本费用，这是最核心的一个公式。但是，由于公司不同，业务不同，收入的来源也不同，根据不同的目的而产生的支出也不同。

同时，有些收入或者支出是经常性的或者持续性的，而有些收入和支出则是一次性的或者偶尔产生的，因此，HR 在查看企业的利润表时，就必须考虑应该重点关注哪些收入或者支出，可以忽略或者不必重点关注哪些收入或者支出。

收入包括经营收入（如商品和服务的销售）、投资收入和营业外收入，通常使用的收入概念是销售收入或者经营收入。这些收入中，HR 一定要清楚哪些是要特别关注的，哪些是可以忽略的。因为这些数据也将影响企业人力成本管控的各个方面。

成本费用，包括成本和费用。成本是与销售的每件商品相联系的，反映为了生产或者销售商品或服务而支付的款项，如购买原材料支出等。而费用则是指为了维持公司日常经营而花费的支出，如薪金、办公场地租金、公用事业费、法律费用、销售费用、财务会计费用、通信费用等。这些成本费用中，HR 需要关注多方面的要素，如薪金、招聘费用、绩效奖金等。

利润表的要素很多，但 HR 不需要去研究特别细分的会计项目，只需要快速读懂以上与人力资源相关的项目，并运用在薪酬体系设置、人力成本管控等当中，就能很好地为企业降本增效。

1.1.3 现金流量表：企业“血液”，决定企业的生死

现金流量表是财务报表的 3 张基本报表之一，所反映的是在一定期间（通常是每月或每季度）内，一家企业的现金（包含银行存款）增减变动的情况。

现金流量表主要反映资产负债表中各个项目对现金流量的影响，并根据其用途划分为经营、投资及筹资三个活动分类。现金流量表可用于分析一家企业在短期内有没有足够现金去应付开销。

这里的“现金”是指广义的现金，不仅指库存现金和银行存款，也指各类现金等价物。其中，现金等价物是指期限短、流动性强或易转换为现金的投资。

随着企业经营的不断发展和日趋复杂，资金周转问题成为许多企业经营中断的核心原因。现金已经成为企业的“血液”，决定着企业的生死。

因此，反映企业资金动向的现金流量表，也成为备受企业经营者重视的财务报表。

1. 现金流量表的 3 个功能

现金流量表是反映企业一定期间内现金流向的会计报表，主要体现了企业的短期生存能力，提供了企业经营是否健康的证据。

每位 HR 都应当认识到，一家正常经营的企业，在创造利润的同时，还应创造现金收益。从这个角度出发，HR 也就能够理解现金流量表的 3 个功能。

（1）弥补资产负债表信息量的不足

资产负债表主要体现了资产、负债和所有者权益 3 个会计要素的期末余额，利润表则主要体现了收入、费用、利润 3 个会计要素的本期累计发生额。

在这样的编制过程中，资产、负债、所有者权益 3 个会计要素的发生额则无法有效体现。如此一来，本期的发生额与本期净增加额就难以得到合理利用。

现金流量表则可以明确地告诉 HR：资产、负债、所有者权益的增减发生额，以及现金变动的具体原因。

（2）从现金流量角度进行企业考核

对任一企业而言，缺乏现金购买或支付能力都是致命的。因此，HR 必须从现金流量角度进行企业考核，而现金流量表则为 HR 提供了现金流量信息。

利润表虽然同样可以反映企业收入，但基于权责发生制的递延、应计、摊销和分配原则，企业有利润、没现金的现象却时有发生。因此，借助基于收付实现制的现金流量表，可以让 HR 知道现金的流入、流出情况。

（3）了解企业筹措现金、生成现金的能力

现金是企业的“血液”，决定了企业的生死。HR 需要根据企业的现金情况，控制人力成本，避免人力成本消耗大量的现金，进而影响企业的现金周转能力。

现金流量表能让 HR 了解企业筹措现金、生成现金的能力，从而量入为出，合理使用、调度现金。

2. 如何快速看懂现金流量表

现金流量表的编制基础是收付实现制，现金流量表是反映企业在一定时期内现金收入和现金支出情况的报表，如表 1.1-4 和表 1.1-5 所示。

表 1.1-4 现金流量表

会企 03 表

编制单位： ____年____月 单位：元

项目	本期金额	上期金额
一、经营活动产生的现金流量：		
销售商品、提供劳务收到的现金		
收到的税费返还		
收到其他与经营活动有关的现金		
经营活动现金流入小计		
购买商品、接受劳务支付的现金		
支付给职工以及为职工支付的现金		
支付的各项税费		
支付其他与经营活动有关的现金		
经营活动现金流出小计		
经营活动产生的现金流量净额		
二、投资活动产生的现金流量：		
收回投资收到的现金		
取得投资收益收到的现金		
处置固定资产、无形资产和其他长期资产收回的现金净额		
处置子公司及其他营业单位收到的现金净额		
收到其他与投资活动有关的现金		
投资活动现金流入小计		
购建固定资产、无形资产和其他长期资产支付的现金		
投资支付的现金		
取得子公司及其他营业单位支付的现金净额		
支付其他与投资活动有关的现金		

续表

项目	本期金额	上期金额
投资活动现金流出小计		
投资活动产生的现金流量净额		
三、筹资活动产生的现金流量：		
吸收投资收到的现金		
取得借款收到的现金		
收到其他与筹资活动有关的现金		
筹资活动现金流入小计		
偿还债务支付的现金		
分配股利、利润或偿付利息支付的现金		
支付其他与筹资活动有关的现金		
筹资活动现金流出小计		
筹资活动产生的现金流量净额		
四、汇率变动对现金及现金等价物的影响		
五、现金及现金等价物净增加额		
加：期初现金及现金等价物余额		
六、期末现金及现金等价物余额		

表 1.1-5　现金流量表（附表）

编制单位：　　　　　　　　____年____月　　　　　　　　单位：元

补充资料	金额
1. 将净利润调节为经营活动现金流量：	
净利润	
加：计提的资产减值准备	
固定资产折旧	
无形资产摊销	

续表

补充资料	金额
长期待摊费用摊销	
待摊费用减少（减：增加）	
预提费用增加（减：减少）	
处置固定资产、无形资产和其他长期资产的损失（减：收益）	
固定资产报废损失	
财务费用	
投资损失（减：收益）	
递延税款贷项（减：借项）	
存货的减少（减：增加）	
经营性应收项目的减少（减：增加）	
经营性应付项目的增加（减：减少）	
其他	
经营活动产生的现金流量净额	
2. 不涉及现金收支的投资和筹资活动：	
债务转为资本	
一年内到期的可转换公司债券	
融资租入固定资产	
3. 现金及现金等价物净增加情况：	
现金的期末余额	
减：现金的期初余额	
加：现金等价物的期末余额	
减：现金等价物的期初余额	
现金及现金等价物净增加额	
企业负责人：　　主管会计：　　制表： 报出日期：　　年　　月　　日	

由表 1.1–4 和表 1.1–5 可见，企业的现金流量主要由经营活动、投资活动和筹资活动 3 个部分构成。

HR 只需掌握现金流量表的结构及特点，就可轻松看懂现金流量表的内部构成，从而了解企业现金的来龙去脉和现金收支构成，全面、客观地理解企业的财务状况和经营业绩。

（1）经营活动产生的现金流量

经营活动产生的现金流量主要源自两部分：其一是销售商品、提供劳务收到的现金；其二是购进商品、接受劳务付出的现金。其中，接受劳务付出的现金，很大程度上就是人力成本。

当企业经营正常、购销平衡时，二者的比率越大，就说明企业的销售利润越大，且销售回款良好、创造现金流的能力强。

HR 也可将销售商品、提供劳务收到的现金与经营活动流入的现金总额相比，如比例较大，则说明企业主营业务突出；或可将经营活动现金净流量与上期的相比，如增长率较高，则说明企业成长性较好。

（2）投资活动产生的现金流量

随着企业规模的不断扩大，为了开发新的利润增长点，企业需要在某些项目上投入大量的现金，而投资活动产生的现金流入，则能够为企业发展提供更多的现金支持。

如果投资项目运营良好，该项目产生的现金流入就能用于偿还债务并创造现金流；反之，如果投资效果不及预期效果，企业则可能出现偿债困难的情况。

投资活动产生的现金流量一般与投资项目息息相关。HR 应当结合每个投资项目进行分析，而不是简单对现金流入、流出情况进行判断。

（3）筹资活动产生的现金流量

一般而言，筹资活动能够为企业带来大量的现金流入，但也能使企业面临更大的偿债压力。例外的是，企业吸收的权益性资本，并不需要企业偿还，反而会增强企业的资金实力。

因此，HR 可以将权益性资本带来的现金流入与筹资活动现金总流入相比，如比例较大，则说明企业资金实力较强，财务风险也较低。

现金流量表的构成较为明确，HR 要关注的是各类活动产生的现金流量情况，及其比例，从而了解企业的主要现金来源和支出构成，根据现金流向灵活调整人力成本配置，使企业现金收支结构更加合理。

1.1.4 3 张报表之间的关系：财务综合分析与预警机制

资产负债表、利润表和现金流量表共同构成了财务管理的 3 张主要报表，全面、系统地揭示了企业一定时期的财务状况、经营成果和现金流量。HR 想要洞察企业经营背后的“故事”，这 3 张报表缺一不可。

借助这 3 张报表，HR 不仅能够对企业的财务状况进行综合分析，也能够借此建立预警机制，实现人力成本的预算分析与全面管控。而要实现这一目标，HR 就必须明确 3 张报表之间的关系。

1. 勾稽关系

勾稽关系是财务管理中的一个常用术语。勾稽关系是指账簿和会计报表中有关数字之间存在的，可据以相互考查、核对的关系。例如，每一总分类账户的期末余额与其所属各二级账户或明细分类账户的期末余额之和，存在着相互一致可以核对的关系。注意利用勾稽关系，有助于减少差错，保证会计账簿、会计报表的准确性。

所谓 3 张报表之间的关系，实际上就是一种勾稽关系。

一般而言，财务报表的勾稽关系主要有以下 6 种。

① 平衡勾稽关系指报表两方的数字相互平衡，如资产负债表、资金平衡表。

② 对应勾稽关系指复式记账法下每项经营业务在多个账户中的对应关联关系。

③ 和差勾稽关系指报表中的某些指标等于其他几个指标的和或差。

④ 积商勾稽关系指报表中的某些指标等于其他几个指标的积或商。

⑤ 动静勾稽关系指“动态表”与“静态表”反映某些指标时具有一致性，如专用拨款表与资金平衡表。

⑥ 补充勾稽关系，指为了详细说明报表中的某些指标，另设项目或表式加以补充说明。

2. 表内的勾稽关系

HR 要掌握 3 张报表之间的关系，首先就要掌握表内的勾稽关系。而这就离不开财务报表的 7 个核心要素：资产、负债、所有者权益、收入、成本、费用和利润。这 7 个要素的相互关系，也组成了 HR 必懂的黄金等式，如图 1.1-2 所示。

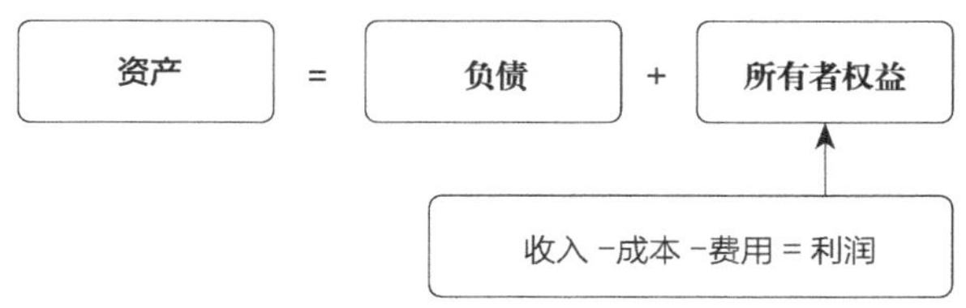

图 1.1-2　HR 必懂的黄金等式

例如，某企业主用 50 万元注册公司，50 万元实际汇款到公司账上。

则：资产（50 万元）= 负债（0）+ 所有者权益（50 万元）。

上述公司向银行借款 20 万元。

则：资产（ 50 万元 +20 万元）= 负债（20 万元）+ 所有者权益（50 万元）。

上述公司卖掉一批货收入 30 万元，成本 20 万元，各种费用合计 2 万元。

则：利润 = 收入（30 万元）− 成本（20 万元）− 费用（2 万元）=8（万元）。

3张报表的综合运用，正是为了将这一黄金等式细化拓展并应用到企业经营当中。从这个角度来看，HR就能简单理解3张报表的表内的勾稽关系，如图1.1-3所示。

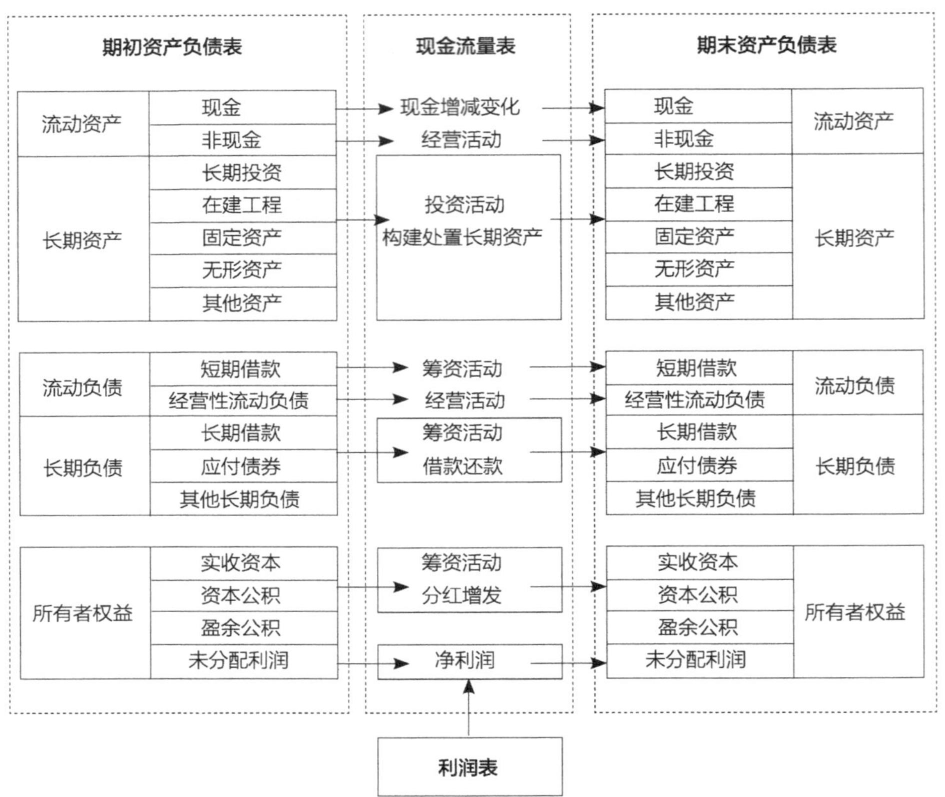

图1.1-3 表内的勾稽关系

3张报表的表内勾稽关系，可以简单理解为以下3个公式。

资产负债表：资产＝负债＋所有者权益。

利润表：利润＝收入－费用－成本。

现金流量表：现金净流量＝现金流入－现金流出。

3. 表间的勾稽关系

在充分理解表内的勾稽关系之后，HR 就能够轻松掌握 3 张报表的表间勾稽关系。

图 1.1-4　表间的勾稽关系

表间的勾稽关系如图 1.1-4 所示，在 3 张报表之间，有多项指标之间存在勾稽关系。HR 必须掌握其中 2 个主要勾稽关系。

（1）未分配利润

未分配利润是企业支付成本、费用，减去税金、付完利息，分配完股东收益之后的剩余收入，是企业活动产生的所有经济成果。其表间勾稽关系如下。

（资产负债表）未分配利润期末数 − 未分配利润期初数 =（利润表）未分配利润

（2）现金

现金是企业的“血液”，也是 HR 控制人力成本的重要依据。其表间勾稽关系如下。

（资产负债表）货币资金期末数 − 货币资金期初数 =（现金流量表）现金及现金等价物净增加额

4. 财务综合分析与预警机制

财务报表不仅能够用来评价企业的经营业绩，也能帮助 HR 诊断企业的财务健康状况、调整未来经营与财务政策，并对企业未来的投资价值进行评价。

在理解了 3 张财务报表之间的关系之后，HR 就可以对企业的经营状况进行分析与诊断了。

一般而言，财务综合分析与预警机制主要涉及 4 类指标。

（1）盈利指标

对于盈利指标的分析判断，需要将指标与同行业指标进行对比，或与企业预算进行比较。其主要指标有 3 个。

销售净利率 = 净利润 ÷ 销售收入 ×100%

资产净利率 = 净利润 ÷ 平均资产总额 ×100%

净资产收益率 = 净利润 ÷ 净资产 ×100%

（2）周转指标

周转指标主要反映企业经营要素的周转情况，通常以周转率（周转次数）

或周转天数进行计算。

一般而言，经营要素周转速度越快，其创造的价值就越大。周转指标主要包含 3 个方面的内容。

应收账款周转率 = 销售净收入 ÷ 平均应收账款；周转天数 =360 天 ÷ 应收账款周转率

存货周转率 = 销售成本 ÷ 平均存货；周转天数 =360 天 ÷ 存货周转率

总资产周转率 = 销售收入 ÷ 平均资产总额；周转天数 =360 天 ÷ 总资产周转率

（3）发展指标

发展指标主要反映企业经营发展的情况，主要包含 3 个指标。

销售净利率 = 净利润 ÷ 销售收入 ×100%

净利润增长率 = 净利润增长额 ÷ 上年净利润 ×100%

净资产增长率 =(净利润 ÷ 销售收入)×(销售收入 ÷ 平均资产总额) ×(平均资产总额 ÷ 净资产) ×100%

= 净利润 ÷ 净资产 ×100%

其中，净利润增长率和净资产增长率是衡量企业发展状况的重要指标，HR 应当充分关注。

（4）风险指标

风险指标反映了企业经营的潜在风险。HR 需要及时关注风险指标的变动，并据此调整人力成本控制，以维护企业的健康发展。

风险指标主要包含 5 个指标。

资产负债率 = 总负债 ÷ 平均资产总额 ×100%

流动比率 = 流动资产 ÷ 流动负债

速动比率 =（流动资产 − 存货）÷ 流动负债

现金比率 = 现金及现金等价物 ÷ 流动负债

利息保障倍数 = 息税前利润 ÷ 利息

借助上述指标，HR 就可以对财务报表进行诊断，并发出预警，如表 1.1–6 所示。

表 1.1–6　财务报表诊断

病症	化验单
贫血症	① 流动比率＜ 1.8 ② 速动比率＜ 0.8
消化不良症	① 应收账款周转率＜ 3 ② 存货周转率＜ 4
饥饿消渴症	① 亏损 ② 资产负债率＞ 90%

通过上述指标的分析不难看出，成本不仅是企业经济资源的耗费，也包括资源使用的低效率所产生的耗费。而这一点对 HR 来说尤为重要，如果人力成本不能发挥出应有的效率，企业就将被迫投入大量的机会成本。

因此，HR 必须建立财务思维，从财务角度出发，进行全面人力成本管控，从而推动整个企业的健康发展。

1.2　HR“才报”3 张报表：洞察 HR 管理漏洞

传统人力管理将“人”看作是一种工具，因而更加关注投入、使用和控制的成本。而在当今时代，人力早已脱离“工具”的范畴，成为企业经营的重要“资源”，更成为企业增值的关键“资本”。

HR 要洞察企业经营背后的“故事”，就必须懂得 3 张财务报表；而企业要借助 HR 实现增值，则需要懂得 3 张 HR“才报”，即人力资本负债表、人力资本投入与产出利润表、人才流量表，从而洞察 HR 管理漏洞。

1.2.1 人力资本负债表

人力资本负债表，通过对企业的人才情况进行盘点，包括学历、绩效、工资、福利各类要素，全面反映了企业的人才状况，并能够揭示企业可能存在的人才危机。

与资产负债表一样，在制作人力资本负债表时，为了满足人力成本管控的时效需求，HR 同样可以出具年报、半年报和季报，甚至是月报。

此外，为了表现出 HR 的人力成本管控成绩，人力资本负债表应当展现上期、本期计划（预算）和本期的数据，以便于对比分析，并针对超出计划（预算）的部分进行详细说明。

需要强调的是，不同的企业对人才的评判标准各不相同。如互联网企业更关注年轻化和创造力，而制造业企业则更注重忠诚度和绩效表现。因此，人力资本负债表的内容也可能存在一定差异。

一般而言，根据分析需求的不同，人力资本负债表可以分为“人才”和“人工成本”两张报表。

1. 人力资本负债表——人才

展现“人才”要素的人力资本负债表，主要展示了企业各岗位在“人才”评价要素上的表现，如学历、司龄、工龄、年龄等要素，以及岗位胜任比、绩效考核等人力管理指标。

如表 1.2-1 所示，人力资本负债表的“人才”报表更注重对人力资本的定性分析，尤其是职工的知识面、忠诚度、年轻化等指标。

表 1.2-1　人力资本负债表——人才

岗位		上期	本期计划	本期	离退休、内退人员	不在岗	人员类别			学历				司龄				工龄			年龄					岗位胜任比	高绩效人员	高薪人员
							合同制	派遣	实习	博士	硕士	本科	专科及以下	1年以内	1~3年	4~9年	10年及以上	2年及以下	3~5年	6年及以上	24岁及以下	25~35岁		36~49岁	50岁及以上			
																						男	女					
总计																												
经营管理	高层																											
	中层																											
	基层																											
职能管理																												
技术与研发	正高级																											
	副高级																											
	中级																											
生产与服务	高级技师																											
	高级工																											
营销	咨询顾问																											
	销售																											

除此之外，人力资本负债表的“人才”报表也需与企业绩效考核实现联动。这是因为，相对于学历、司龄、工龄、年龄等基本指标，岗位胜任比、高绩效人员等绩效指标更能反映企业对人才素养的需求。

对任一企业，需要的都不只是学历高、司龄长的人才，更需要能胜任当前岗位，并在绩效考核中表现优异的人才。

与之相对的，高薪人员则在一定程度上展现了企业的“人才”成本。一般而言，如高绩效人员多于高薪人员，HR 则可考虑针对低薪、高绩效人员进行薪资激励；如高绩效人员少于高薪人员，HR 则要对高薪、低绩效人员采取相应的管理措施。

2. 人力资本负债表——人工成本

展现“人工成本”的人力资本负债表，主要展示了企业各岗位的人工成本，如工资、福利、教育培训、招聘以及其他人工成本。

表 1.2-2 所示的人力资本负债表的“人工成本”报表则是对人力资本的定量分析，展现了工资总额、福利费用和招培费用等指标。

表 1.2-2　人力资本负债表——人工成本

岗位			总计	工资		福利				教育培训	招聘			其他人工成本	
				固定	浮动	社保	公积金	住房补贴	股权激励	外部培训	校园招聘	猎头费用	渠道费用	劳务外包费用	实习生费用
总计本期		上期	总额												
		本期	预算												
			总额												
在职员工	合计	上期	总额												
		本期	预算												
			总额												

续表

岗位				总计	工资		福利				教育培训	招聘			其他人工成本	
					固定	浮动	社保	公积金	住房补贴	股权激励	外部培训	校园招聘	猎头费用	渠道费用	劳务外包费用	实习生费用
在职员工	经营管理	上期	总额													
		本期	预算													
			总额													
	职能管理	上期	总额													
		本期	预算													
			总额													
	技术与研发	上期	总额													
		本期	预算													
			总额													
	生产与服务	上期	总额													
		本期	预算													
			总额													
在职员工	营销	上期	总额													
		本期	预算													
			总额													
离退休、内退人员本期		上期	总额													
		预算														
		总额														

基于人力资本负债表的“人工成本”报表，HR 可以对人力成本进行全面且有针对性的管控。

在编制人力资本负债表时，HR 必须明白，人工成本不只是工资和福利，还包括教育培训、招聘等各类成本。而在人力资源管理中，同样，人才需要的不只是工资收入，也需要各类福利、教育培训。

1.2.2　人力资本投入与产出利润表

人力资本投入与产出利润表，主要展现了企业人力资本的投资情况和收益情况。HR 可以借此分析人工成本含量及人均效益，了解人力资本的投资回报率，进而优化人力资源管理。

人力资本投资的收益具有间接性、滞后性和长期性的特征。HR 招纳的每一位人才，都需要企业在短期内投入相当的人工成本，但在知识经济时代，这些投入也终将转化为产出，为企业带来新增价值。

借助人力资本投入与产出利润表，HR 可以明确人力资本的投资效果，也可以针对人力资本投资回报的薄弱点，有针对地进行改善，从而优化人力资本投入、增加人力资本产出，并增强企业外部吸引力和内部凝聚力。

在编制人力资本投入与产出利润表时，HR 不仅要将本年度表现与上年度表现对比，还要与行业标杆的表现对比。只有如此，企业才能持续优化、不断前进，避免陷入闭门造车的境地。

一般而言，人力资本投入与产出利润表主要包含投资分析和收益分析两个部分，如表 1.2-3 所示。

表 1.2-3　人力资本投入与产出利润表

<table>
<tr><th colspan="6">投资分析</th><th colspan="6">收益分析</th></tr>
<tr><td colspan="3">—</td><td>上年度</td><td>本年度</td><td>行业标杆</td><td colspan="3"></td><td>上年度</td><td>本年度</td><td>行业标杆</td></tr>
<tr><td rowspan="7">人力投资水平</td><td colspan="2">人事费用率（人工率）</td><td></td><td></td><td></td><td rowspan="10">直接投资收益</td><td colspan="2">人力资本投资回报率</td><td></td><td></td><td></td></tr>
<tr><td colspan="2">劳动分配率</td><td></td><td></td><td></td><td colspan="2">人力资本收入指数</td><td></td><td></td><td></td></tr>
<tr><td colspan="2">人工成本含量</td><td></td><td></td><td></td><td colspan="2">人力资本增值指数</td><td></td><td></td><td></td></tr>
<tr><td colspan="2">人均人工成本</td><td></td><td></td><td></td><td colspan="2">人力资本成本指数</td><td></td><td></td><td></td></tr>
<tr><td colspan="2">人均人工成本增长率</td><td></td><td></td><td></td><td colspan="2">直 / 间接人力成本比率</td><td></td><td></td><td></td></tr>
<tr><td colspan="2">人均现金收入</td><td></td><td></td><td></td><td colspan="2">人工成本回报率</td><td></td><td></td><td></td></tr>
<tr><td colspan="2">全时当量</td><td></td><td></td><td></td><td colspan="2">人工成本利润率</td><td></td><td></td><td></td></tr>
<tr><td rowspan="10">人力投资结构</td><td rowspan="4">人员结构</td><td>经营与职能人员人工成本占比</td><td></td><td></td><td></td><td colspan="2">全员劳动生产率</td><td></td><td></td><td></td></tr>
<tr><td>技术与研发人员人工成本占比</td><td></td><td></td><td></td><td colspan="2">人均营业额</td><td></td><td></td><td></td></tr>
<tr><td>实施服务人员人工成本占比</td><td></td><td></td><td></td><td colspan="2">人均利润率</td><td></td><td></td><td></td></tr>
<tr><td>营销人员人工成本占比</td><td></td><td></td><td></td><td rowspan="7">间接投资收益</td><td rowspan="3">外部吸引力</td><td>主动离职率</td><td></td><td></td><td></td></tr>
<tr><td rowspan="6">项目结构</td><td>工资成本</td><td></td><td></td><td></td><td>平均到岗时间</td><td></td><td></td><td></td></tr>
<tr><td>社保成本</td><td></td><td></td><td></td><td>招聘成功率</td><td></td><td></td><td></td></tr>
<tr><td>福利成本</td><td></td><td></td><td></td><td rowspan="4">内部凝聚力</td><td>员工敬业度指数</td><td></td><td></td><td></td></tr>
<tr><td>培训成本</td><td></td><td></td><td></td><td>高绩效员工留任比率</td><td></td><td></td><td></td></tr>
<tr><td>招聘成本</td><td></td><td></td><td></td><td>员工平均服务年限</td><td></td><td></td><td></td></tr>
<tr><td>其他成本</td><td></td><td></td><td></td><td>人均月缺勤次数</td><td></td><td></td><td></td></tr>
</table>

1. 投资分析

人力资本投入与产出利润表的投资分析，主要是分析人力投资水平和人力投资结构。

（1）人力投资水平

人力投资水平反映人力资本的投资水平，主要包含人工成本的 7 个主要指标。

① 人事费用率（人工率）表示在一定时期内企业生产和销售的总价值中用于支付人工成本的比例。其计算公式如下。

人事费用率（人工率）= 人工成本总额 ÷ 销售收入 ×100%

② 劳动分配率，表示企业在一定时期内新创造价值中用于支付人工成本的比例。其计算公式如下。

劳动分配率 = 人工成本总额 ÷ 增加值总额 ×100%

③ 人工成本含量主要反映劳动效率状况。其计算公式如下。

人工成本含量 = 人工成本 ÷ 总成本 ×100%

④ 人均人工成本反映人工成本的平均水平。其计算公式如下。

人均人工成本 = 人工成本 ÷ 职工人数

⑤ 人均人工成本增长率反映人工成本的增长情况。其计算公式如下。

人均人工成本增长率 = 人工成本增加额 ÷ 期初人均人工成本 ×100%

⑥ 人均现金收入反映人工成本中现金的支出情况。其计算公式如下。

人均现金收入 = 现金收入 ÷ 职工人数

⑦ 全时当量是指一个人在特定时间内的工作量。其计算公式如下。

全时当量 = 全时人工量 + 非全时人工量

（2）人力投资结构

人力投资结构反映人力资本的投资结构，主要分为人员结构和项目结构 2

个部分的人工成本占比。

① 人员结构主要包括：经营与职能人员人工成本占比、技术与研发人员人工成本占比、实施服务人员人工成本占比和营销人员人工成本占比。

② 项目结构主要包括：工资成本、社保成本、福利成本、培训成本、招聘成本和其他成本。

2. 收益分析

人力资本投入与产出利润表的收益分析，主要分析直接投资收益和间接投资收益。

（1）直接投资收益

直接投资收益是指人力资本投入的直接回报，主要包含人力资本投资回报率、人力资本收入指数、人力资本增值指数、人力资本成本指数、直／间接人力成本比率、人工成本回报率、人工成本利润率、全员劳动生产率、人均营业额和人均利润率 10 个指标。其关键是以下 3 个指标。

① 人力资本投资回报率是衡量人力资本投资回报的主要指标。其计算公式如下。

人力资本投资回报率＝净利润 ÷ 人工成本总额 ×100%

② 人工成本利润率反映企业人工成本投入的获利水平。其计算公式如下。

人工成本利润率＝利润总额 ÷ 人工成本总额 ×100%

③ 全员劳动生产率反映平均每一位职工在单位时间内的生产量。其计算公式如下。

全员劳动生产率＝工业增加值 ÷ 从业人员平均人数

（2）间接投资收益

间接投资收益主要从外部吸引力和内部凝聚力两个角度进行分析。

① 外部吸引力主要通过主动离职率来分析外部环境对老职工的吸引程度，

并用平均到岗时间和招聘成功率来分析企业对外部新职工的吸引程度。

② 内部凝聚力主要从员工敬业度指数、高绩效员工留任比率、员工平均服务年限和人均月缺勤次数 4 个维度进行分析。

1.2.3　人才流量表：人才流失与人才补充

人才流量表主要反映企业人才的动向，包括人才流失与人才补充两部分内容。借助人才流量表，HR 可以发现关键岗位人才的离职原因，分析人才队伍的稳定性，并从组织吸引力看出职工和客户的满意度，了解职工福利情况和学习成长情况。人才流量表如表 1.2-4 所示。

表 1.2-4　人才流量表

<table>
<tr><th colspan="2" rowspan="2">人才流失</th><th colspan="2">上一年度</th><th colspan="2">本年度</th><th>行业标杆</th></tr>
<tr><th>人数</th><th>比率</th><th>人数</th><th>比率</th><th>比率</th></tr>
<tr><td colspan="2">自愿性的员工离职</td><td></td><td></td><td></td><td></td><td></td></tr>
<tr><td rowspan="4">关键人群</td><td>关键岗位员工</td><td></td><td></td><td></td><td></td><td></td></tr>
<tr><td>高绩效员工</td><td></td><td></td><td></td><td></td><td></td></tr>
<tr><td>三年以上员工</td><td></td><td></td><td></td><td></td><td></td></tr>
<tr><td>一年以下员工</td><td></td><td></td><td></td><td></td><td></td></tr>
<tr><td rowspan="5">离职原因</td><td>薪酬原因</td><td></td><td></td><td></td><td></td><td></td></tr>
<tr><td>企业文化</td><td></td><td></td><td></td><td></td><td></td></tr>
<tr><td>个人发展</td><td></td><td></td><td></td><td></td><td></td></tr>
<tr><td>领导风格</td><td></td><td></td><td></td><td></td><td></td></tr>
<tr><td>地域</td><td></td><td></td><td></td><td></td><td></td></tr>
<tr><td colspan="2">非自愿性的员工离职</td><td></td><td></td><td></td><td></td><td></td></tr>
</table>

<table>
<tr><th colspan="2" rowspan="2">人才补充</th><th colspan="3">上一年度</th><th colspan="3">本年度</th><th>行业标杆</th></tr>
<tr><th>人数</th><th colspan="2">比率</th><th>人数</th><th colspan="2">比率</th><th>比率</th></tr>
<tr><td rowspan="4">人才补充结构</td><td>外部招聘</td><td></td><td colspan="2"></td><td></td><td colspan="2"></td><td></td></tr>
<tr><td>（关键岗位）</td><td></td><td colspan="2"></td><td></td><td colspan="2"></td><td></td></tr>
<tr><td>内部流动</td><td></td><td colspan="2"></td><td></td><td colspan="2"></td><td></td></tr>
<tr><td>（关键岗位）</td><td></td><td colspan="2"></td><td></td><td colspan="2"></td><td></td></tr>
<tr><td rowspan="3">外聘人才来源</td><td>零经验</td><td></td><td colspan="2"></td><td></td><td colspan="2"></td><td></td></tr>
<tr><td>相关行业</td><td></td><td colspan="2"></td><td></td><td colspan="2"></td><td></td></tr>
<tr><td>竞争对手</td><td></td><td colspan="2"></td><td></td><td colspan="2"></td><td></td></tr>
<tr><td colspan="2"></td><td>小计</td><td>外聘</td><td>内聘</td><td>小计</td><td>外聘</td><td>内聘</td><td>标杆</td></tr>
<tr><td rowspan="2">人才补充能力</td><td>平均反应时间</td><td></td><td></td><td></td><td></td><td></td><td></td><td></td></tr>
<tr><td>（关键岗位）</td><td></td><td></td><td></td><td></td><td></td><td></td><td></td></tr>
</table>

续表

人才流失		上一年度		本年度		行业标杆	人才补充		上一年度		本年度		行业标杆
		人数	比率	人数	比率	比率			人数	比率	人数	比率	比率
离职原因	公司原因						人才补充能力	平均到岗周期					
	个人原因							（关键岗位）					
人才流向	竞争对手							推荐比率					
	相关行业							（关键岗位）					
	其他行业							聘用比率					
人才异动预测	三年内退休人员							（关键岗位）					
	孕龄未产员工							首年业绩合格率					
	孕期员工							（关键岗位）					
	已婚未孕员工							单位招聘成本					
人才稳定性	平均服务期							关键岗位缺编率					
	三年以上员工							关键岗位后备覆盖率					
	一年以下员工							关键岗位平均后备人数					

人才是企业创造价值的基石。HR 在维持人才队伍稳定的同时，也需要通过持续“换血”来提高人才队伍的质量，优化人才队伍的结构，从而提升企业的人才竞争力。人才流量表，则为 HR 的洞察分析提供了依据。

1. 人才流失

人才流量表更加关注人才流失的细节，包括关键人群、离职原因以及人才流向、人才异动预测等。这是因为，对任一企业而言，人才流失带来的影响都十分广泛，甚至可能引发企业的人才危机。

需要强调的是，人才流失并非是一个绝对的概念。人才流失是一种常态，每个行业的人才流失情况也有所区别。因此，在衡量人才流失水平时，企业需要与同行业平均水平对比，并向行业标杆靠拢，而非一味追求低人才流失水平。

（1）人才流失的危害

人才流失的危害与人才离职前肩负的责任是相对应的。管理层或团队核心职工的离职，甚至可能导致“集体跳槽”，使企业的运营陷入瘫痪。

一般而言，人才流失的危害主要体现在 3 个层面。

① 团队核心职工的离职，会破坏团队氛围，使执行中的任务被迫中断，团队的工作效率大幅下降。

② 优秀职工的流失，需要企业重新投入大量成本进行人才补充，这期间消耗的时间成本也可能使企业错失更多的机会。

③ 部分核心职工的跳槽，则可能带走企业商业技术秘密和客户、渠道资源，直接改变企业与竞争对手的实力对比，且会降低在职职工的整体士气。

（2）人才流失水平

面对人才流失，HR 必须深入分析背后的原因，从而对症下药，避免人才流失对企业造成过大的损害。

在此过程中，HR 也需要掌握人才流失水平的衡量指标。

① 总流动率反映企业人员在一定时期内的流动情况。其计算公式如下。

总流动率 = 总流动人数 ÷ 平均职工总数 ×100%

② 可避免流动率是测量人才流动状况的重要指标。其计算公式如下。

可避免流动率 =（总流动人数 − 不可避免流动人数）÷ 平均职工总数 ×100%

与总流动率相比，可避免流动率剔除了不可避免流动人数，即辞退、提升、横向调动及生病、死亡、退休等原因导致的人员流动，因而可以有效反映重要人才的流动情况。

2. 人才补充

企业经营规模扩张、人才流失等原因，都会带来人才补充的需求。简单而言，人才补充反映了 HR 招聘人才的能力，也体现了企业的组织吸引力。

（1）人才补充结构

人才补充结构，也即人才补充来源。

① 外部招聘。针对外部招聘的人才，HR 需要明确外聘人员的从业经验，即零经验、相关行业或竞争对手。

② 内部流动。针对人才的内部流动，HR 则要做好岗位调整、工作交接、绩效考核等支持性工作。

（2）人才补充能力

人才补充能力是 HR 工作能力的重要组成部分，主要包含 9 个指标：平均反应时间、平均到岗周期、推荐比率、聘用比率、首年业绩合格率、单位招聘成本、关键岗位缺编率、关键岗位后备覆盖率、关键岗位平均后备人数。

人才补充的一个核心原则，就是确保补充到岗的人才真正适用，而非为了填补缺位的无奈之选。尤其是企业关键岗位的人才补充，更要遵循宁缺毋滥的原则。

为此，在企业的日常管理中，针对技能要求较高或替代性较弱的岗位，HR 在平时就要注重内部人才的培养和储备，并通过岗位轮换等措施，打破部门及岗位间的隔阂，用丰富化的工作打造出一专多能的人才。

案例：从人力角度分析这家企业的财务报表

HR“才报”的一个关键概念就是“人效”，也即人均效能。

人均效能的含义十分简单，就是平均每位职工的绩效。这个概念从零售行业兴起，并逐渐应用到各行各业。由于企业性质和分析需求的不同，人均效能的定义也有所区别：有的企业用人均销售额，有的企业用人均利润额，有的企业则使用人均运营费用。

以人均效能为出发点，HR 就能更好地对财务报表进行分析。我们可以借助某企业案例深入阐述。

1. 案例分析

A 企业 2019 年的财报，经过简化如表 1.2–5 所示。

表 1.2–5　A 企业 2019 年财报

项目	实际		预算		预算达成率（%）		2018 年	年度增长比率
	本期	本年累计	本期	本年累计	本期	本年累计		
收款	456.34	7 517.31	1 069.56	7 694.00	42.67%	97.70%	5 335.06	40.90%
消耗	639.44	6 280.54	737.67	7 141.00	86.68%	87.95%	5 048.43	24.41%
成本	208.33	1 793.97	179.21	1 798.12	116.25%	99.77%	1 371.07	30.84%
费用	490.95	9 210.65	412.83	4 077.80	118.92%	225.87%	3 535.12	160.55%
营业利润	−32.92	539.48	149.11	1 477.52	−22.08%	36.51%	60.08	797.94%
净利润	−98.33	−152.25	105.01	998.72	−93.64%	−15.24%	33.35	−556.52%

注：金额单位为万元，保留 2 位小数。

具体到其人工成本部分，也即工资、福利等成本支出，该企业不同子公司的实际发生额与预算情况，如表 1.2–6 所示。

表 1.2-6　各子公司的人工成本分析

子公司	实际		预算		预算达成率（%）	
	本期	本年累计	本期	本年累计	本期	本年累计
A	19.54	174.26	18.29	187.60	106.83	92.89%
B	35.80	323.53	26.85	274.25	133.33	117.97%
C	46.85	397.94	32.72	333.91	143.18	119.18%
D	90.47	561.19	33.16	339.30	272.83	165.40%
E	19.20	201.92	17.33	207.96	110.79	97.10%
F	2.68	138.59	21.58	220.80	12.42	62.77%
G	20.55	202.86	无	无	无	无
总计	235.09	2 000.29	149.93	1563.82	156.80%	127.91%

注：金额单位为万元，保留 2 位小数。

由表 1.2-6 可以看出，该公司 2019 年度人工成本大幅超出预算，2019 年实际累计发生额达到预算金额的 127.91%，其中，D 子公司的人工成本实际累计发生额更是高达预算金额的 165.40%。

那么，在超预算投入了如此多的人工成本之后，公司的投入是否取得了相应的产出呢？这就需要借助人均效能指标进行分析。

此时，该公司可运用人员数量、人均工资及人均责任收入 3 个要素进行分析，如表 1.2-7 和表 1.2-8 所示。

表 1.2-7　子公司人均指标

项目	2018 年	2019 年	同比增长
人员数量（子公司）（人）	194.00	234.00	20.62%
人均工资（子公司）	5.23	8.55	63.48%
人均责任收入（子公司）	26.11	26.84	2.80%

注：金额单位为万元，保留 2 位小数。

表 1.2-8　全公司人均指标

项目	2018 年	2019 年	同比增长
人员数量（全公司）（人）	261.00	290.00	11.11%
人均工资（全公司）	5.38	8.41	56.32%
人均责任收入（全公司）	19.41	22.34	15.10%

注：金额单位为万元，保留 2 位小数。

由表 1.2-7 和表 1.2-8 可以得出以下结论。

① 从人均工资可以看出，全公司涨幅达到 56.32%，子公司涨幅高达 63.48%。

② 从子公司人均责任收入可以看出，该指标在 2018 年和 2019 年均约为 26 万元每年，没有明显增加。

③ 从全公司人均责任收入可以看出，该指标虽然在 2019 年增长 15.10%，达到约 22 万元，但整体人均效能仍然偏低。

2. 人均效能分析

人均效能（以下简称人效）的数据很容易理解，但在分析人均效能时，HR 必须掌握时间和空间这两个维度。

（1）时间维度

对于时间维度下的人效分析，HR 需要用同比和环比两个比较方法，如图 1.2-1 所示。所谓同比，就是将今年 12 月的数据与去年 12 月的数据相比较；环比，则是将今年 12 月的数据与今年 11 月的数据相比较。

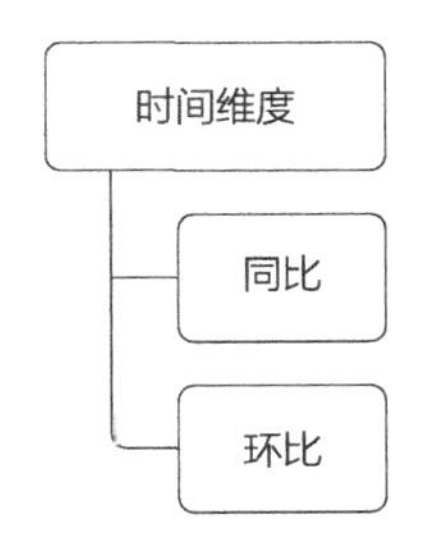

图 1.2-1　时间维度的人效分析

时间维度的人效分析，是为了展现公司人效的增长情况。

任何一家健康发展的公司，其人效都应当处于增长态势。如同比数据下滑，HR 必须进行深入分析，找出人效降低的原因；如环比数据下滑，HR 则要剔除可能存在的季节性因素或其他因素，及时找出可能存在的风险。

（2）空间维度

对于空间维度下的人效分析，HR 需要用公司间和部门间两个比较方法，如图 1.2-2 所示。

在 HR“才报”分析中，切忌闭门造车。比如案例中的人均责任收入指标，虽然全公司数据涨幅达到 15.10%，看似增长幅度较大，但查阅相关数据可知，同行标杆水平达到 30 万元，远高于该年该公司的 22.34 万元；即使在公司内对比，子公司的人均责任收入也比全公司的人均责任收入高。

图 1.2-2　空间维度的人效分析

空间维度的人效分析，是为了展现各公司、各部门间的人效差异。

当公司人效起点较低时，人效在时间维度上可能表现出较大的涨幅。但 HR 却要清晰地认识到公司与同行标杆之间的差异。与此同时，HR 也要对部门间的人效数据进行对比，找出高人效部门的管理经验，并对低人效部门进行辅助改善，从而改善人力资源的管理措施，全面提升公司人效。

第2章

HR财务思维：HR与成本的关系

当今企业的HR，大多是以流程为导向的通才，他们熟知职工福利、薪酬和劳工关系，专注于参与、授权和管理文化等内部事物；但却没能将人力资源与真正的商业需求结合起来，因而不了解关键决策的制定方法，更难以分析出如何借助人力资源全面管控实现企业的目标。

2.1　与 HR 相关的会计科目：如何应对职工薪酬

职工薪酬是财务报表中与 HR 关系最密切的会计科目，HR 每个月都必须与之打交道。因此，每位 HR 都应当明确职工薪酬的具体内容。

职工薪酬是指企业为获得职工提供的服务或解除劳动关系而给予各种形式的报酬或补偿，具体包括短期薪酬、离职后福利、辞退福利和其他长期职工福利。企业提供给职工配偶、子女、受赡养人、已故员工遗属及其他受益人等的福利，也属于职工薪酬。

根据《企业会计准则第 9 号——职工薪酬》，职工薪酬的具体内容如图 2.1-1 所示。

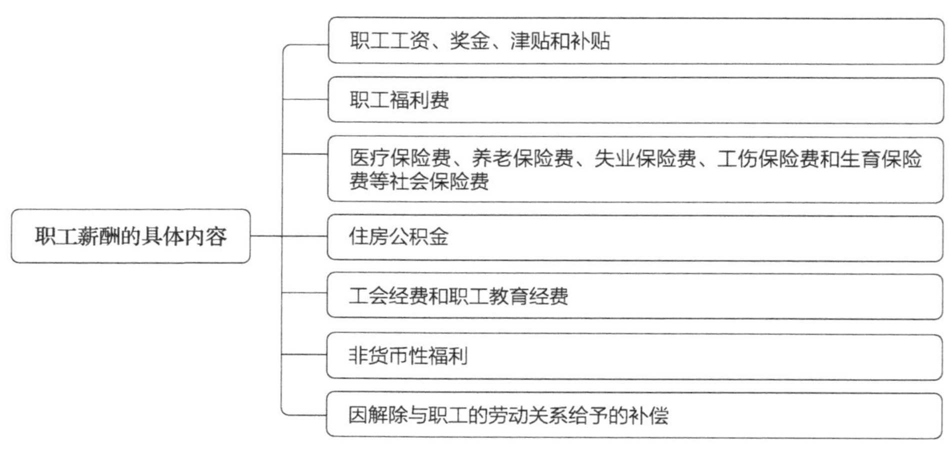

图 2.1-1　职工薪酬的具体内容

其中，除了职工工资之外，HR 最需要考虑、重视的就是职工福利费、因解除与职工的劳动关系给予的补偿、工会经费及职工教育经费。

2.1.1　职工福利费

职工福利是指企业为职工举办的集体福利以及建立的某些补助和补贴。其目的在于保证职工的身体健康，便利职工生产和生活，解决职工生活的特殊困难。职工福利不同于工资和奖金。职工享受集体福利待遇的高低，并不取决于职工劳动的数量和质量，而是根据他们的实际需要与生活困难程度，以及社会劳动生产率和企业的经营成果。

与之相对应的，职工福利相关支出在会计科目中被列入职工福利费，如职工困难补助、丧葬补助费、独生子女费、防暑降温费、非货币性福利等均属于职工福利费的范畴。HR 应该做到心中有数。

1. 职工福利费的开支范围

职工福利费是指企业在工资、社会保险之外，根据国家有关规定，所采取的补贴措施和建立的各种服务设施，对职工提供直接的和间接的物质帮助。

职工福利费的开支范围具体包括 5 方面的内容。

① 职工医药费。

② 职工的生活困难补助，主要包括生活困难职工的定期补助和临时性补助，以及因工或非因工负伤、残疾需要的生活补助。

③ 职工及其供养直系亲属的死亡待遇。

④ 集体福利的补贴，包括职工浴室、哺乳室、托儿所等集体福利设施支出（其会计核算应减去设施的收入），以及未设集体福利设施的集体福利补贴，如托儿费、洗理费等。

⑤ 其他福利待遇，主要是指通勤交通补贴、通信补贴、生育补助等方面的福利费开支。

在管理职工福利时，HR 也要注意以下 6 个不属于职工福利费的开支。

① 退休职工的费用。

② 被辞退职工的补偿金。

③ 职工劳动保护费。

④ 职工在病假、生育假、探亲假期间领取的补助。

⑤ 职工的学习费。

⑥ 职工的伙食补助费，包括职工午餐补助和出差伙食补助等。

2. 职工福利费的会计处理要点

关于职工福利费的会计处理要点，HR 同样需要有所了解，以免后续账务处理出现问题。

例如，浙江某企业按照会计准则将年终职工聚餐的费用列入“职工福利费”，但在税务机关审查中，却被税务机关要求调整列入“业务招待费”。

企业对此感到不解，而税务机关的解释是：记账凭证所附的是 1 张酒店开具的餐饮业专用发票，不足以证明这笔费用是职工年终聚餐的支出。因此，企业要按税务机关的要求进行账户调整，将这部分应列入职工福利费的支出转移至业务招待费。

为了避免此类纠纷和不必要的麻烦，该企业 HR 在之后年终聚餐时，都会准备 1 本“职工年终聚餐签到簿”，与发票一起作为会计相关凭据，税务机关对此再也没有异议。

在实际操作中，为了避免发生类似的事件，HR 在进行职工福利支出时，就要做出妥善的考虑。

（1）明确职工福利费的开支范围

职工福利费作为企业费用支出，必然会影响到国家税收及股东利益分配，因此，HR 需要充分考虑企业经营的实际需求，明确职工福利费的开支范围。

尤其要注意的是，根据《企业财务通则》（2006）第四十六条的规定，企业不得承担属于个人的下列支出：娱乐、健身、旅游、招待、购物、馈赠等支出；购买商业保险、证券、股权、收藏品等支出；个人行为导致的罚款、赔偿等支出；购买住房、支付物业管理费等支出；应由个人承担的其他支出。

（2）合规发放非货币性福利

非货币性福利，是企业发放职工福利的常见形式，如购买或租赁住房给职工无偿使用等。

此类职工福利可以展现企业的人文关怀，具有特殊的激励效用。但在使用过程中，HR 也要注意，根据《企业会计准则》（2006）和修订后的《企业财务通则》（2006）的有关规定，非货币性福利应当列为应付职工薪酬，也就是说，非货币性福利需要与职工的现金工资合并缴纳个人所得税。

（3）关于辞退福利的会计处理

在企业运营中，企业如要在合同到期前与职工解除劳动关系，或鼓励职工自愿接受裁员，通常会给予职工一定的补偿，即辞退福利。此类职工福利，只有在满足以下两个条件时，才能计入当期费用，HR 必须对此有所了解。

① 企业已制订正式的解除劳动关系计划或提出自愿裁减建议，并即将实施。该计划或建议应包括职工所在部门、职位，以及补偿金额、辞退时间等各项内容。

② 企业不能单方面撤回解除劳动关系计划或裁减协议。

3. 制定职工福利费管理规定

为了更好地管理职工福利费，HR 应当结合相关法规及企业实际，制定职工福利费的管理规定。

（1）管理要点

在每年的职工福利费预算中，企业应对职工福利费总额实行统一限额控制，确定预算标准，强化预算控制。对预算标准的确定，应考虑企业经营状况和承受能力，并结合实际需求和历史水平进行。

针对国家有明确规定的职工福利费支出项目，企业应按国家规定的标准优先安排。

具体而言，在设定预算标准时，其计划内容应包括职工福利事项类别、受益人员和数量、计划标准和额度、支出形式、时间安排等内容。

（2）注意事项

根据相关法律法规，为了确保合规、便利，企业在制定职工福利费管理规定时，应注意以下几点内容。

① 职工福利一般应以货币形式为主，并按月、按标准直接发放，并纳入职工工资总额管理；对尚未实行货币化改革的职工福利项目，则应作为职工福利费管理。

② 对以本企业产品和服务作为职工福利的，应当严格控制，并按商业化原则实行公平交易，不得直接供职工或其亲属免费或低价使用。

（3）使用程序

职工福利费的管理还需包含职工福利费的使用程序，确定职工福利费项目的合规设置，并确保职工可以便利地享受职工福利。

一般而言，职工福利费的管理应由 HR 牵头，由综合管理部门和工会负责提出年度职工福利费用计划安排建议，HR 对其进行审核和整理，并上报决策层，根据决策层的决定，编制职工福利项目预算，并办理相关事项。

2.1.2　因解除与职工的劳动关系给予的补偿

用人单位在解除劳动关系时，需要依法一次性给予劳动者一定的经济补偿，这在我国一般被称为“经济补偿金”，在国外则被称为“辞退补偿金”或“解职金”。

经济补偿金作为辞退福利，是企业的一种特殊职工福利，也是 HR 遣散职工时需要付出的主要成本。因此，HR 必须明确经济补偿金的含义及其计算方式，以及经济补偿金的支付情形。

2.1.2.1　经济补偿金及其计算标准

1. 经济补偿金与赔偿金

在实际操作中，很多 HR 常常混淆了经济补偿金与赔偿金的概念，这也导致其在管理上出现疏漏。

（1）经济补偿金

经济补偿金是指用人单位在与劳动者解除劳动关系时，给予劳动者的经济补偿。其补偿的是劳动者因劳动关系终止遭受的利益损失，这笔补偿金也有助于劳动者在重新就业的过程中有一个良好的经济过度。

（2）赔偿金

赔偿金则是指用人单位因违反法律规定或劳动合同规定，给劳动者造成损失而支付的惩罚性补偿。因此，其支付前提是用人单位违法，如劳动合同未满就无故解除劳动合同等。

简单来说，经济补偿金是企业给予职工的“辞退福利”，而赔偿金则是对企业违法的“惩罚”，因此，赔偿金的金额一般为经济补偿金的金额的两倍。当然，当企业支付赔偿金时，就无须再支付经济补偿金。

2. 经济补偿金的计算标准

经济补偿金按劳动者在本单位工作的年限，每满 1 年支付 1 个月工资的标准向劳动者支付。6 个月以上不满 1 年的，按 1 年计算；不满 6 个月的，用人单位向劳动者支付 0.5 个月工资的经济补偿金。

在计算经济补偿金时，HR 需要明确 3 个概念。

① 劳动者月工资，是指劳动者在劳动合同解除或者终止前 12 个月的平均工资，包括计时工资、计件工资以及奖金、津贴和补贴等货币性收入。

② 高收入人群，是指月平均工资高于本地区上年度职工月平均工资 3 倍的劳动者，其经济赔偿金的计算受到两方面的限制：

a. 数额封顶，其经济补偿金的计算基础为当地上年度职工月平均工资的 3 倍，而非劳动者本人实际月平均工资；

b. 年限封顶，其经济补偿金的计算年限最长不超过 12 年，即使劳动者工作超过 12 年，也按照 12 年计算。

③ 分段计算，是指《中华人民共和国劳动合同法》（以下简称《劳动合同法》）相关规定与原有规定存在不一致的情况，其时间节点为 2008 年 1 月 1 日，该时点前的经济补偿金计算依据原中华人民共和国劳动部《违反和解除劳动合同的经济补偿办法》（失效），该时点后的经济补偿金计算则依据《劳动合同法》的规定。

例如，某企业员工的入职时间是 2006 年 8 月 1 日，离职时间是 2010 年 5 月 6 日，其解除劳动合同原因是不能胜任工作。该员工在解除合同前 12 个月的平均月工资是 30 000 元，当地 2009 年职工月平均工资是 7 600 元（3 倍为 22 800 元）。

在这种情况下，企业应当支付该员工的经济补偿金的计算方式为：

① 该员工 2008 年前的工作年限为 1 年 4 个月，不满 1 年的按照 1 年计算，故其经济补偿金计算年限为 2 年，应补偿 2 个月工资，即 60 000 元；

② 该员工 2008 年后的工作年限为 2 年 5 个月，不满 6 个月的按照 0.5 年计算，故其经济补偿金计算年限为 2.5 年，应补偿 2.5 个月工资；此外，由于该员工的平均月工资高于当地上年度职工月平均工资的 3 倍

（22 800 元），故其 2008 年后的经济补偿金为 2.5 个月的实际平均月工资，应按照 22 800 元计算；所以，该员工 2008 年后的经济补偿金为 57 000 元（22 800×2.5）。

综合计算，企业应当支付给该员工的经济补偿金总额为 117 000 元。

2.1.2.2　经济补偿金的支付情形

经济补偿金是 HR 遣散职工时企业付出的主要成本，HR 需要明确哪些情形应当支付经济补偿金，哪些情形则无须支付。

针对经济补偿金，《劳动合同法》做出了详细的规定，每位 HR 都应当认真了解。而在企业的经营实践中，HR 一般会遇到的情形主要分为两类，即解除劳动合同和终止劳动合同，及其应当支付经济补偿金和无须支付经济补偿金的各类情形。

1. 解除劳动合同时，应当支付经济补偿金的情形

（1）协商解除劳动合同经济补偿金

劳动合同期满前，用人单位提出解除劳动合同，并与劳动者协商一致的，用人单位应当向劳动者支付经济补偿金。

（2）劳动者单方解除劳动合同经济补偿金

用人单位有以下过错情形之一，导致劳动者行使单方即时解除权而解除劳动合同的，用人单位应当依法向劳动者支付经济补偿金：

① 用人单位未按照劳动合同约定提供劳动保护或者劳动条件的；

② 用人单位未及时足额支付劳动报酬的；

③ 用人单位未依法为劳动者缴纳社会保险费的；

④ 用人单位的规章制度违反法律、法规的规定，损害劳动者权益的；

⑤ 用人单位以欺诈、胁迫的手段或者乘人之危，使劳动者在违背真实意思

的情况下订立或者变更劳动合同的；

⑥ 用人单位在劳动合同中免除自己的法定责任、排除劳动者权利的；

⑦ 用人单位违反法律、行政法规强制性规定的；

⑧ 用人单位以暴力、威胁或者非法限制人身自由的手段强迫劳动者劳动的；

⑨ 用人单位违章指挥、强令冒险作业危及劳动者人身安全的；

⑩ 法律、行政法规规定劳动者可以解除劳动合同的其他情形。

（3）用人单位单方解除劳动合同经济补偿金

用人单位因以下非劳动者过错的情形，单方预告解除劳动合同的，用人单位应当依法向劳动者支付经济补偿金：

① 劳动者患病或者非因工负伤，在规定的医疗期满后不能从事原工作，也不能从事由用人单位另行安排的工作的；

② 劳动者不能胜任工作，经过培训或者调整工作岗位，仍不能胜任工作的；

③ 劳动合同订立时所依据的客观情况发生重大变化，致使劳动合同无法履行，经用人单位与劳动者协商，未能就变更劳动合同内容达成协议的；

④ 用人单位依法进行经济性裁员的。

2. 解除劳动合同时，无须支付经济补偿金的情形

① 协商解除劳动合同时，劳动者提出解除劳动合同，并与用人单位协商一致而解除的，用人单位无须支付经济补偿金。

② 劳动者提前30日以书面形式通知用人单位或在试用期内提前3日通知用人单位解除劳动合同的，用人单位无须支付经济补偿金。

③ 劳动者有以下过错情形之一，导致用人单位解除劳动合同的，用人单位无须支付经济补偿金：

a. 在试用期间被证明不符合录用条件的；

b. 严重违反用人单位的规章制度的；

c. 严重失职，营私舞弊，给用人单位造成重大损害的；

d. 劳动者同时与其他用人单位建立劳动关系，对完成本单位的工作任务造成严重影响，或者经用人单位提出，拒不改正的；

e. 以欺诈、胁迫的手段或者趁人之危，使用人单位在违背真实意思的情况下订立或者变更劳动合同致使劳动合同无效的；

f. 被依法追究刑事责任的。

3. 终止劳动合同时，应当支付经济补偿金的情形

固定期限劳动合同因期满而终止的，除非用人单位维持或提高原劳动合同中约定的劳动条件，劳动者不同意续订的之外，用人单位应当依法向劳动者支付经济补偿金。

简单而言，当职工固定期限劳动合同期满终止时，在两种情形下，用人单位应当支付经济补偿金：

① 用人单位不同意续订劳动合同的；

② 用人单位虽同意续订劳动合同，但续订劳动合同中约定的各项劳动条件低于原劳动合同中的约定条件，劳动者不同意续订的。

除此之外，如果是劳动者不同意续订的，用人单位无须支付经济补偿金。

需要注意的是，《劳动合同法》第四十六条第五项中的“约定条件”，应当是指原劳动合同中约定的条件，既包括劳动合同的必备条款，也包括当事人约定的条款。

4. 终止劳动合同时，无须支付经济补偿金的情形

① 固定期限劳动合同期满终止，用人单位维持或者提高劳动合同约定条件续订劳动合同，而劳动者不同意续订的，用人单位无须支付经济补偿金。

② 劳动者开始依法享受基本养老保险待遇、达到法定退休年龄，以及劳动

者死亡，或被人民法院宣告死亡或者宣告失踪，导致劳动合同终止的，用人单位无须支付经济补偿金。

③ 非全日制用工双方当事人任何一方通知对方终止用工的，用人单位无须支付经济补偿金。

④ 自用工之日起 1 个月内，经用人单位书面通知，劳动者仍不与用人单位订立书面劳动合同，导致用人单位终止劳动关系的，用人单位无须支付经济补偿金。

2.1.3 工会经费

工会经费是指工会依法取得并开展正常活动所需的费用。我国税法规定，企业拨缴的工会经费为工资薪金总额的 2%（其中 60% 返还企业工会），超过部分不得扣除。

关于工会经费，很多企业会产生这样的认识误区："企业没有工会，人数也不多，就不需要缴纳工会经费。"

然而，在实际管理中，全国各省市对此都有特别规定：没有成立工会的企业、事业单位，也需要按照工资总额缴纳工会建会筹备金，待其工会成立后返还其当年缴费的 60%。只是具体细节各不相同，比如有些省市规定企业成立满 6 个月就需要缴纳工会建会筹备金，有些省市规定的期限则是 12 个月。

工会经费是工会开展活动的费用基础，HR 如果不懂得工会经费的相关内容，甚至不了解工会的职能，就难以发挥工会经费的重要作用。

1. 工会

工会，或称为劳工总会、工人联合会，是指基于共同利益而自发组织的社会团体。根据我国法律规定，工会的一般法律性质是社团法人，其依据法律有《中华人民共和国工会法》（以下简称《工会法》）、《基层工会法人资格登记办法》等。

很多 HR 经常将企业和基层工会混淆在一起，根据法律和司法解释的规定，建立工会的企业和工会是各自独立的法人主体，分别承担各自的民事责任。

根据《工会法》的规定，工会代表职工的利益，并依法维护职工的合法权益，这也是工会的基本职责。

尤其是在当下，个别企业无视职工的劳动条件与安全，随意延长劳动时间、克扣职工的工资，甚至限制职工的人身自由，职工的合法权益因此受到严重侵犯，社会稳定也由此受到影响。

针对这些情况，工会都有责任及时反映情况，并代表职工与企业交涉，要求企业予以纠正。一般而言，工会需要关注的侵犯职工劳动权益的情形主要有以下 5 类。

① 克扣职工工资。

② 不提供劳动安全卫生条件。

③ 随意延长劳动时间。

④ 侵犯女职工和未成年职工的特殊权益。

⑤ 其他严重侵犯职工劳动权益的行为。

根据法律规定，面对工会提出的职工劳动权益问题，企业应当予以研究、处理，并向工会做出答复；否则，工会可请求政府依法做出处理。

因此，HR 需要妥善处理与工会之间的关系，并确保企业职工的劳动权益得到维护，避免出现侵犯职工劳动权益的行为。

2. 工会经费的特征

对工会经费的管理原则是“统一领导，分级管理”。按照规定，各级工会经费的分成比例如图 2.1-2 所示。

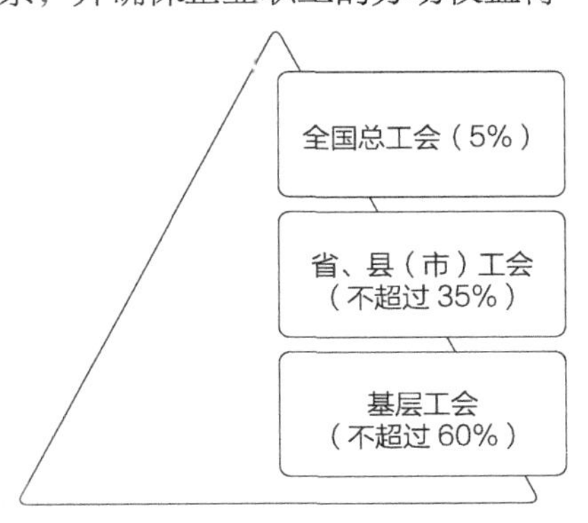

图 2.1-2　工会经费的分成比例

行政拨缴工会经费是国家立法维护工会权益的具体表现，因此，工会经费的缴纳具有 3 个特征。

（1）强制性

行政拨缴工会经费的法律基础是《工会法》，具有强制执行的法律效力。如企业不按规定缴纳工会经费，即是违法。

（2）无偿性

企业向工会缴纳经费的行为是无偿的。行政拨缴工会经费是国家支持工会履行社会职能的行为，因此不需要偿还。

（3）固定性

法律规定企业每月都需按全部职工工资总额的 2% 向工会拨缴经费，具有长期、固定的法律效力。

3. 工会经费的缴纳方式

工会经费的缴纳涉及工会组建及经费拨缴等各项内容，一般分为先缴后返和分级拨缴两种方式。

（1）先缴后返

先缴后返就是企业先按全部职工工资总额的 2% 全额缴纳工会经费，再由上级工会返还给企业基层工会，其返还比例一般为 60%。其缴纳对象一般为工会组织，或受委托代收工会经费的税务机关。

即使企业尚未建立工会组织，企业仍需每月按照全部职工工资总额的 2% 缴纳工会建会筹备金，并在规定时间内成立工会组织，之后由上级工会进行返还。如企业未在规定时间内成立工会组织，那之前缴纳的工会建会筹备金也不会再返还。

（2）分级拨缴

分级拨缴就是企业直接将应缴纳工会经费的 40% 缴纳给受委托代收工会经费的税务机关，剩余 60% 的留成部分则由企业同时拨付给企业基层工会。如山东、辽宁等地多采用这种操作方式。

如企业尚未建立工会组织，则需待工会组织建立后，直接将留成部分拨付给企业基层工会。

当企业采用分级拨缴的缴纳方式时，其向地方税务局申报的工会经费一般为全部职工工资总额的 0.8%。

4. 工会经费的使用

根据《工会法》的规定，工会经费主要用于为职工服务和工会活动，其具体使用办法由中华全国总工会制定。

（1）工会经费的使用原则

工会经费的使用应遵循以下 7 个原则。

① 经费独立管理原则，工会组织应独立建立银行账户，实行单独核算，工会经费的开支则由工会主管财务负责人独立审批。

② 遵纪守法原则，工会经费的使用应严格执行国家财经政策、规定，并遵守工会财务制度和财务纪律。

③ “统筹兼顾、保证重点、量入为出、收支平衡”的原则，工会经费应重点用于维护职工的权益、开展职工教育等活动。

④ 预算管理原则，一切费用支出均应纳入预算，并按上级要求进行编报和执行。

⑤ 勤俭节约原则，提高经费的使用效益。

⑥ 民主管理原则，定期公布账目，并接受会员监督和经审会审查。

⑦ 为职工服务原则，工会经费不得用于非工会活动的开支，如资金拆借、经济担保等。

（2）工会经费的开支范围

工会经费的开支范围，明确规定了哪些费用可以由工会经费开支。根据相关政策规定，工会工作的任务和活动内容可归纳为 9 项经费开支范围。

① 会员活动费用于组织会员开展集体活动，并给予会员特殊困难补助，如会员联欢活动等。

② 职工活动费用于开展职工教育、文娱、宣传等活动，如郊游、观看电影、参观展览会等。

③ 工会业务费用于履行工会职能、开展业务工作、加强工会建设等方面，如工会干部培训、工会会员大会等。

④ 事业支出用于工会附属事业单位的各项费用支出。

⑤ 其他支出用于上述活动外的其他活动。

⑥ 上缴经费支出用于按规定比例缴纳给上级工会。

⑦ 工会行政经费用于县级以上工会的行政管理、后勤保障。

⑧ 专项资金使用用于县级以上工会的专项资金支出，如专项工程、购置专项设备等。

⑨ 补助下级工会支出用于县级以上工会根据有关规定补助下级工会。

（3）工会经费的作用

很多企业对工会经费的缴纳表现出一定的排斥情绪，认为工会经费是无用的支出。但事实上，且不谈工会经费本身的强制性特征，工会经费作为职工薪酬的重要组成部分，同样可以用于维护职工劳动权益，强化组织稳定性。

一般而言，工会经费主要有九大用处，如图 2.1-3 所示。

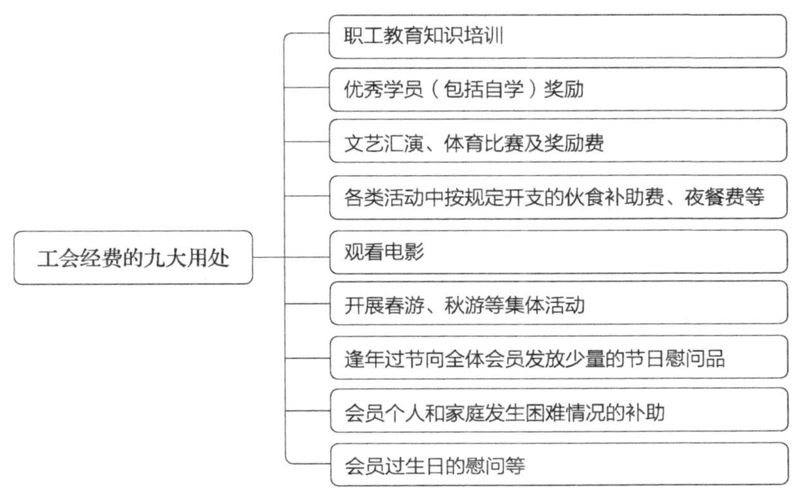

图 2.1-3　工会经费的九大用处

企业基层工会要用好工会经费，就要抓住两个重点。

① 发挥工会组织的维护职能。

工会的主要职责就是维护职工的合法权益，因此，工会经费的重点是要用于维护职工劳动安全、卫生，以及补助病残职工、生活困难职工等，为职工办好事、办实事。

② 发挥工会组织的教育功能。

丰富多彩的文体教育活动，有利于创建和谐的组织文化，调动职工工作积极性、加强组织凝聚力。因此，工会组织要发挥自身的教育功能，大力开展健康向上的文体活动。

2.1.4　职工教育经费

职工教育经费是指企业为职工学习先进技术和提高文化水平而支付的费用。单位职工不但有取得劳动报酬的权利、享有集体福利的权利，还有接受岗位培训、后续教育的权利，因此需要一定的教育经费。根据《关于企业职工教育经费税前扣除政策的通知》（财税〔2018〕51 号）：企业发生的职工教育经费支出，不超过工资薪金总额 8% 的部分，准予在计算企业所得税应纳税所得额时扣除；超过部分，准予在以后纳税年度结转扣除。

职工教育经费的提取和使用，都在“应付职工薪酬”账户核算，如 HR 外出参加培训、HR 参加企业人力资源管理职业资格考试等开支，都属于职工教育经费的范畴。

这个会计科目通常被职工称为“最招人喜欢的账户”，因为职工教育经费都用于提升职工的技术、文化水平，而这些都将内化为职工的职业技能，能提升职工的自身价值。换句话说，相对于常见的“用职工的能力为企业赚钱”，职工教育经费的作用则是“用企业的钱为职工增值”。

然而，与职工的偏好不同的是，很多企业主却将其看作更多的成本支出，因而即使能够抵扣一部分企业所得税，企业主也不愿付出职工教育经费。在这种情况下，HR 必须正确认识并宣传职工教育经费的重要性，并促进职工教育经费的合理使用。

1. 职工教育经费的使用阻碍

职工教育经费的使用，直接关系到企业职工教育的情况，但在企业运营过程中，职工教育经费的合理使用却受到了 3 方面的阻碍。

（1）缺乏对职工教育培训的正确认识

很多企业并不重视职工教育培训工作，因而忽视了对职工教育经费的投入。

然而，在市场经济发展和产业结构调整的严峻形势下，职工素质的提升对企业发展而言愈发重要。相对于投入大量成本招聘优质人才，开展职工教育工作，则更能推动职工素质的持续提升，使职工素质能够符合企业发展的基本需求，也使职工素质成为企业发展的推动力量。

因此，企业必须对职工教育工作进行有前瞻性的研究，并投入必要的职工教育培训费用，如开展培训课程、设立图书室等的费用。

（2）职工教育培训管理机制不健全

很多企业虽然重视职工教育经费的支出，但其职工教育经费却未能发挥应有的效用，这主要是因为企业缺乏一套健全的教育培训管理机制。

“重上轻下”“内外有别”是企业使用职工教育经费的一个突出问题。在开展职工教育培训活动的过程中，一个常见的现象是：中高层人员大多参加以管理创新为主的外部培训，培训内容的层次较高；而一线职工则大多参加以岗位基本要求为主的内部培训，培训内容的层次较低。

例如，某企业一线职工和技术人员面对繁重的工作任务，只能加班加点才能完成，因而没有时间、也没有精力参加教育培训活动，其职业技能仍然处于几年前的水平；而管理者却经常外出学习，参加领导力培训、友厂调研等活动，但他们在学习之后想要推广时，却发现推广计划很难落地，因为一线职工和技术人员“跟不上脚步”。

因此，企业应当建立健全职工教育培训管理机制，平衡一线职工、技术人员和管理者的教育经费支出比例，开展更具针对性的学习与培训，提升企业职工队伍的整体素质。

（3）监督、考核与奖励机制不完善

职工教育经费被挪作他用，职工无故缺席培训活动，培训成果无人分享……这些现象都存在于企业的职工教育培训活动中，而其根源则在于企业监督、考核与奖励机制不完善。

职工教育经费必须用于职工教育培训活动，这是企业使用职工教育经费的强制要求，任何挪用职工教育经费的行为都应当受到处罚。

此外，企业想要让职工教育经费发挥应有的效用，切实提升职工的技术能力和文化水平，就应当对参加教育培训活动的职工进行考核，确保职工认真参

加教育培训。与此同时，为了进一步增大职工教育培训活动的效果，企业也需要激励职工对教育培训成果进行分享、汇报。

2. 职工教育经费的列支范围

职工教育经费的会计处理，往往是 HR 容易忽略的一个问题。很多 HR 在开展职工教育培训活动时，错以为只有“培训费”发票上的金额才可以计入职工教育经费，但其实参加培训发生的交通费、住宿费发票上的金额，同样可以计入职工教育经费。此外，一些 HR 常常会开具“会议费”“咨询费”发票，但部分机构却可以开具“教育经费”的发票。

HR 必须了解职工教育经费的会计处理及列支范围，这样才能规避后续会计处理中可能出现的问题。

根据相关政策规定，职工教育经费的列支范围具体包括 11 项。

① 上岗和转岗培训。

② 各类岗位适应性培训。

③ 岗位培训、职业技术等级培训、高技能人才培训。

④ 专业技术人员继续教育。

⑤ 特种作业人员培训。

⑥ 企业组织的职工外送培训的经费支出。

⑦ 职工参加的职业技能鉴定、职业资格认证等经费支出。

⑧ 购置教学设备与设施。

⑨ 职工岗位自学成才奖励费用。

⑩ 职工教育培训管理费用。

⑪ 有关职工教育的其他开支。

其中，HR 经常对以下 3 项内容的理解产生偏差。

（1）企业组织的职工外送培训的经费支出

很多企业认为只有教育报班的费用属于职工教育经费，但其实，如在异地的培训所涉及的来回交通费、住宿费、餐费等都可以被计入职工教育经费。

（2）职工岗位自学成才奖励费用

职工参加学历教育、学位教育的学费，不得计入职工教育经费，也不得在税前扣除，但是企业可以转换思维，将其计入职工岗位自学成才奖励费用，虽然都需要交个人所得税，但是后者可以在税前扣除。

（3）职工教育培训管理费用

一般是指企业注册会计师、注册税务师管理人员的费用等。职工参加学历教育、学位教育的学费，如成人教育的硕士、博士和 MBA、EMBA 等与个人有关的，都不得计入职工教育经费，且不得在所得税税前扣除。

3. 合理使用职工教育经费

2018 年 5 月 7 日，中华人民共和国财政部和国家税务总局公布《关于企业职工教育经费税前扣除政策的通知》，明确企业发生的职工教育经费支出，不超过工资薪金总额 8% 的部分，准予在计算企业所得税应纳税所得额时扣除。

而在此之前，这一比例仅为 2.5%。职工教育经费的比例的大幅提高，就是要鼓励企业增加职工的教育培训费用支出，也表明了国家对培养高技能人才、推动高质量发展的重视。

在技术突飞猛进和产业升级换代的当下，生产、服务的设备、方法和技艺都在不断更新，这就需要企业拥有充足的技能人才。尤其是对很多传统企业而言，其一线职工需要的技能提升，不再是往常针对技术升级的逐级提升，而是为了适应产业换代的“回炉重造”。

福建省总工会在对全省产业工人队伍调研时发现，产业工人队伍技术等级结构不合理。全省普通职工中技术工人仅占 22.7%。技术工人中初级工占 52.5%、高级工占 12%、高级技师占 1.5%。技术工人总量偏少、结构不合理，初级工占比大，高技能人才偏少，与“机器换工”相适应、熟悉和掌握智能制造新技术、新工艺的高素质人才明显短缺。

……

然而，一线职工越来越关注自身的教育培训。上述调研显示，63.1% 的职工担心目前的职业技能在未来会过时，有 94.2% 的职工有兴趣学习新职业的技术、知识或能力。参加培训的职工中，有 90.1% 表示提高了技术等级或专业技能，48.6% 表示增加了工资收入，78.3% 表示提升了就业竞争力，44.8% 表示调到了更理想的工作岗位。[1]

企业必须认识到，职工教育经费的支出，对职工有利，对企业更有利。企业要切实从职工教育经费中受益，就要制定合理使用职工教育经费的各种措施。

（1）严格实行预算管理制度

企业各部门在提出培训需求时应一并提出培训项目的职工教育经费预算，由 HR 收集汇总后交予决策层审核，并根据经费预算的审核结果进行编报。

如某部门出现计划外需增加的培训经费，该部门需向 HR 提出书面申请，并按审批权限交由领导批准。

（2）坚持“专款专用、节约使用、节余上交”原则

职工教育经费的使用应当按规定建立专项账户，并做到“专款专用、节约使用”。如出现职工教育经费结余，则应上交，由企业统一使用。

HR 一定要明确禁止克扣、挪用和侵占职工教育经费的行为。

（3）兼顾各部门、各层级职工的教育培训需求

职工教育经费的使用，要规避“重上轻下”“内外有别”的问题，兼顾各部门、

1　李丹青，吴铎思 . 职工教育经费税前扣除限额提升至 8%[N]. 工人日报，2018-5-15.

各层级职工的教育培训需求。

HR 要主动为一线职工寻找合适的教育培训项目，并为其安排合适的培训时间，从而推动一线职工的技能提升。

（4）注重教育培训的考核和奖励

职工教育经费的切实使用，离不开教育培训的相关考核。为了进一步激励职工自主学习，或与其他职工分享学习成果，企业也可建立相应的奖励机制。

例如，某企业 HR 在职工教育经费的管理中，专门确定了“费用不予报销”的两种情形。

① 职工参加各类培训，无正常理由自动退学、停学，或未完成学习任务的。

② 职工参加各类培训，成绩不合格，或未获得结业证（毕业证）的。

2.2　HR 如何从财务报表中看懂业务指标

无论是人力资源，还是财务，其主要职能都是支持业务系统的健康发展。从这个角度出发，企业的战略执行控制模型可以理解为一个“伞形”结构，如图 2.2-1 所示。

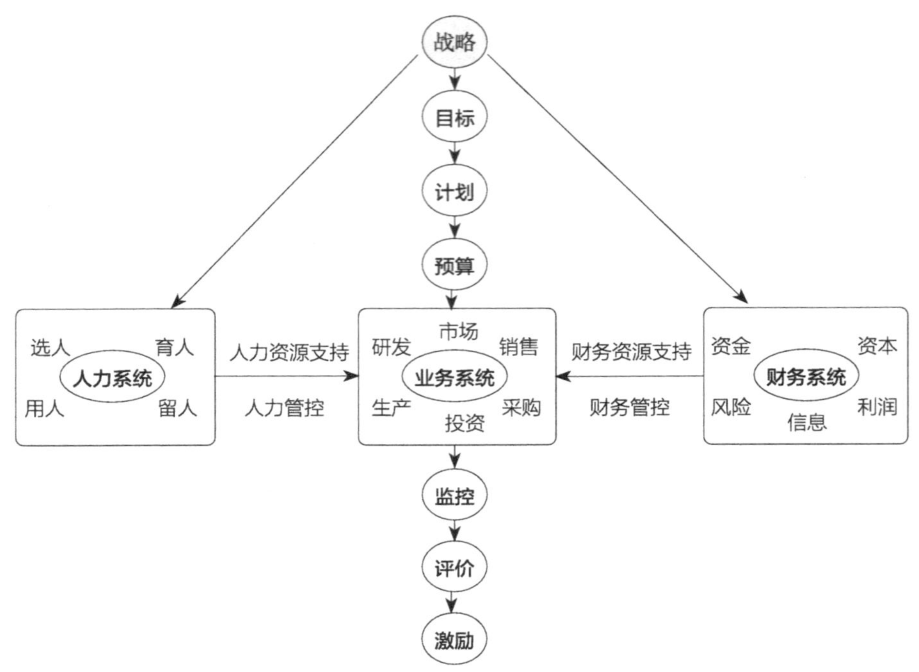

图 2.2-1　企业“伞形”战略执行控制模型

因此，为了给业务系统提供有效的人力资源支持，也为了推动企业战略的执行与落地，HR 就必须懂得从财务报表中看懂业务指标，在与业务系统的有效合作中实现快速推进。

2.2.1　与业务相关的五大会计术语

“HR 要懂业务”是每位 HR 都听过的一句名言。但 HR 究竟要如何深入了解业务？很多 HR 一直坚持对此进行探索和努力，比如参加业务部门会议、参与企业产品的流程设计、与业务部门共同拜访企业大客户等。

然而，令人遗憾的是，他们虽然参加了大量的业务活动，但当他们着手进行人力成本管理时，却仍然无法与业务部门进行有效沟通。

这是因为，在参与业务活动时，HR 只是单纯地将业务需求转化为人力资源管理的语言，试图利用他们的专业知识为业务部门提出解决方案。而这种做法仍然是将人力资源管理置于业务部门之上，这就自然会引起业务部门的反感和抵触。

因此，HR 要从财务报表中看懂业务指标，就要将人力资源管理变成业务部门的必要组成部分，用业务部门的语言，去解决职工和部门面临的问题。为此，HR 首先要明白与业务相关的会计术语。只有如此，HR 在与业务部门沟通时，双方才能达成共识。

2.2.1.1　净利润

在会计学上，利润的概念可以分为 3 部分。

① 毛利润即销售收入与销售成本之间的差额。

② 营业利润 = 营业收入 – 营业成本 – 营业税金及附加 – 销售费用 – 管理费用 – 财务费用 – 资产减值损失 + 公允价值变动收益（– 公允价值变动损失）+ 投资收益（– 投资损失）。

③ 净利润即利润总额与所得税费用之间的差额。

净利润是指企业当期利润总额减去所得税费用后的金额，即企业的税后利润。所得税费用是指企业将实现的利润总额按照《中华人民共和国企业所得税法》（以下简称《企业所得税法》）规定的标准向国家缴纳的税金。它是企业利润总额的扣减项目。其计算公式如下。

净利润＝利润总额 – 所得税费用

　　　＝利润总额 ×（1– 所得税率）

由此可见，企业净利润主要受利润总额和所得税率两个因素的影响。一般而言，各行业所得税率都由法律明确规定，因此，想要增加净利润，企业就必须提高利润总额。

需要注意的是，虽然净利润的数值可能每年都处于增长态势，但净利润率却不一定随之而不断提高。HR 要明确这一点，避免因净利润的增加而盲目乐观。

2.2.1.2 销售收入

销售收入，又称为营业收入或经营收入，是指企业通过产品销售或提供劳务所获得的货币收入或应收账款。按照业务收入的比重、主次及经常性情况，销售收入也可分为主营业务收入和其他业务收入。一般而言，销售收入的计算公式如下。

销售收入 = 产品销售数量 × 产品单价

不同行业的主营业务收入各有不同，如商品流通企业的主营业务收入是商品的销售收入，工业企业的主营业务收入是产品销售收入，房地产开发企业的主营业务收入则是转让、销售或出租房产的收入。

依据会计准则，销售收入的确认有多种方法，常用的有 3 种。

① 在销售成立时确认销售收入。

② 在收到货款时确认销售收入。

③ 根据生产完成程度确认销售收入。

一般而言，我国在确认销售收入时采用权责发生制，其确认条件为商品或产品所有权的转移，即收到销售货款或取得收款凭证的权利。

2.2.1.3 成本

成本是商品经济的价值范畴，是商品价值的组成部分。人们要进行生产经营活动或达到一定的目的，就必须耗费一定的资源，其所费资源的货币表现及其对象称为成本。并且随着商品经济的不断发展，成本概念的内涵和外延都处于不断变化、发展之中。[2]

1. 成本的构成

根据国家规定，成本的构成主要包括两个部分，如图 2.2-2 所示。

---

2 张五常 . 收入与成本：经济解释 卷二 [M]. 北京：中信出版社，2011.

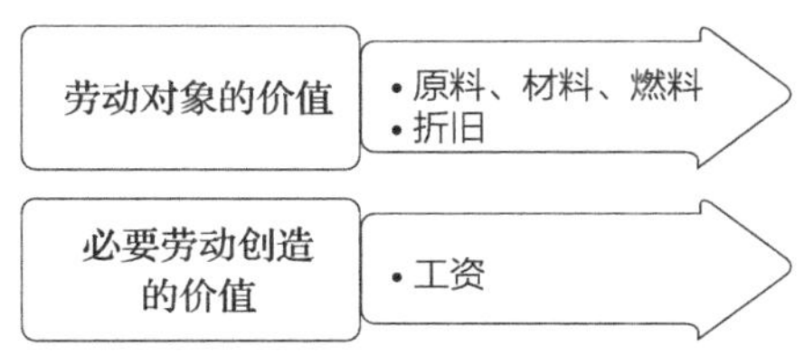

图 2.2-2　成本的构成

① 商品生产中耗费的劳动对象的价值，如原料、材料、燃料等费用以及折旧费用。

② 生产者的必要劳动创造的价值，如工资。

2. 成本的分类

根据成本核算和管理的不同要求，HR 也可以按照不同的标准对成本进行分类，如表 2.2-1 所示。

表 2.2-1　成本的分类

分类标准	分类
概念形成	理论成本和应用成本
应用情况	财务成本和管理成本
产生依据	实际成本和估计成本
发生情况	原始成本和重置成本
形成时间	历史成本和未来成本
计量单位	单位成本和总成本
计算根据	个别成本和平均成本
包括范围	全部成本和部分成本
生产过程中的顺序关系	车间成本和工厂成本
生产经营范围	生产成本和销售成本
与收益的关系	已耗成本和未耗成本
与决策的关系	相关成本和非相关成本

续表

分类标准	分类
与现金支出的关系	付现成本和沉没成本
与计划的关系	计划成本和预计成本
数量变化关系	边际成本、增量成本和差别成本
可否免除	可避免成本和不可避免成本
可否推迟发生	可递延成本和预计成本
可否加以控制	可控成本与不可控成本
性态	变动成本和固定成本
与产品生产的关系	直接成本和间接成本
成本的构成情况	主要成本和加工成本

2.2.1.4 毛利率

毛利率是指毛利润占销售收入的百分比，反映了商品经过生产转换后的增值部分。其中，毛利润是销售收入与销售成本的差额。其计算公式如下。

毛利率 = 毛利润 ÷ 销售收入 ×100%

= (销售收入 − 销售成本) ÷ 销售收入 ×100%

毛利率表示企业销售收入在扣除销售成本之后，还有多少毛利润可以支付各项期间费用并形成盈利。因此，毛利率是企业创造净利润的基础，如果没有足够高的毛利率作为支撑，企业就无法实现盈利。

因此，HR 应当了解业务部门的毛利率水平以及其影响因素。一般而言，影响毛利率的因素主要分为直接因素和间接因素两类，如表 2.2-2 所示。

表 2.2-2　影响毛利率的因素

项目	因素	影响情况
直接因素	销售数量变动	正比例影响
	销售单价变动	正比例影响
	单位销售成本变动	反比例影响
间接因素	市场供求变动	影响产品价格
	成本管理水平	影响销售成本
	产品构成及其独特性	影响获利能力
	行业差别	影响获利空间

2.2.1.5　期间费用

期间费用是指企业日常活动中发生的不能计入特定的成本核算对象，而应计入发生当期损益的费用。期间费用是企业日常活动中所发生的经济利益的流出。之所以不计入特定的成本核算对象，主要是因为期间费月是企业为组织和管理整个经营活动所发生的费用，与可以确定特定成本核算对象的材料采购、产成品生产等没有直接关系。

期间费用包含以下两种情况。

① 企业发生的支出不产生经济利益，或者即使产生经济利益但不符合或者不再符合资产确认条件的，应当在发生时确认为费用，计入当期损益。

② 企业发生的交易或者事项导致其承担了一项负债，而又不确认为一项资产的，应当在发生时确认为费用并计入当期损益。[3]

3　财政部会计资格评价中心．初级会计实务 [M]. 北京：经济科学出版社，2017.

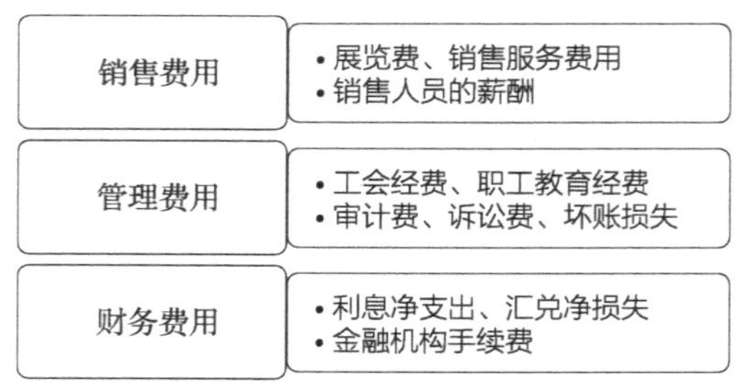

图 2.2-3　期间费用的构成

期间费用的构成如图 2.2-3 所示，期间费用一般包括销售费用、管理费用和财务费用 3 类。

① 销售费用是企业在销售过程中发生的费用，主要包括运输费、装卸费、保险费、展览费、销售佣金、广告费、租赁费、销售服务费用等，以及销售人员的工资、福利费、差旅费等。

② 管理费用是企业在管理和组织生产经营活动中发生的费用，由于管理活动的复杂性，管理费用包含的内容也较为复杂，主要包括公司经费、工会经费、职工教育经费、劳动保险费、咨询费、审计费、诉讼费、坏账损失等各类费用。

③ 财务费用是企业在资金筹集等理财活动中发生的费用，主要包括利息净支出、汇兑净损失、金融机构手续费和其他因资金而发生的费用。

2.2.2　HR 与业务部门所看重的三大财务指标

哪位职工可能辞职？哪些岗位需要招聘？哪些职工的薪酬与岗位级别不相符？哪些职工可以评为优秀员工？哪些职工又需要提升职业技能？这些都是 HR 需要妥善解决的问题，也是业务部门所看重的问题。

HR 要解决这些问题，绝非拍拍脑袋就能决定的，更需要引入相关评价指标，将专业能力与数据相结合，从而准确、及时地给出合适的解决方案。

然而，在实际工作中，很多 HR 所使用的指标数据，仍然停留在表层，诸如招聘人数、加班时长、新员工培训等。这些指标当然能够展现 HR 完成的本职工作，但却远远不能证明 HR 应有的岗位价值。

同样，对业务部门和经营管理者而言，单纯的人数、时长数据，也不足以为其提供决策支持。从某种程度上看，不完善的数据指标反而会影响业务部门决策的正确性。

也正是因此，当一些 HR 拿着表层的数据指标，与业务部门进行沟通时，不仅无法得到理解，还会被看作是吹毛求疵。面对这种情况，HR 要学会从财务报表中看懂业务指标。HR 与业务部门所看重的三大财务指标，如图 2.2-4 所示。

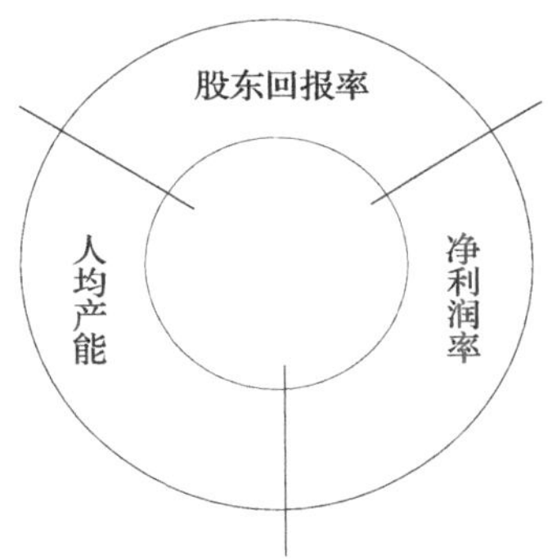

图 2.2-4　HR 与业务部门所看重的三大财务指标

1. 股东回报率

股东回报率（Return on Equity，ROE），又称为股本回报率或净资产收益率，是评价企业盈利能力、资产管理及财务控制的重要指标。其计算公式如下。

股东回报率 = 净利润 ÷ 平均净资产 ×100%

ROE 是"股神"巴菲特选择投资对象的一个重要指标。根据巴菲特的价值投资原则，企业的 ROE 应该不低于 15%。在其持有的上市公司股票中，可口可乐公司的 ROE 超过 30%，美国运通公司的这一指标则达到 37%。

很多 HR 对于这一指标的重要性却不甚了解。简单来看，ROE 的提高，似乎只源自两个方面，增加净利润或减少股东权益。这样的指标看似没有什么特别，但如果 HR 能够对公式进一步拓展，则能发现 ROE 的密码。将上述公式变形为如下形式。

$$ROE=\frac{净利润}{平均净资产}\times100\%=\frac{净利润}{销售收入}\times\frac{销售收入}{平均资产总额}\times\frac{平均资产总额}{平均净资产}\times100\%$$

在这样的公式变形中，ROE 指标实际上被分解成 3 个部分：

① 销售净利率，反映了企业的产品盈利能力。

② 总资产周转率，反映了企业的盈利效率。

③ 权益乘数，反映了企业的财务杠杆的大小。

如此一来，ROE 指标的升高，则有了更加准确的解释：盈利能力提升，或盈利效率提高，或财务杠杆变大。这也意味着，企业处于更好的发展态势。

例如，贵州茅台酒股份有限公司（以下简称“贵州茅台”）股价经过连续多年的上涨，其流通市值于 2019 年 11 月 22 日一度跃居 A 股总市值榜首，成为 A 股的“明星”股票。

回顾过往，贵州茅台的股价大涨于 2016 ~ 2017 年就已初显端倪。

①2016 年财报数据。

贵州茅台 2016 年的财报数据如下。

a. 期末资产总额约为 1 129 亿元，期初资产总额为 996 亿元，平均资产总额为 1 062.5 亿元。

b. 期末净资产为 759 亿元，期初净资产为 662 亿元，平均净资产为 710.5 亿元。

c. 销售收入为 389 亿元，净利润为 179 亿元。

由此可以计算得出，贵州茅台 2016 年的销售净利率为 46.02%，总资产周转率为 36.61%，权益乘数为 1.495，其 ROE 则达到 25.2%。

②2017 年财报数据。

贵州茅台 2017 年的财报数据如下。

a. 期末资产总额为 1 346 亿元，期初资产总额为 1 129 亿元，平均资产总额为 1 237.5 亿元。

b. 期末净资产为 960 亿元，期初净资产为 759 亿元，平均净资产为 859.5 亿元。

c. 销售收入为 582 亿元，净利润为 290 亿元。

由此可以计算得出，贵州茅台 2017 年的销售净利率为 49.83%，总资产周转率为 47.03%，权益乘数为 1.44，其 ROE 为 33.75%。

在权益乘数下降的情况下，贵州茅台的 ROE 却大幅增长至 33.75%。这样的指标增长，说明了贵州茅台的盈利能力和盈利效率的提高，这也预示了贵州茅台近年来的股价大涨。

2. 净利润率

净利润是与业务相关的重要会计指标，但如果 HR 只关注净利润的绝对值的变动，其实难以看出企业盈利状况的变化。因此，净利润率通过将净利润与主营业务收入相比较，可以更加精准地反映企业的盈利能力。

其计算公式如下。

净利润率 = 净利润 ÷ 主营业务收入 ×100%

净利润率的意义在于，在与历史数据的比较中，如果企业净利润的增长慢于主营业务收入的增长，则其净利润率就会出现下降，这就说明企业的盈利能力在下降；相反，如果企业净利润的增长快于主营业务收入的增长，则说明企业盈利能力在增强。

HR 只有切实了解净利润率的意义，才能正确看待企业的盈利能力，并由此制定合适的人力成本管控措施。否则，HR 反而可能被净利润率指标迷惑，无法实现与业务部门的有效协同。

例如，2018 年 4 月 25 日，雷军在武汉大学举办发布会，并公布：“小米硬件综合净利润率永远不会超过 5%。如有超过的部分，将超过部分全部返还给用户。”

小米硬件限定 5% 的净利润率很快就引发了热议，但在外行网友普遍叫好的情况下，懂得财务指标的 HR 却能轻易看透背后的“猫腻”。

由于净利润率的净利润扣除了所有的硬件物料、生产、研发成本以及营销、管理等费用，而硬件综合净利润率却只考量硬件的营业收入。这就意味着，该指标的设计中，纳入了大量的成本和费用，而其收入却只限定在了硬件环节，该指标的计算结果必然处于较低水平。

尤其是在当今的手机硬件制造市场，净利润率超过 5% 的更是凤毛麟角。从全球智能手机市场来看，仅苹果、三星的硬件综合净利润率超过 5%，国产品牌如华为、OPPO、vivo 等厂商的硬件综合净利润率甚至不超过 2%。

3. 人均产能

人均产能并非一个单独的指标，而是由一系列指标共同构成的人力资源效率指标，是用来反映人力资源投入和产出对比的指标，可以比较直观地反映人力资源利用的效率，也即人效。

图 2.2-5 所示为人力资源效率指标，常用的人力资源效率指标主要有 6 个。

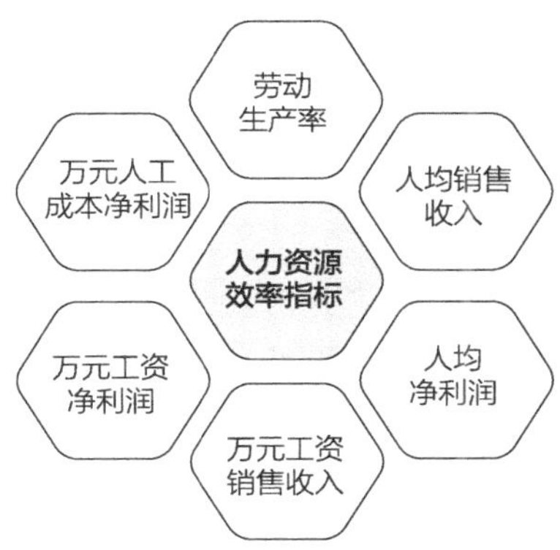

图 2.2-5　人力资源效率指标

（1）劳动生产率

劳动生产率是指劳动者在一定时期内创造的劳动成果，与其适应的劳动消耗量的比值。一般而言，劳动生产率可以用单位时间内生产的产品数量，或生产单位产品耗费的劳动时间来表示。

劳动生产率按其计算范围可以分为个别劳动生产率和社会劳动生产率。前者表示个别劳动者或个别企业生产单位产品所耗费的劳动量，后者则表示全社会生产单位产品所耗费的社会平均必要劳动量。

劳动生产率是个人成长和企业发展的基础指标。其意义在于，当个别劳动生产率高于社会劳动生产率时，就意味着个人或企业的劳动效率更高，这样才具有发展的可能性。

例如，某五金配件厂生产 100 个配件需要 5 个工人工作 10 个小时，而同行平均需要 6 个工人工作 10 个小时，这就意味着，该五金配件厂可以赢得 1 个工人的成本优势。这部分成本优势可以用于多招聘 1 个工人来增加产能，也可以用于降低产品售价来赢得价格优势。

（2）人均销售收入

人均销售收入是指总销售收入与职工人数的比值，反映了企业创造销售收入的人效。其计算公式如下。

人均销售收入 = 销售收入总额 ÷ 平均职工人数

人均销售收入是HR考核企业效率的重要指标，尤其适用于同行业间的比较。人均销售收入越高的企业，其销售效率就越高。

（3）人均净利润

人均净利润是指净利润总额与职工人数之间的比值，反映了企业平均每位职工实现的利润额。其计算公式如下。

人均净利润 = 净利润总额 ÷ 平均职工人数 ×100%

人均净利润越高，说明每位职工创造的利润就越多、贡献越大。因此，人均净利润，也被称作人均贡献，是考核企业利润水平和劳动效率的有效指标。

（4）万元工资销售收入

万元工资销售收入是指平均每万元工资能产生的销售收入。其计算公式如下。

万元工资销售收入 = 销售收入总额 ÷ 工资总额 ÷10 000×100%

（5）万元工资净利润

万元工资净利润是指平均每万元工资能产生的净利润，其计算公式如下。

万元工资净利润 = 净利润总额 ÷ 工资总额 ÷10 000×100%

（6）万元人工成本净利润

万元人工成本净利润是指平均每万元人工成本能产生的净利润，其计算公式如下。

万元人工成本净利润 = 净利润总额 ÷ 人工成本总额 ÷10 000×100%

需要指出的是，万元工资销售收入与万元工资净利润，都是以工资总额为评价基础的，这是因为工资总额更便于计算，且能在一定程度上表现企业的人工成本。但在实际运营中，企业需要付出的人工成本并不局限于工资，因此，为了精确地计算企业人效，HR 还需计算万元人工成本净利润。

2.2.3　人力资源管理与业务部门相关的三大成本解读

成本问题是 HR 与业务部门经常沟通的一个核心问题。对人力资源管理而言，岗位的增设、职级的调整、薪酬的增长，都意味着成本的增加；而对业务部门来说，“想要马儿跑，就得给马吃草”。

这样的思维差异，往往就会导致人力资源管理与业务部门的冲突与对立。

然而，在这样的争论中，人力资源管理与业务部门都陷入了成本控制的误区：工资总额就是人工成本，只要控制人工成本总量就好。

戴维·尤里奇认为，业务是 HR 工作的出发点，真正有价值的人力资源管理活动，能够在人力资源管理与业务部门之间建立起直截了当的联系。

从这个角度出发，人力资源管理就能够更加深入地理解成本问题：对企业战略发展而言，人力资源管理工作的关键在于推动人力成本发挥出更大的效用、创造更多的收益。

因此，HR 必须学会解读人力资源管理与业务部门相关的三大成本，从而真正通过成本控制推动企业持续发展。

2.2.3.1　直接人工成本率

直接人工成本是指直接用于产品生产的人工成本。直接人工成本率，则是指直接人工成本占总人工成本的比例，反映了企业人工成本的组成结构，及其有效性。其计算公式如下。

直接人工成本率 = 直接人工成本 ÷ 总人工成本 ×100%

直接人工成本率是人力资源管理与业务部门连接的重要指标。HR 在与业务部门沟通成本问题时，相对于人工成本总额或工资总额，直接人工成本率更能说明问题。因此，HR 必须懂得直接人工成本及其相关指标。

1. 直接人工成本的核算

按照分配方式的不同，直接人工成本的核算一般分为两种。

（1）按计时工资分配直接人工成本

计时工资的计算依据是生产工人的出勤时间和月标准工资，其计算方式分为两步。

① 计算直接人工成本分配率，计算公式如下。

直接人工成本分配率 = 本期发生的直接人工成本 ÷ 各产品耗用的实际工时（或定额工时）

② 计算某产品应负担的直接人工成本，计算公式如下。

某产品应负担的直接人工成本 = 该产品耗用的实际工时（或定额工时）× 直接人工成本分配率

按计时工资分配直接人工成本的核算方式较为简便，但由于该方法只计算生产工人的工时，而生产工人在工作时间内的具体工作内容却不能确定，所以不能反映生产工人工资的用途。

（2）按计件工资分配直接人工成本方式

计件工资的计算依据是工资的用途和发生地点。为了确保数据准确，生产部门应在月末根据工资计算单和生产工时记录编制工资成本分配表，如表 2.2-3 所示。

表 2.2-3　工资成本分配表

200× 年 6 月　　　　　　　　单位：元

应借账户＼车间	零件车间（分配率：0.5）		装配车间（直接归集）		合计
	分配标准（生产工时）	分配金额	生产工时	分配金额	
基本生产成本					
——1001 号	4 400	2 200	--	--	2 200
——1002 号	4 600	2 300	--	--	2 300
——2001 号	--	--	5 500	3 200	3 200
小计	9 000	4 500	5 500	3 200	7 700
制造费用		1 800		1 200	3 000
合计	9 000	6 300	5 500	4 400	10 700

2. 直接人工成本的审计

为了进一步确保直接人工成本数据的准确性，HR 可对直接人工成本进行审计。其审计要点一般包含 5 方面的内容。

① 抽查产品成本计算单，检查成本计算和费用分配的方法，并与汇总表进行核对。

② 审查人工成本耗用的真实性，避免将非生产用人工成本计入直接人工成本。

③ 按年度分析同一产品的直接人工成本，如有重大波动应查明原因。

④ 按月度分析本年度同一产品的直接人工成本，如有重大波动应查明原因。

⑤ 结合应付工资进行审查。

3. 直接人工成本差异

在确定直接人工成本的核算方式和审查之后，HR 即可着手对业务部门的直接人工成本率进行分析。此时，HR 可以引入标准直接人工成本的概念，借助直接人工成本差异进行分析。

（1）制定直接人工成本标准

为了有效控制产品生产的直接人工成本，HR 可与业务部门共同制定直接人工成本标准。

① 对产品生产过程进行详细研究，如生产工艺、作业、操作或工序等。

② 对工资支付形式、制度进行研究，如计时工资、计件工资、固定工资、浮动工资等。

③ 结合企业实际情况制定直接人工成本标准。

（2）分析直接人工成本差异

直接人工成本差异是指实际直接人工成本与标准直接人工成本之间的差额。直接人工成本差异，包含直接人工工资率差异和直接人工效率差异两部分。

① 直接人工工资率差异是指按标准工资率计算，实际直接人工成本与实际人工工时的直接人工成本之间的差额。形成直接人工工资率差异的原因较为复杂，但一般由 HR 部门负责分析，如直接生产工人的级别、工资调整，或加班、使用临时工等。

直接人工工资率差异的计算公式如下。

直接人工工资率差异 =（实际工资率 − 标准工资率）× 实际产量下实际人工工时

② 直接人工效率差异是指按标准工资率计算，实际人工工时的直接人工成本与标准直接人工成本之间的差额。形成直接人工效率差异的原因，主要是工人技术、工作环境或设备条件等，一般由业务部门负责分析。

直接人工效率差异的计算公式如下。

直接人工效率差异 =（实际产量下实际人工工时 − 实际产量下标准人工工时）× 标准工资率

例如，某机械厂加工某机械零件时，其标准工资率是 5 元 / 工时，标准人工工时为 500 工时；实际工资率为 6 元 / 工时，实际人工工时为 450 工时。

此时，该机械厂的直接人工成本差异如下。

直接人工成本差异 = 实际直接人工成本 − 标准直接人工成本

=6 × 450−5 × 500

=200（元）

为了进一步分析这 200 元差异的形成原因，HR 可以从直接人工工资率差异和直接人工效率差异两方面进行分析。

① 直接人工工资率差异的计算过程如下。

直接人工工资率差异 =（实际工资率 − 标准工资率）× 实际产量下实际人工工时

=（6−5）× 450

=450（元）

② 直接人工效率差异的计算过程如下。

直接人工效率差异 =（实际产量下实际人工工时 − 实际产量下标准人工工时）× 标准工资率

=（450−500）× 5

=−250（元）

由此可见，该机械厂的直接人工成本差异主要源自直接人工工资率差异，HR 应与业务部门进一步沟通关于直接人工工资率差异和直接人工效率差异的形成原因。

2.2.3.2 人均创收（利）

人均创收和人均创利是反映企业盈利水平的重要指标，也是 HR 剖析企业人效的重要指标。

人均创收的计算方式和人均创利的计算方式相近，前者以销售收入为分母，后者以净利润为分母，其数值越大，表明企业的盈利能力越强。

需要指出的是，不同行业的人均创收（利）水平存在极大差异，HR 在解读该指标时，切忌只关注绝对数值的高低，更要关注企业人均创收（利）在行业中所处的水平。

例如，信托业的人均创收（利）一直处于较高水平，这与其相对较低的成本支出直接相关。由于信托企业的成本主要由产品销售费用和管理费用构成，所以信托业的发展始终秉承“经营路线”，其全行业从业人员超过 2 万人，2018 年信托业的人均创利更是达到 362 万元。

与之相对，近年来，随着金融租赁业的高速发展，金融租赁业的人均创收（利）水平也迅速上升，并于 2018 年达到人均创收 2 670 万元、人均创利 450 万元的水平。

此外，传统制造业的人均创收（利）则处于较低水平，如福耀公司的人均创收为 75 万元，人均创利为 15 万元；海尔公司的人均创收为 210 万元，人均创利则仅为 9 万元。

任正非在华为公司高速发展期间，一直强调的关键词就是“两流一效”，即高收入流、高现金流、高人效。这里的高人效，就是要比同行的人效更高，只有如此，企业才能借助更高的个别劳动生产率，实现对社会劳动生产率的显著优势。

人均创收（利）看似是表现企业职工盈利能力的指标，但其更重要的意义其实是反映企业的盈利成本。很多 HR 往往会陷入职工规模扩大的陷阱，看着职工人数的不断增加，错以为这会带来企业业务能力的提高。

但其实，如果 HR 没有做好人效控制，更多的职工人数反而会导致人均创收（利）水平的下降，进而削弱企业的竞争力，阻碍企业的发展。

例如，在“团购大战”的 2 年间，美团网的职工人数从 2011 年的 2 500 人，增加至 2013 年的 2 700 人，其交易额也不断上升，实现人均创收（利）的高速增长。但与之相对的是，窝窝网和拉手网的职工人数一度超过 5 000 人，这导致企业人均创收（利）骤降，它们最终成为“团购大战”的失败者。

相对于财务报表上的各项指标，人均创收（利）的数据统计更加及时，HR 甚至可以每月计算人均创收（利）指标，从而有效把握企业的成长情况，并及时做出相应的调整。

此时，HR 就要深入了解行业发展周期，规避规模效应与组织人效的“双杀效应”。

“戴维斯双杀效应”（Davis Double Play）是资本市场上的重要概念，它是指企业利润、每股盈利下滑会引起市场抛售，导致股价下跌，而这又将带动市盈率下跌，导致股价进一步下跌。也就是说，企业营利性和市盈率相互交错，对企业股价造成巨大的下挫影响。

企业在发展中，同样存在规模效应与组织人效的“双杀效应”。

图 2.2-6 所示为规模效应与组织人效的“双杀效应”。随着企业的不断发展，企业的规模不断扩大，其人效也必将持续下降，到企业规模扩大遭遇瓶颈时，就将迎来规模与人效的“双杀”，企业也将因此被拖入深渊。

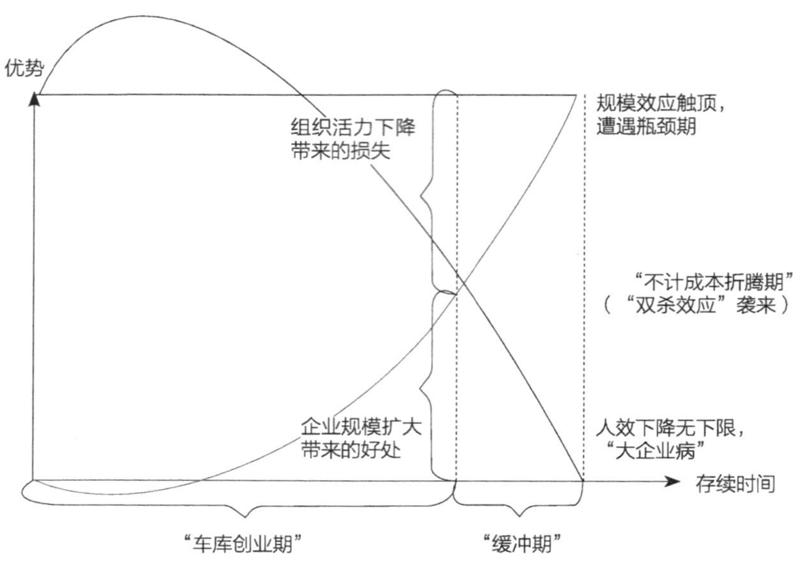

图 2.2-6　规模效应与组织人效的“双杀效应”

一般而言，企业发展会经历 3 个阶段。

1.“车库创业期”

在“车库创业期”，企业通常是基于创始人个人魅力形成的创业小团队，虽然规模极小，但这个创业团队的组织活力却处于巅峰，每位职工都有极强的工作热情，整个企业的发展都由组织活力驱动。

但随着企业的持续发展、规模的不断扩大，分工不均、职业倦怠、人际关系复杂等现象也相继出现，企业的组织活力不可避免地迅速下降。但相比于同行，这一阶段的企业人效仍然处于较高水平，所以企业仍然处于发展之中。

2.“缓冲期”

在“缓冲期”，企业的规模已经超过行业平均水平，甚至在行业内拥有规模优势。虽然如此，但企业的组织活力却进一步下降，每位职工都只顾及自己的本职工作，企业因此失去了人效优势，整个企业的发展只是由规模效应驱动。

但随着企业规模的进一步扩大，“大企业病”也必然出现。此时，很多经营管理者仍然迷信规模效应带来的优势，因而更加关注战略布局、资源整合，却忽略了企业内部管理和组织活力的提升。

3. “不计成本折腾期”

在“不计成本折腾期”，“大企业病”导致企业的人效进一步下降，职工的想法不再是“干活拿钱”，而是“干更少的活、拿更多的钱”。此时，规模效应也已经触顶，企业的发展也失去了驱动力量。

到这一阶段，规模效应和组织人效的“双杀效应”开始显现，随着企业人效不断突破下限，企业的运营能力的增长因此陷入停滞状态；企业不得不扩大职工规模，希望借此提高企业的运营能力；但更加大的职工规模又进一步强化了“大企业病”，企业的运营能力因此下降……最终，规模效应和组织人效导致企业运营能力的持续下降，直至企业跌入深渊。

2.2.3.3　息税前利润（EBIT）

息税前利润（Earnings Before Interest and Tax，EBIT）是指支付利息和所得税之前的利润。其计算公式如下。

息税前利润 = 净利润 + 利息费用 + 所得税

EBIT 主要用于衡量企业主营业务的盈利能力，相比于其他盈利指标，EBIT 更加关注成本费用与长期资本性支出对盈利的影响。尤其是与净利润相比，EBIT 剔除了所得税政策和资本结构造成的影响，这就使得该指标具有更强的可比性。

由于在同一行业不同企业之间，其所在地的所得税率可能存在差异，或因为资本结构的不同，企业要付的利息费用也存在区别，所以净利润的同业对比可能存在误差。而 EBIT 则剔除了这些因素，更适合用来观察企业部门层面的经营收益情况。

因此，EBIT 也是 HR 必须懂得的业务指标。

1. 企业收益分配

在讨论 EBIT 的重要性之前，HR 首先要明确企业收益是如何分配的——“蛋糕”切给了谁?

图 2.2-7 所示为企业收益分配。企业通过经营获得营业利润之后，首先要用其支付债务利息，如银行贷款利息等；之后要用其支付政府的税收，一般为企业所得税；最后留存的净利润（不考虑优先股），则可在企业股东之间分配。

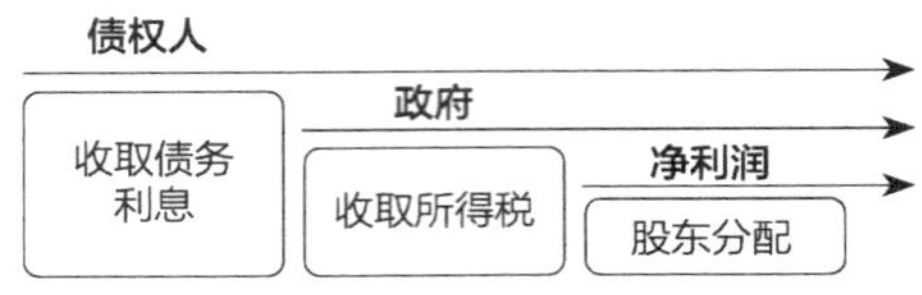

图 2.2-7　企业收益分配

需要注意的是，上述三者之间并非必然同时存在。正如利润表所示，三方在企业收益分配中的优先级同样是有所区别的，如图 2.2-8 所示。

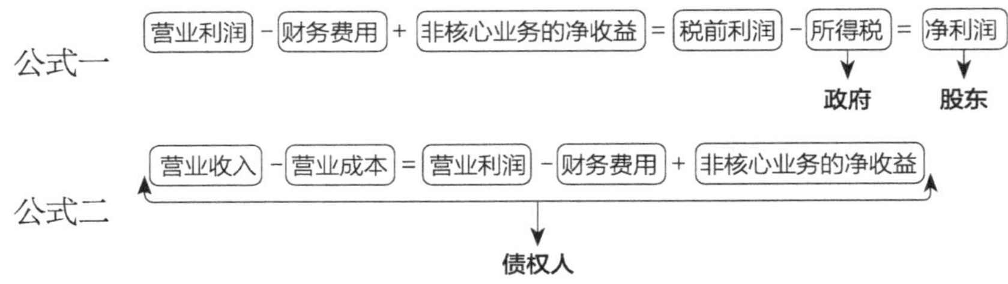

图 2.2-8　企业收益及分配顺序

① 无论企业盈利与否，都需按照贷款合同约定支付贷款利息。

② 只有当企业盈利时，才需向政府缴纳企业所得税。

③ 只有当净利润为正数时，股东才有收益可以分配。

当 HR 理解了企业收益的分配后，也就能够轻松理解 EBIT 的计算方法。

例如，某企业 2019 年营业收入 250 000 元，总成本 180 000 元，其中，财务费用里的利息支出为 20 000 元，企业所得税的税率为 25%。

那么，按照企业净利润的计算公式，该企业的净利润如下。

净利润 = 利润总额 ×（1− 所得税税率）

=（250 000−180 000）×（1−25%）

=52 500（元）

此时，HR 可先行剔除所得税因素，计算该企业 2019 年的税前利润。

税前利润 = 营业收入 − 总成本

=250 000−180 000

=70 000（元）

也可用如下公式计算。

税前利润 = 净利润 + 所得税

=52 500+17 500

=70 000（元）

之后，再剔除财务费用中的利息支出，则可得出该企业 2019 年的息税前利润。

息税前利润 = 净利润 + 所得税 + 利息费用

=52 500+17 500+20 000

=90 000（元）

2. 企业成本影响

从企业收益分配来看，EBIT 是指企业收益这块完整的大蛋糕；而从企业成本影响来看，EBIT 则反映了成本费用与长期资本性支出对企业盈利的影响。

通过计算公式，HR 可以继续将 EBIT 拆解。

息税前利润 = 净利润 + 利息费用 + 所得税

可以看出，EBIT 受融资成本（利息费用）和所得税变动的影响。同一行业中的不同企业之间，无论所在地的所得税率有多大差异，或是资本结构有多大的差异，都能够拿 EBIT 来更为准确地比较盈利能力。

为了进一步反映成本对盈利的影响，HR 可以在 EBIT 的基础上，加上折旧和摊销费用，得到税息折旧及摊销前利润（Earnings Before Interest, Taxes, Depreciation and Amortization，EBITDA）。

当长期资产的折旧和摊销被加上之后，EBITDA 在很大程度上就成了现金流的代表性指标，大体反映了企业未受资本结构和税收影响的净现金流情况。

例如，某企业 2019 年营业收入 250 000 元，总成本 180 000 元，其中，财务费用里的利息支出为 20 000 元，折旧和摊销费用为 50 000 元，企业所得税税率为 25%。

那么，根据前文所述的计算过程，该企业的 EBIT 为 90 000 元，其 EBITDA 计算如下。

税息折旧及摊销前利润 = 息税前利润 + 折旧和摊销费用

=90 000+50 000

=140 000（元）

由于其他成本费用均需现金支出，而折旧和摊销的费用实际在购置时就已支付，所以，这 140 000 元就可以反映该企业 2019 年的现金流情况。

EBIT 及 EBITDA 既能够反映企业的盈利能力，也能反映成本费用对企业盈利能力的影响情况。因此，在衡量企业、部门的盈利情况时，HR 可以灵活使用 EBIT、EBITDA 指标。

至于该选用 EBIT 还是 EBITDA，HR 可以根据企业的经营模式、发展阶段和分析需求进行选择。一般而言，如果 HR 想要分析资本性支出的影响，或当企业处于快速成长期、有大量资本性支出时，选用 EBIT 更加适合；如果企业受资本性支出影响不大，或已进入稳定成熟期，则可选用 EBITDA。

2.2.4　如何从人力角度做好业务合作伙伴关系价值支撑

中国人力资源开发网某年度的"HR 工作"压力调查数据显示如下。

① 认为人力资源部的工作对企业战略影响不大的受访者的比例高达 71.3%。

②45% 的受访者认为人力资源部主要还是以行政工作为主。

③54.3% 的受访者认为，HR 的工作很难得到其他部门的积极配合。

④45.9% 的受访者认为自己得到上司的认同与支持颇为困难。

这一切其实都来自业务部门对 HR 认知和认同的缺失。日常工作中，HR 与业务部门打交道时，总是容易感到头痛和无助。

例如，某企业 HR 就曾坦言："业务部门偶尔会支持一下自己的工作，但大多数时候都在质疑，HR 在干什么？都干了些什么？没有你们我们也一样。"没有问题的时候，业务部门不愿意接受 HR 的建议；有问题时，其又把问题全部推给 HR，认为这都是 HR 的问题。

业务部门自恃在企业中的地位和管理层的重视，总是以业务为借口，消极配合人力资源工作。而招聘、培训、绩效、激励、企业文化、劳动关系等工作内容，则都被看作是 HR 的职责。

因此，HR 和业务部门之间总是缺乏共同语言。

其实，业务部门作为用人部门，才是人力资源开发管理的第一线。尽管很多企业领导也能意识到人力资源的重要性，但是，他们却总是把人力资源管理工作看作事务性的工作，因而给予的支持力度不够。

但在这种局面下，HR 也应当认识到：业务部门可以拒绝 HR 的工作合作要求，但是 HR 没有任何借口可以拒绝要求业务部门的支持和服务！

这是因为，在企业“伞形”战略执行控制模型中，业务系统是确保战略实现的关键，而人力系统则必须为其提供相应的人力资源支持。若非如此，其结局只是“共输”而已。

正如原华为人力资源部、华为大学 HR 高级专家祁生胜所说：“管理的主要目的，不是为了管理人事，不是为了规范，不是为了控制，而是为了让流程更加畅通，效率更加高，从而产生更多的利润。让员工一次性把事情做正确的前提条件不是培训技能，而是解决思想问题。”

为了解决业务部门对 HR 认知和认同的缺失问题，HR 应当主动从人力的角度做好业务伙伴关系价值支撑，切实与业务部门实现协同发展。

1. 战略业务伙伴

随着人力资源管理的不断推进，HR 必须站在企业战略角度，对企业管理流程有更加深入的理解。

企业管理流程需要分为战略活动和经营活动两个流程，如图 2.2-9 所示。基于企业战略目标，人力资源业务计划、生产销售计划等各类经营计划都得以确定，而在实现具体经营目标的过程中，完善的人力资源支持也必不可少。

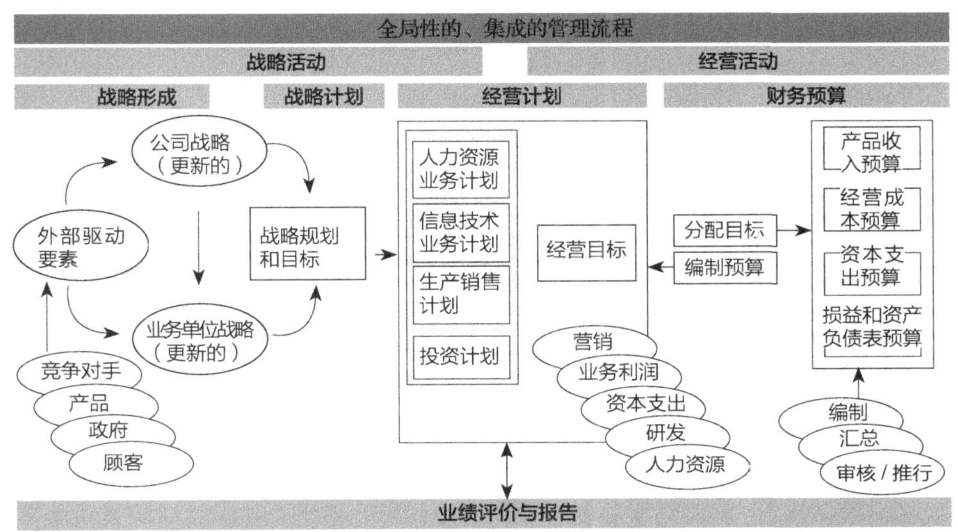

图 2.2-9　企业管理流程

因此，HR 必须成长为成熟的战略业务伙伴，在企业战略实现中扮演更加重要的角色，有效推动企业经营目标乃至战略目标的实现。

图 2.2-10 所示为 HR 在未来的角色，主要包含业务合作伙伴、专业服务中心和共享服务中心 3 个层面的内容。

图 2.2-10　HR 在未来的角色

（1）业务合作伙伴

HR 的核心职能是支持业务系统的发展，为业务部门提供优质的人力资源支持。因此，作为业务合作伙伴，HR 的工作内容应当包含以下 6 个方面。

① 开发业务部门的员工战略。

② 确保 HR 项目能够支持业务战略。

③ 确保业务决策对人员的影响得到理解。

④ 为业务部门提供 HR 经纪服务。

⑤ 为业务部门领导提供辅导和建议。

⑥ 主要客户是业务领导。

（2）专业服务中心

HR 的自我定位应当是“服务者”，其服务对象就是业务合作伙伴。为了有效提高服务水平，HR 需要从业务立场出发，制订各类专业的战略政策与服务方案。

① 制定职能领域战略。

② 设计跨越组织边界的共享方案。

③ 设计特定的业务部门的解决方案。

④ 结合业务合作伙伴的输入发展全球政策。

⑤ 主要客户是业务合作伙伴。

（3）共享服务中心

HR 需要为整个企业发展提供人力资源支持，其工作与所有业务部门、职能线都息息相关。因此，HR 要树立共享服务的意识，打造出企业的共享服务中心。

① 通过电话、邮件或者当面处理事务性的活动和查询。

② 管理外包和供应商。

③ 负责 HR 系统和数据。

④ 主要客户是员工和直线经理。

2. 业务合作伙伴

具体到业务环节，HR 要做好业务合作伙伴关系价值支撑，则需要从以下 5 个方面着手，如图 2.2-11 所示。

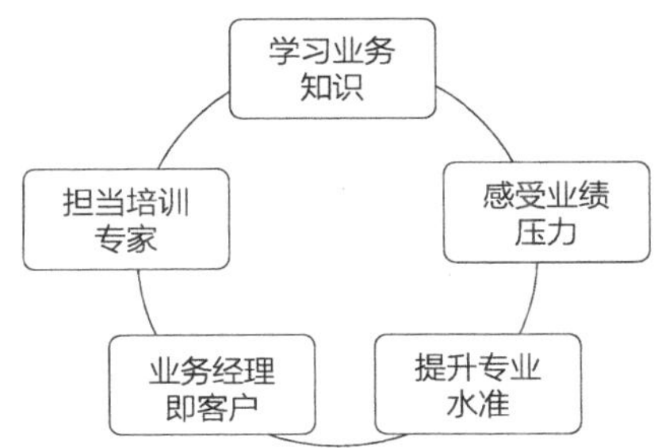

图 2.2-11　HR 成为业务合作伙伴的举措

（1）主动学习业务知识，了解业务活动

HR 应当熟悉每个业务部门的员工岗位说明书，每月至少参加 1 次业务部门会议，从而对业务知识、业务活动有一定的了解。

与此同时，HR 也要学会读业务报表，用财务数据与业务经理交流，展现自身的业务专业性。

（2）感受业绩压力，关心业务动态

业务部门的业绩压力，很大程度上源自企业战略的实现难度。因此，HR 应当关注业务部门绩效考核成绩波动情况，关心业务运营的发展情况，深刻理解业务运行的方式和流程。

为了进一步提升效果，HR 每季度应与业务经理至少进行 1 次绩效访谈。

（3）提升专业水准，从业务立场关注人力资源发展

HR 必须明确自身的专业职能：公平公正地处理每一件事情，帮助业务经理处理好员工关系。

在推动人力资源发展时，HR 也应从业务立场出发，及时传递政策资讯，帮助业务经理掌握政策；并重视业务经理的需求和反馈，及时提出政策、制度的

修正方案。

（4）把业务经理当成是自己的客户

在维护公司政策规定的前提下，努力站在业务经理的立场，平等地帮助业务经理开展人力资源管理和业务运营工作。

（5）担当培训专家的角色

抓住一切沟通的机会，为业务经理提供人力资源管理的培训和指导，增强他们的人力资源管理意识，明确职责，帮助他们增强对人力资源管理的认知和认同。

3. 人力指标

HR 要从人力角度做好业务合作伙伴关系价值支撑，就要在深入了解各类会计指标、财务指标及成本指标的同时，做好人力指标的设计，从而真正构建人力资源管理与业务部门的合作伙伴关系。

人力指标的设计一般分为 5 个部分，如图 2.2-12 所示。

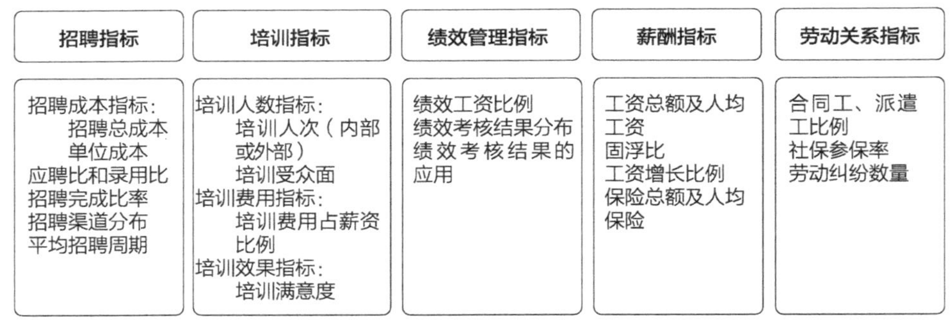

图 2.2-12　人力指标设计

（1）招聘指标

招聘指标，主要用于反映 HR 的招聘成本和效率。该指标的设计原则是，用更低的成本、更高的效率招聘到合适的人才。

因此，招聘指标主要包含 5 项内容。

① 招聘成本指标包括招聘总成本和单位成本。

② 应聘比和录用比，前者是应聘人数与邀约人数的比值，后者是录用人数与应聘人数的比值。

③ 招聘完成比率是衡量 HR 招聘能力的重要指标。

④ 招聘渠道分布反映了企业招聘人才的主要方式。

⑤ 平均招聘周期是衡量 HR 招聘效率的重要指标。

（2）培训指标

培训指标，主要用于反映HR的培训人数、成本和效果。该指标的设计原则是，用合适的成本为合适的职工提供有效的培训。

因此，培训指标主要包含 3 项内容。

① 培训人数指标包括培训人次（内部或外部）和培训受众面，反映企业参加内、外部培训的职工人数和比例。

② 培训费用指标主要用培训费用占薪资的比例来衡量。

③ 培训效果指标主要用培训满意度来衡量。

（3）绩效管理指标

绩效管理指标主要用于反映 HR 绩效管理的效果。该指标的设计原则是，通过绩效工资和考核来确保绩效管理有效。

因此，绩效管理指标主要包含 3 项内容。

① 绩效工资比例反映绩效工资占工资总额的比例。根据岗位和职能不同，该比例也应有所区别。例如，销售岗位的绩效工资比例一般较高，行政岗位的绩效工资比例一般较低。

② 绩效考核结果分布是指绩效考核结果各等级的分布比例，反映绩效考核的有效性。HR 需要根据企业经营实际来设计绩效考核方案，从而确保结果分布的合理性。

例如，某企业 HR 采用绩效考核结果强制分布的措施，即绩效考核成绩前 10% 的员工，为 A 级；后 20% 的员工，为 C 级；剩余 70% 的员工为 B 级。

在绩效考核的第 1 年，由于员工的工作积极性很高，50% 的员工都超额完成了绩效考核，但却只有前 10% 的员工拿到了 A 级评价，这就导致其他超额贡献的员工感到不满，很多员工的工作积极性受到打击，其中一些员工甚至在绩效考核结果公布后提出了离职。

第 2 年，该企业内出现了普遍的消极怠工现象，最终只有 6% 的员工完成了绩效考核，但根据强制分布的规定，HR 只能“矮子里挑高个”，让部分未完成考核的员工拿到了 A 级评价。

业务部门对绩效考核的不满情绪终于爆发，HR 只能重新调整绩效考核结果分布机制，但却为时已晚，企业在第 3 年的夏天不得不宣告倒闭。

③ 绩效考核结果的应用，也即绩效考核的奖惩办法，一般包括升职、加薪，或降职、减薪，以及警告、考察等。

（4）薪酬指标

薪酬指标主要用于反映 HR 的薪酬管理能力。该指标的设计原则是，用合适的薪酬构成及增长方案吸引并留住人才。

因此，薪酬指标主要包含 4 项内容。

① 工资总额及人均工资，主要反映企业的工资成本。

② 固浮比，是指固定工资和浮动工资的比例。

③ 工资增长比例，反映员工工资的增长情况。

④ 保险总额及人均保险，反映企业的员工保险保障情况。

（5）劳动关系指标

劳动关系指标主要用于反映 HR 的劳动关系管理能力。该指标的设计原则是维护好企业与员工的劳动关系，避免发生劳动纠纷。

因此，劳动关系指标主要包含 3 项内容。

① 合同工、派遣工比例。

② 社保参保率。HR 应及时为员工缴纳社保，以免发生合规风险。

③ 劳动纠纷数量。HR 应妥善处理劳动关系，尽量避免发生劳动纠纷。

第3章

HR财务思维：用工管理新挑战与人力成本概述

自《劳动合同法》颁布实施以来，用工规制严格、用工风险增加、用工成本提升，这为企业用工管理带来了新的挑战；尤其是2018年社保费征管体制改革之后，人力成本管理合规成为企业运营的必选项。在这样巨大的用工压力下，人力成本逐渐成为企业竞争的核心要素，人力成本优化管理的序幕也由此拉开。

3.1　用工管理新挑战

任何企业的运营都离不开用工管理，而企业用工则离不开成本支出。在社会经济持续发展的当下，面对用工管理的新挑战，企业亟须摆脱传统的用工管理视角，找到在规范用工的同时实现企业利润最大化的解决方案，而这就需要企业建立新的成本视角，重新认识企业成本、提高成本回报。

3.1.1　用工管理的三大新挑战

在一份关于“哪些主要挑战会影响企业成功”的调研中，排名前 3 位的答案分别是：产品和服务创新、降低成本、用工管理。

事实上，在这 3 个答案中，降低成本与用工管理可以协同来看。因为，企业取得成功的一个重要推手正是用工成本。

随着《劳动合同法》的颁布实施及相关法规的完善，企业不得不在用工管理中投入更多的成本。与此同时，众多政策、市场和社会因素都在推动用工成本的进一步增加，这催生了企业用工管理的三大新挑战。

1. “招工难”助推工资上涨

早在 2004 年，我国东南沿海地区和珠三角地区就首次出现了“招工难”的现象。

直至 2019 年，根据中华人民共和国国家统计局数据，我国劳动年龄人口的数量和比重已经连续 7 年“双降”；2018 年年底，我国的全国就业人员总量也首次出现下降。

据预计，这些数据在今后仍将继续下降，这也意味着更加严重的“招工难”。而在劳动力日益短缺的当下，劳动工资必然随之不断上涨，这也为企业用工管理带来了巨大挑战。劳动力从过剩变为不足，如图 3.1-1 所示。

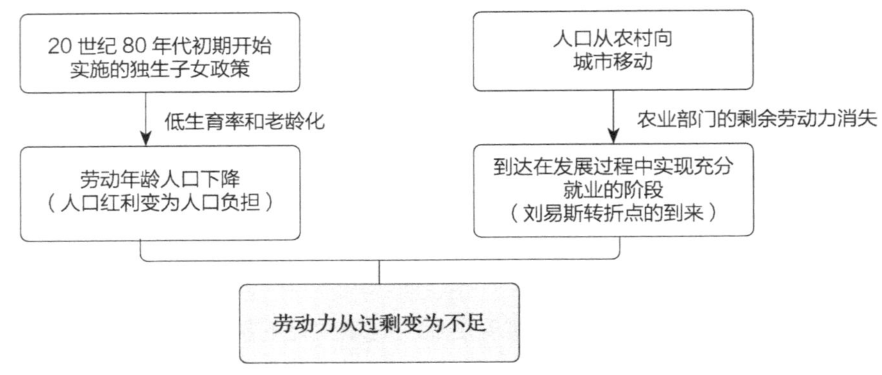

图 3.1-1　劳动力从过剩变为不足

（1）劳动力从无限供给到有限供给的转变

在很长一段时间内，基于我国庞大的人口基数，以及大量农民外出打工，我国劳动力一直处于“无限供给”的状态。但随着劳动年龄人口的逐年下降，以及刘易斯转折点[4]的到来，我国劳动力也开始从无限供给变为有限供给。

劳动力供给的减少，是助推工资上涨的基础性因素。在有限的供给中，用工单位为了获取足够的劳动力，必然需要通过提高工资水平来吸引员工。

（2）劳动年龄人口多于抚养人口

与劳动年龄人口相对的是，随着独生子女的普遍化，以及老龄化程度的加深，劳动年龄人口也正在超过抚养人口。

2018 年年底，全国 0 ~ 15 岁人口为 24 860 万人，占总人口的 17.8%；16 ~ 59 岁人口为 89 729 万人，占 64.3%；60 岁及以上人口为 24 949 万人，

4　刘易斯转折点，即劳动力从过剩变为短缺的转折点，由诺贝尔经济学奖获得者威廉 · 阿瑟 · 刘易斯（W. Arthur Lewis）在《劳动力无限供给条件下的经济发展》中提出，是指在工业化进程中，随着农村富余劳动力向非农产业转移，农村富余劳动力逐渐减少并最终达到瓶颈状态。

占 17.9%，其中，65 岁及以上人口为 16 658 万人，占 11.9%。[5]

例如，在由两位独生子女组建的 2 个孩子的家庭中，随着双方父母退休，这两位劳动年龄人口，需要抚养的人口数达到 6 人（双方父母和 2 个孩子）。这样的抚养压力，也迫使他们需要获得更高的薪酬收入。

2. 高通胀——物价飞涨倒逼工资上升

一般而言，经济增长是一个通货螺旋式膨胀的过程：随着经济的增长，个人收入增加，其购买力也因此增加；这就引发了物价上涨，而物价上涨又会刺激生产者投资扩大生产；这又会进一步推动工资上升……在这样的过程中，物价上涨和工资上升共同构成了经济增长的循环。

为了应对生存和生活需求，劳动者就会要求更高的名义工资收入；否则，他们会减少劳动付出，来避免实际工资的下降。这就倒逼工资大幅上升，使企业的用工成本进一步增加。

3. 社保成本急剧上升

社保是职工保障的主要组成部分，但由于社保合规的成本压力，2017 年社保缴纳基数合规企业的比例进一步下降为 24.1%。

2018 年 7 月 20 日，中国共产党中央委员会办公厅、中华人民共和国国务院办公厅印发了《国税地税征管体制改革方案》，其中明确要求从 2019 年 1 月 1 日起，将各项社会保险费交由税务部门统一征收。这一改革将带来社保征收手段的增多与执法力度的大幅加强。

例如，根据 2018 年的社保缴费基数下限，北京某企业某员工的每月

5　张毅．李希如：人口总量平稳增长城镇化水平稳步提高 [EB/OL]. [2019-01-23]. 国家统计局．

实际收入为 1 万元，在新政策实施后，企业为该员工支出的社保成本的变化如表 3.1–1 所示。

表 3.1–1　企业应缴纳的社保成本

单位：元

	企业缴费比例	按下限缴纳金额	上年社会平均工资（8 467 元）	员工实际工资（10 000 元）
养老保险（基数下限 3 387 元）	19%	644	1 609	1 900
医疗保险（基数下限 8 080 元）	10%	808	847	1 000
失业保险（基数下限 3 387 元）	0.8%	27	68	80
生育保险（基数下限 5 080 元）	0.8%	41	68	80
工伤保险（基数下限 5 080 元）	0.4%	20	34	40
企业应缴纳的社保成本		1 540	2 626	3 100

注：不同工伤风险类别的行业执行不同的工伤保险行业基准费率，以 0.4% 为例。

如该企业之前一直按照最低下限为员工缴纳社保，那么，在完整合规缴纳社保时，企业为该员工缴纳的社保费用将增加约 1 倍！

在企业应缴纳社保成本大幅上涨的同时，员工应缴纳的社保成本，同样面临上涨，而为了保持企业薪酬竞争力，企业就不得不进一步增加福利投入。

3.1.2　企业成本的 3 种视角

面对用工管理的三大新挑战，任何企业想要在新时代的市场竞争中获得成本优势，都亟须进行用工成本的优化管理，全面实现“人力突围”。

然而，在强调用工成本管理时，很多企业却陷入了“钻政策空子”“降低员工收入”的认识误区。事实上，优化成本并不是无效地节约，而是有效地花钱。

在讨论企业成本管控时，企业必须明确一个问题：钱是赚来的，还是省来的？

例如，某企业的人力成本占其总营收的 20%，税前利润率为 10%。当产品售价为 100 元时，其税前利润为 10 元，人力成本为 20 元，其他成本为 70 元。假设所有成本费用均随产品的价格而变动，那么，如果企业想将税前利润率提高 10%，也即税前利润增加至 11 元，该如何做呢？

① 产品售价提升 10%，至 110 元，此时，税前利润为 11 元，但人力成本也随之上升至 22 元，其他成本上升至 77 元。

② 人力成本降低 5%，至 19 元，此时，产品售价及其他成本均不变，但税前净利润却可达到 11 元。

伴随着市场竞争进入微利时代，企业想要通过提升产品售价来增加利润，无疑面临着巨大的市场压力。此时，通过成本控制，则能够在售价不变甚至更低的前提下，获得更高的利润。

正是因此，在当今时代，成本优势成为企业竞争的决胜关键。

在这种局面下，企业要建立成本优势，就要科学、全面地看待企业成本。有效的成本分析，是企业赢得市场竞争优势的基本要素。不完善的成本分析会导致企业因单纯地压缩成本而丧失活力；科学合理的成本分析，则能帮助企业掌握成本构架并构建控制系统，从根本上改善企业的成本状况。

一般而言，分析企业的成本可以从 3 种视角出发，如图 3.1-2 所示。

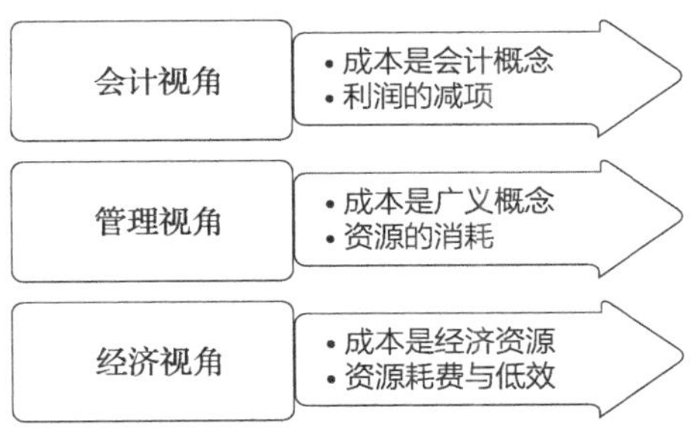

图 3.1-2　企业成本的 3 种视角

1. 会计视角的成本

从会计视角来看，成本是直接影响企业利润的各项支出，是利润的减项。因此，会计视角的成本分析主要需要关注利润表，如图 3.1-3 所示。

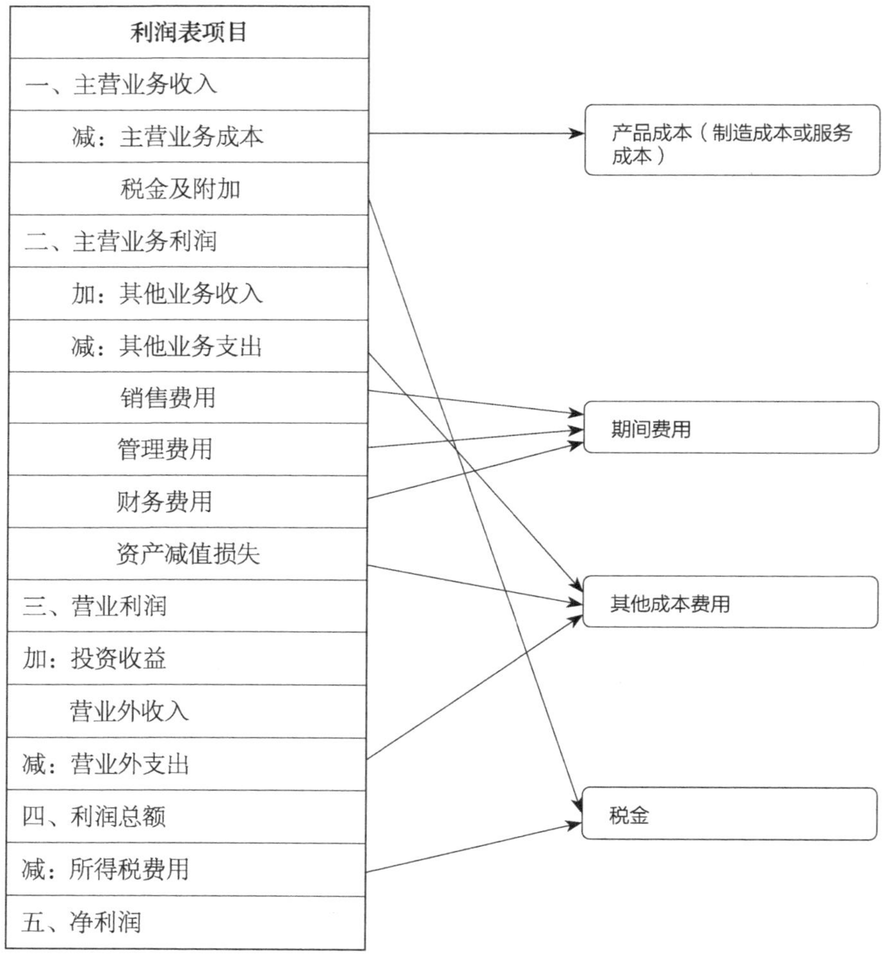

图 3.1-3　会计视角的成本

会计视角的成本，可以理解为“营业总成本”，主要包含产品成本，销售费用、管理费用、财务费用等期间费用，以及其他成本费用和税金。

HR 尤其需要关注的就是主营业务成本概念。主营业务成本，是指企业销售商品、提供劳务等经营性活动所发生的成本。企业一般在确认销售商品、提供劳务等主营业务收入时，或在月末将已销售商品、已提供劳务的成本转入主营业务成本。

（1）分析方法

在大多数行业，主营业务成本都是利润表中最大的减项，因此需要企业经营管理者重点分析把握：首先明确主营业务成本的构成和各部分比例，再逐项判断主要成本构成的变化趋势。

（2）核算方法

从会计核算来看，不同行业的主营业务成本都存在多种计算方法，每种计算方法的计算结果也有所区别，因此，经营管理者需要对此有一定的了解。

例如，一般的批发销售企业在计算主营业务成本时，应按商品进货原价记账。而在结转销售成本时，则可以选择采用先进先出法、月末一次加权平均法、移动加权平均法、个别计价法、后进先出法、毛利率法等方法。

2. 管理视角的成本

从管理视角来看，成本是广义的概念，是企业经济资源的各种耗费。因此，管理视角的成本分析不仅要关注利润表，还需关注资产负债表。只有如此，企业才能弄清楚“钱花到哪了”，如图 3.1-4 所示。

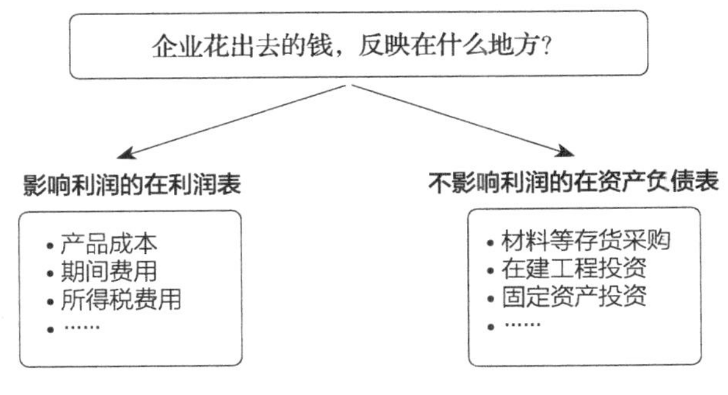

图 3.1-4　管理视角的成本

企业运营的成本支出，除了利润表中影响利润的各个项目之外，还存在多个项目与利润不直接相关，因此，需要通过资产负债表进行分析，如存货、在建工程、固定资产等。

（1）存货

存货是指企业在日常活动中持有以备出售的产成品或商品、处在生产过程中的在产品、在生产过程或提供劳务过程中耗用的材料或物料等，包括各类材料、在产品、半成品、产成品或库存商品以及包装物、低值易耗品、委托加工物资等。

一般情况下，企业的存货包括下列 3 种类型的有形资产。

① 在正常经营过程中存储以备出售的存货。这是指企业在正常的经营过程中持有的处于待销状态的各种物品，如工业企业的库存产成品及商品流通企业的库存商品。

② 为了最终出售正处于生产过程中的存货。这是指为了最终出售但目前处于生产加工过程的各种物品，如工业企业的在产品、半成品以及委托加工物资等。

③ 为了生产供销售的商品或提供服务以备消耗的存货。这是指企业为生产产品或提供劳务耗用而储备的各种原材料、燃料、包装物、低值易耗品等。

（2）在建工程

在建工程是指企业固定资产的新建、改建、扩建，或技术改造、设备更新和大修理工程等尚未完工的工程支出。在建工程一般分为自营在建工程和外包在建工程两类，前者由企业自行购买用料、自行施工并管理，后者则通过签订合同外包给其他工程队或单位建造。

“在建工程”科目的核算，需要注意以下 3 个要点。

① 本科目核算企业基础建设、技术改造等在建工程发生的价值。

企业与固定资产有关的后续支出，包括固定资产发生的日常修理费、大修理费用、更新改造支出、房屋的装修费用等，满足固定资产准则规定的固定资产确认条件的，也在本科目核算；不满足固定资产确认条件的，应在“管理费用”科目核算，不在本科目核算。

② 本科目应当按照“建筑工程”“安装工程”“在安装设备”“待摊支出”以及单项工程进行明细核算。

在建工程发生减值的，应在本科目设置“在建工程减值准备”明细科目进行核算。

③ 本科目的期末借方余额，反映企业尚未完工的在建工程的价值。

（3）固定资产

固定资产是指企业为生产产品、提供劳务、出租或者经营管理而持有的、使用寿命超过一个会计年度的有形资产。根据《企业会计准则第 4 号——固定资产》，固定资产的确认需要符合以下条件。

① 固定资产是指同时具有下列特征的有形资产：

a. 为生产产品、提供劳务、出租或经营管理而持有的；

b. 使用寿命超过一个会计年度。

其中，使用寿命是指企业使用固定资产的预计期间，或者该固定资产所能生产产品或提供劳务的数量。

② 固定资产同时满足下列条件的，才能予以确认：

a. 与该固定资产有关的经济利益很可能流入企业；

b. 该固定资产的成本能够可靠地计量。

③ 固定资产的各组成部分具有不同使用寿命或者以不同方式为企业提供经济利益，适用不同折旧率或折旧方法的，应当分别将各组成部分确认为单项固定资产。

④ 与固定资产有关的后续支出，符合本准则第四条规定的确认条件的，应当计入固定资产成本；不符合本准则第四条规定的确认条件的，应当在发生时

计入当期损益。

3. 经济视角的成本

从经济视角来看，成本不仅是企业经济资源的耗费，也包括资源使用的低效率。因此，企业必须引入机会成本的概念，看清企业付出的低效率成本，如图 3.1-5 所示。

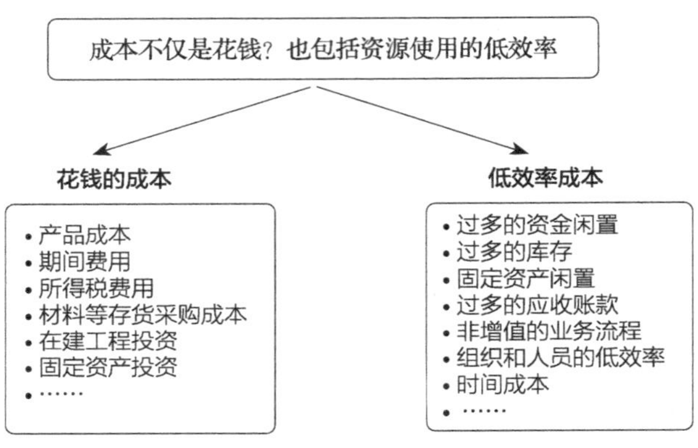

图 3.1-5 经济视角的成本

机会成本是指企业为从事某项经营活动而放弃另一项经营活动的机会，或利用一定资源获得某种收入时所放弃的另一种收入，另一项经营活动应取得的收益或另一种收入即为正在从事的经营活动的机会成本。对机会成本的分析，要求企业在经营中正确选择经营项目，其依据是实际收益必须大于机会成本，从而使有限的资源得到最佳配置。[6]

（1）机会成本的分析前提

企业利用机会成本概念进行成本分析的前提条件包含以下 4 个方面。

① 资源是稀缺的。

② 资源具有多种用途。

③ 资源得到充分利用。

---

6 郭毅 . 市场营销学原理 [M]. 北京：电子工业出版社，2008.

④ 资源可以自由流动。

（2）机会成本的特点

机会成本的特点主要表现在以下 3 个方面。

① 机会是可选择的项目，如企业无法选择某个项目，则该项目就不能被看作企业的机会。

② 机会是有收益的，但机会成本并不是所有放弃项目的收益的综合，只有放弃的机会中最高的收益才是机会成本。

③ 机会成本与资源稀缺。在资源稀缺的条件下，当企业将一定资源投入某个项目时，就意味着企业放弃了对其他项目的投资，以及用于其他项目投资可能得到的最大收益。

当企业从经济视角看待成本时，就会发现，机会成本和会计成本是两个不同的概念。会计成本是指企业实际支付的货币成本，而机会成本则可能低于或高于会计成本。

例如，某厂商决定用 1 000 千克原油作为发电燃料，那么，这 1 000 千克原油就不能用来生产化纤等其他产品。假设 1 000 千克原油的价格为 1 000 元，可发电 1 000 度，或生产化纤 5×10^5 千克。假设同样用 1 000 千克原油生产的产品中，生产化纤的收入是最高的（每 1 000 千克 10 元），该厂商用 1 000 千克原油发电的机会成本，就是用 1 000 千克原油生产化纤产生的收入。

此时，该厂商用 1 000 千克原油发电的会计成本只有 1 000 元，但其机会成本却是生产化纤的收入，即 5 000 元。

一般而言，只有在机会成本高于会计成本的情况下，企业才需要引入机会成本的概念。这是因为，如果机会成本低于会计成本，那就说明企业做出了完全正确的经济决策，那就无须考虑机会成本。

然而，在实际经营过程中，企业却正在为低效率的资源使用付出高昂的机会成本。如过多的资金闲置、过多的库存、固定资产闲置、过多的应收账款、非增值的业务流程、组织和人员的低效率、过高的时间成本等。

在从经济视角分析企业成本时，企业必须抓住“稀缺”和“竞争”。

如果企业拥有无限的资源，或处于无竞争的市场环境，企业当然就无须考虑机会成本。然而，身处经济现实当中，随着社会经济的持续发展和市场竞争的日益激烈，企业就必须正视机会成本，将有限的资源发挥出最大的效用。

为此，企业不仅需要做好资源的优化配置，将资源投入回报率更高的项目，还要做好组织和人员管理，避免人浮于事、管理不畅导致的低效率成本。只有如此，企业才能有效应对用工管理的新挑战，做好人力成本等企业成本管理。

3.2 人力成本概述

一直以来，人力资源部门都因为人力成本过高，被企业看作支出部门。因此，人力成本管控也成为企业成本管理的重点。尤其是在成本削减的杠杆效应下，如何将人力成本控制在合理范围内，成为每位 HR 都苦于解决的难题。

人力成本的构成看似简单，但在实际管控过程中，无论是经营者或员工，都容易陷入人力成本的认识误区。因此，HR 及企业管理者都应当明确人力成本管控的特点和决定因素，从而树立全面的、战略的人力成本观。

3.2.1 人力成本的冰山模型

人力成本总是难以得到有效管控，这是因为很多 HR 在日常的人力成本管理中通常只关注对显性成本的控制，却忽略了潜藏的隐性成本。调查显示，在人力成本管控中，隐性成本占比高达 50%。

任何一位 HR 想要做好人力成本管控，都应当认识到人力成本的冰山模型。

人力成本的冰山模型如图 3.2-1 所示，人力成本的显性内容纷繁复杂，而在人力成本的“冰山”之下，则是更加庞大的隐性成本。这也意味着，相对于逐年增加的显性人力成本，对未被 HR 注意到的隐性成本进行控制更加迫在眉睫。

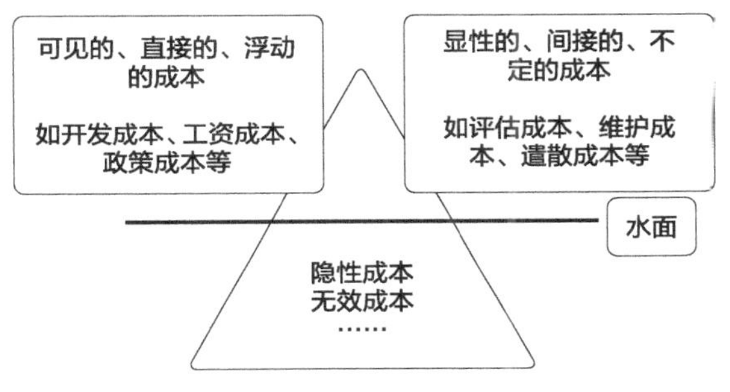

图 3.2-1　人力成本的冰山模型

在运营过程中，企业总是通过控制员工来调配和生产各类物质资源和信息资源。而在成本核算中，大多数企业只关注物质资源和信息资源的耗用，却忽略了控制员工的成本。

任何企业其实都清楚，想要有效控制员工就必须投入相应的成本，无论是工资、福利，还是招聘、培训。但除了这些明显的资源耗用之外，人才流失、人才浪费等情况，同样是企业需要付出的隐性成本，严重者甚至会给企业造成极大危害。

为此，每位 HR 在进行人力成本管控时，都必须明确人力成本的构成，从而进行精细化管理。

1. 按管理过程分类

按照管理过程，人力成本是企业在构建和实施人力资源管理体系过程中的所有资源投入，主要包含六大成本，如图 3.2-2 所示。

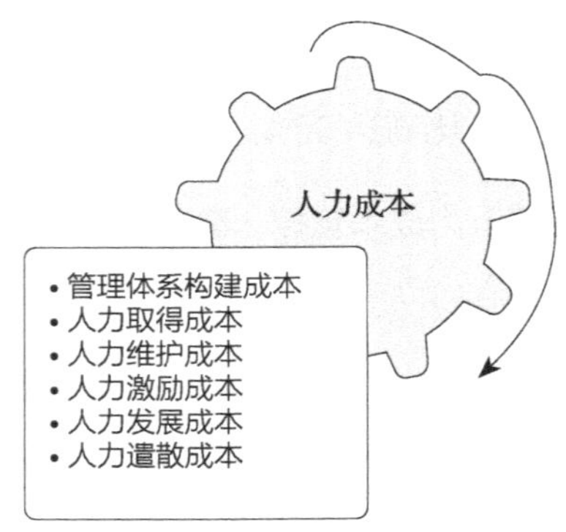

图 3.2-2　人力成本按管理过程分类

HR 需要深入参与人力资源管理的全过程，因而大多可以轻松理解图 3.2-2 中的六大成本。但其中，作为偶然发生的成本——人力取得成本和人力遣散成本，通常容易被 HR 忽视。

（1）人力取得成本

人力取得成本是指企业从外部获得人力资源管理体系要求的人力资源所消耗的资源总和，包括人员的招聘费用（广告费、设摊费、面试费、资料费、中介费等），选拔费用（面谈、测试、体检等），录用及安置费（录取手续费及调动补偿费等）。

（2）人才遣散成本

人力遣散成本是指企业根据人力资源管理体系要求对不合格的人力资源进行遣散所消耗的资源总和，包括遣散费、诉讼费、遣散造成的损失等。

2. 按成本形式分类

按照成本形式，人力成本可以分为固定人力成本、变动人力成本、无效成本和有效成本 4 类，如图 3.2-3 所示。

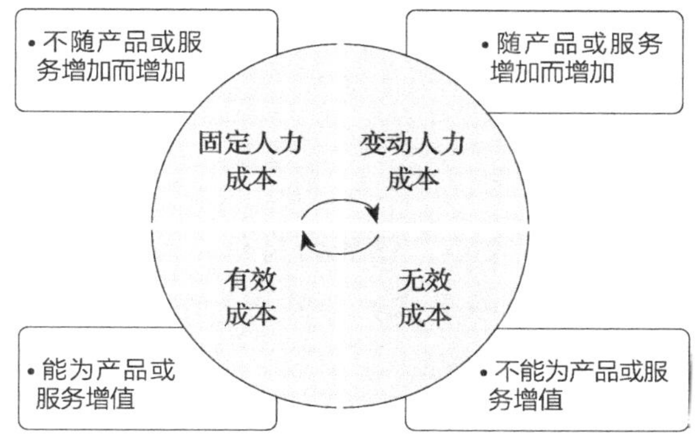

图 3.2-3　人力成本按成本形式分类

（1）固定人力成本

固定人力成本不因产品或服务增加而直接增加，也被称为“间接人力成本”。

例如，某企业生产部门有 100 人，生产主管年薪 100 万元；即使生产部门的人数增加 50% 到 150 人，生产主管的年薪也并不会等比例增加至 150 万元。

根据岗位职能的不同，固定人力成本也可分为两类。

① 基本固定人力成本，即投放到高管、主要职能负责人等固定岗位的人力成本，如总经理、财务主管、门卫等的成本。

② 相对固定人力成本，即投放到为加强内部职能或内部服务而增加的岗位的人力成本，如培训师、质量分析员等的成本。

（2）变动人力成本

变动人力成本因产品或服务增加而直接增加。根据变动形式的不同，又分为两类。

① 直接变动人力成本主要指以工时或工作量为主的岗位人员成本。随着产

品或服务的增加或减少，此类岗位人员的数量也会增加或减少，其人力成本也会发生相应变化。

例如，某企业设置有大客户经理的岗位，为了确保服务效果，每位大客户经理只需维护 1 ～ 2 位大客户。因此，随着该企业大客户的增加，其大客户经理的人数也需要增加。

②间接变动人力成本是指随着产品或服务直接变动而必须增加的人力成本。

例如，某企业现有质量分析员 2 位。但由于企业的产量增加了 2 倍，为了保证质量控制水平，企业质量分析员也增加至 6 位。此时，为了对 6 位质量分析员的工作进行有效管理，企业需要另外增加 1 位质量分析组长。

（3）无效成本

无效成本即不能为产品或服务增值的人力成本。此类成本的增加，并不会带来产量或质量的提高。因此，无效成本是每位 HR 都必须尽力控制的成本。无效成本一般包含以下 4 类。

① 不需要的职能、工作或程序所用到的人员的成本，如打字员的成本。

② 需要但工作量不饱和的富余人员的成本，如办公设备管理员的成本。

③ 成本投入与绩效产生比较低的人员的成本，如聘请博士做前台的成本。

④ 遣散费用、招聘费用、工伤费用。

例如，某企业招聘一位秘书，要求英语 6 级、口语流利。某高学历秘书在应聘成功入职半年后，却发现从来没有使用英语的机会。因此，秘书就向 HR 表示了疑惑。

HR 的解释是：如不要求英语 6 级、口语流利，则很多应聘者会嫌弃企业门槛较低，而应聘的秘书素质也会较差，因而企业情愿付出更高的成本，招聘一位需要但工作量不饱和的人员。

无效成本会造成人力成本的额外支出。但 HR 也要明白，企业不可能消灭无效成本，只能最大限度地控制无效成本。

（4）有效成本

有效成本是与无效成本相对立的概念，是指能为产品或服务直接增值的人力成本。在人力成本管控中，有效成本和无效成本总是同时存在的，也随时可能相互转化。

HR 需要根据企业的需求对人力成本进行有效管控，尽量控制无效成本，将人力成本放在有效的方面。

3.2.2　人力成本的认识误区

在实际管理中，人力成本的构成十分复杂，而比人力成本构成更加复杂的则是人力成本的认识误区。当 HR 尽心竭力地计划如何有效管控人力成本时，企业经营管理者或普通员工却对人力成本产生诸多误解，导致人力成本的管控措施难以推行。

HR 要做好人力成本管控，就必须在企业内部强化人力成本管控的意识，提高企业成员对人力成本管控重要性的科学认识。

人力成本绝非简单的“花钱办事”，人力成本管控也绝非简单的“少花钱、多办事”。

然而，很多企业的员工、甚至经营管理者，都陷入了各种认识误区。这就需要 HR 充分理解并引导他们改变。

1. 经营管理者的认识误区

经营管理者是制定企业战略、执行计划的重要人员，他们对人力成本的认知，在很大程度上会影响企业的人力成本管控。

然而，很多企业的经营管理者大多只关注企业经营的主要业务，反而忽略了人力成本管控的重要性，未能给予 HR 足够的支持。

经营管理者对人力成本的认识误区主要表现在以下 6 个方面，如图 3.2-4 所示。

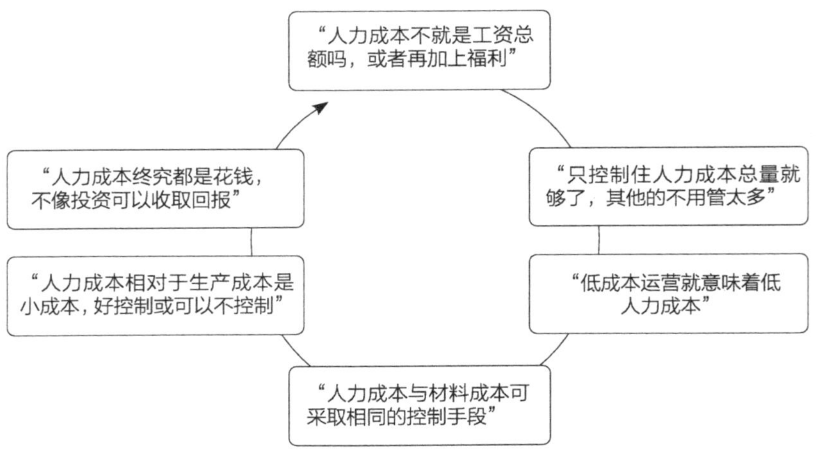

图 3.2-4　经营管理者对人力成本的认识误区

（1）“人力成本不就是工资总额吗，或者再加上福利”

很多经营管理者将人力成本看作工资或福利等支出，但这些都只是人力成本冰山模型的表层部分。

经营管理者必须明白，人力成本是企业构建和实施人力资源管理体系过程中的所有资源投入。

① 人力成本≠工资总额。

员工工资是人力成本的主要部分，也是最容易核算的部分。因此，很多企业常常将人力成本与工资总额对等。但其实，企业需要支付给员工的费用，远不止工资。

例如，企业支出的员工工资为 1 000 元，但在支付这 1 000 元工资的同时，企业还需支付社保、公积金以及通信、交通等各项福利费用。

② 人力成本≠工资总额 + 福利。

如果将人力成本片面地理解为“工资总额 + 福利”，那么经营管理者其实只看到了人力成本的使用成本，即前文所述的维护、激励等成本。

但在实际管理中，从岗位设计到人才招聘，企业就已经在支付人力成本了；与此同时，员工培训、员工遣散等管理行为，都需要企业支付相应的人力成本。

（2）“只控制住人力成本总量就够了，其他的不用管太多”

人力成本总量作为人力成本管控的重要指标，被很多经营管理者看作人力成本管控的依据。然而，人力成本管控的核心指标却并非是人力成本总量，而是人力成本占比。

尤其是在当下，随着《劳动合同法》的日趋完善和严格执行，以及社会经济的不断发展，企业的人力成本总量必然上涨。此时，“控制住人力成本总量”也不再现实。

与此同时，当经营管理者只将人力成本看作工资总额，且只关注人力成本总量时，企业的人力成本将大幅增加。

例如，某企业新增了 1 条产品线，因而急需招聘 50 位技术工人。现在，企业面临两种选择：第 1 种是快速从人才市场招聘熟练的技术工人，平均月薪 2 000 元；第 2 种是通过一段时间的内部选拔、培训，将月薪

1 500 元的普通工人培养成技术工人。

在这两种选择中，看似选择前者企业需要付出的工资总额更高，即平均 1 位技术工人需要多支付 500 元，但选择后者企业却要投入更多的选拔成本、培训成本以及时间成本。

该企业在盲目选择内部培养工人之后，经过核算，发现平均每位工人的选拔成本、培训成本达到 300 元。与此同时，在新产品线运营的 1 年间，由于内部培养的技术工人的熟练度不足，设备故障、模具损坏现象频发，新产品线的次品率也明显高于其他产品线的次品率，导致企业不得不投入更多的成本。

（3）“低成本运营就意味着低人力成本”

在市场竞争愈发激烈的当下，很多企业都选择“低成本运营”战略来增强企业的竞争力。此时，有些企业为了降低企业的运营成本，错误地将人力成本控制在极低水平，这反而可能导致运营成本的增加。

例如，有两个生产相同产品的小型企业，A 企业工人的平均工资是 18 元 / 小时，B 企业工人的平均工资是 21 元 / 小时。假设两个企业的员工福利完全一样，那么，是否 A 企业的运营成本就更低呢？

答案是否定的。虽然 B 企业的平均工资比 A 企业的高出 17%，但据计算，B 企业生产单位产品的人工工时却比 A 企业的少 42%，且报废率比 A 企业的低 58%。

因此，B 企业虽然付出了更多的人力成本，但其整体成本却低于 A 企业的整体成本，所以赢得了成本优势。

此外，企业为了达到降低人力成本的目的，大幅削减员工福利，且总以各种理由克扣员工的工资，这种做法不仅无法增强企业竞争力，反而会激化员工的负面情绪，给企业造成不可估计的经济损失和负面影响。

（4）“人工成本与材料成本可采取相同的控制手段”

谈及成本控制，很多经营管理者会将人工成本与材料成本混为一谈，认为可以对二者采取相同的控制手段。然而，虽然人工成本和材料成本都包含在产品的成本当中，但在控制时，二者的控制手段却截然不同。

即使同样采用定额控制的手段，人工成本的工时定额需要考虑当地收入水平、企业工资战略、人力资源状况等各类要素，而材料成本定额管理的核心则在于定额领料制度。

从管理流程来看，对材料成本的控制更多是在源头的采购环节，而对人工成本的控制则主要是在使用环节。

（5）“人力成本相对于生产成本是小成本，好控制或可以不控制”

在大多数生产型企业中，相对于生产成本，人力成本的占比较低，这也使得很多经营管理者产生“人力成本好控制或可以不控制”的认识误区，因而忽略了人力成本管控的重要性。

正是因为这样的认识误区，很多企业的人力资源投资和开发都缺乏系统、持续的规划，导致企业人力成本长期居高不下，严重影响了企业的经济效益。

与此同时，由于员工之间的协调性也难以实现统一监管，人力资源的效能也处于较低水平，造成人力成本的隐性浪费。

（6）“人力成本终究都是花钱，不像投资可以收取回报”

企业经营管理的每一项成本支出，都应当创造相应的效益。但在人力成本投入中，其回报却不像项目投资或设备投资那样立竿见影。经营管理者也因此将人力成本看作单纯的“花钱”，无法看到人力成本的投资回报。

但其实，“管理的本质就是增值”，而只有人才增值了，资源才能得到充分的利用，进而发挥出更大的价值。否则，即使企业引进了先进的设备、采购了优质的材料，员工也很难生产出优质的产品。

2. 员工的认识误区

员工是人力成本控制的主要对象。每一项人力成本控制措施，都与员工利益息息相关，但员工却同样未能对人力成本产生正确的认知，反而陷入了人力成本的认识误区。

（1）“控制人力成本对我有什么好处”

当有些经营管理者将人力成本控制看作是“扣工资、减福利”时，员工当然会对此产生抵触情绪，从而陷入“控制人力成本对我无好处”的认识误区，不配合企业的人力成本控制措施。

但其实，人力成本控制的一个主要手段，就是实行灵活的分配制，按照员工的不同素质、职能进行相应的资源分配。在这一制度下，员工才能真正“多劳多得”，而不会“干多干少一个样”。

（2）“我不关心人力成本，我只关心加薪”

“只关心加薪”是很多员工的质朴想法。然而，在员工的职业生涯中，薪酬却并非是唯一的考量要素。

员工在工作中不仅需要薪酬来满足自己的物质需求，也需要通过晋升来实现自己的人生价值。而组织架构调整则是人力成本控制的重要环节。

通过组织架构调整，企业可以改变传统的金字塔式的组织结构，避免机构冗余、职能重叠。企业要明确规定每一个部门的职能，并规定该部门所需的岗位及其成长路径。

也只有在这样的组织结构中，员工才能在有序的成长中实现自我价值，而不只是“出卖劳动力”。

（3）“钱不要白不要”

人力成本控制的低效，往往源自员工“钱不要白不要”的认识误区。

这样的认识误区更多地体现在财务预算上。每年年底，各部门都会对第 2 年的费用支出编制预算，为了确保各项业务的顺利推行，适当高报预算已经成为常态。

但此时，有些员工则会产生“不花掉预算是浪费”的想法，因而组织高消费的团建活动，或采购不必要的培训课程，导致人力成本骤增，并陷入恶性循环。

（4）“什么是人力成本我不晓得，我只知道工资福利和社保”

如果员工不愿深入理解人力成本的构成，只关注工资福利和社保，他们也往往会错失更多的成长机会。

正如前文所述，人力成本不仅包括工资福利和社保，还包括授权、股权等激励成本，以及培训、调研等发展成本。而员工的职业发展更多地需要依靠后者：企业通过培训、调研增加员工的职业素养，让员工在企业的授权中创造更大价值，从而企业可依靠股权获取更大收益。

3.2.3 人力成本管控的三大特点

当 HR 认识到人力成本的认识误区，也就能够明白，对人力成本概念的分析，是人力成本管控的一项重要的基础工作。

如果不能对人力成本概念有一个清楚的认知，那么 HR 不仅无法有效管控人力成本，甚至难以得到经营者和员工的理解，因而在人力成本管控中寸步难行。

在进行人力成本管控时，HR 要抓住的一个核心原则是：人力成本管控不是要减少人力成本的绝对值，而是要降低人力成本在总成本中的比重，从而增强产品或服务的竞争力。

随着社会经济的不断发展，人力成本的绝对值必然处于整体上升趋势。这一点在各行各业都表现相同，只是上升幅度不同而已。

在当今时代，人力成本上涨所造成的压力有多大？

例如，青岛贺一玩具有限公司给出的答复是："被逼无奈，我们只能把工厂迁到劳动力价格相对便宜的枣庄，这样我们一个月就能省下 20 多万元。"

该工厂一共有 200 名一线操作工人。在胶州，每个工人每天的工资是 80 元；在城阳，每个工人每天的工资是 100 元。如果把工厂建在胶州，则需要每天支付一线工人工资 16 000 元；如果把工厂建在城阳，则需要支付 20 000 元。

玩具制造业是不折不扣的劳动密集型产业，也就是说，如果没有了人工，一切都无从谈起 。玩具制造企业不能随意裁员，因为产量几乎全部依靠人工，裁员就意味着减少产量。

为了不降低利润率，该厂选择了"逃避"，花了几万元把工厂迁到了枣庄。

随着我国成为全球最重要的经济市场之一，企业要塑造独特的核心竞争力，就需要在企业运营中增强成本意识。面对日益高涨的人力成本压力，HR 要做好人力成本管控，但不是简单地扣工资、减福利，而应把握人力成本管控的三大特点，如图 3.2-5 所示，从市场环境和企业实际出发，找到真正有效的解决之策。

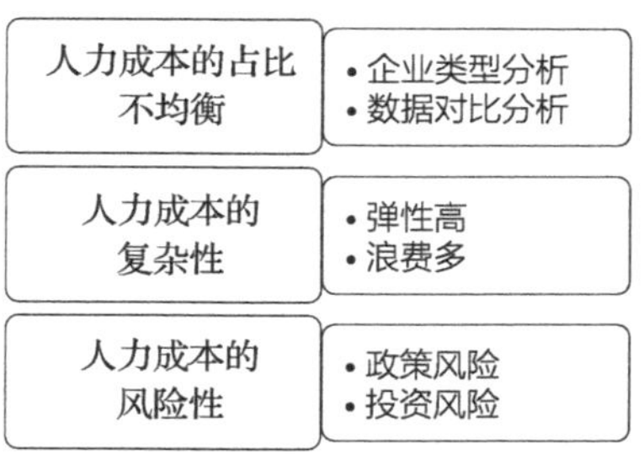

图 3.2-5 人力成本管控的三大特点

1. 人力成本的占比不均衡

人力成本管控不是要减少人力成本的绝对值，而是要降低人力成本在营业收入中的占比，即人力成本占比，其计算公式如下。

人力成本占比＝人力成本总额 ÷ 营业收入 ×100%

人力成本占比的关键问题是，在企业的经营管理中，人力成本占比究竟达到多少比较合适？

在讨论这个问题前，HR必须要明白，各行各业的不同企业类型，其人力成本占比都有所区别。我们无法找到一个适用于所有企业的人力成本占比标准。

人力成本管控的一个突出特点就是人力成本占比的不均衡。其不均衡表现在多个方面，如沿海地区或内陆地区，国企与私企、外企等的人力成本占比都不同。

（1）企业类型分析

企业类型的不同，直接影响到人力成本的占比。

例如，劳动密集型企业的人力成本占比一般处于较高水平，高端服务业的人力成本占比甚至高达70%～80%，而互联网行业的人力成本占比则一般不超过10%。

企业类型的不同，又会影响企业的成本结构，尤其是材料成本和人力成本的对比。不同类型企业的成本结构也各不相同，一般只要与实际情况相符，即可认为是合理的。

（2）数据对比分析

要判断企业人力成本占比是否合理，HR必须结合数据进行对比分析。只有将企业本期人力成本占比的数据与历史数据、行业数据以及同一地区的标杆企业的数据进行对比，人力成本占比的分析才具有实际意义。

2. 人力成本的复杂性

企业员工的选、育、用、留、裁等各环节都涉及人力成本，由于管理科学性和严谨性问题，人力成本管控也呈现出弹性高、浪费多的特点。

（1）弹性高

员工素质与岗位要求不可能完全匹配，这造成了人力成本的弹性空间。人力成本弹性表现在职能、数量、时间和薪资等各个方面。

据统计，一个企业人力成本弹性会有 5% ~ 10% 的波动空间，这已经超过了很多制造企业的利润水平。如果对企业的人员结构做 5% 的调整，则一个 2 000 人的企业能够增加 1 000 万元的利润。

（2）浪费多

很多企业仍然缺乏系统、持续的人力成本规划，因此，其人力成本支出也表现出一定的随意性和盲目性，导致人力成本的严重浪费。一旦 HR 陷入人才使用的两大误区，这种浪费现象也将更加严重。

① 人才高消费误区，即企业争相聘用高学历、高技能员工，却无法提供相匹配的岗位，结果是“大材小用”。

② 人才凑合使用误区，即企业降低要求，随意招聘需要高素质、高能力人才的岗位员工，导致工作质量和工作效率受到极大影响。

3. 人力成本管控的风险性

随着我国经济的不断发展，与经济相关的法规不断完善，人才市场的流动也愈趋频繁。在这种局面下，人力成本的政策风险和投资风险也日益凸显，成为人力成本管控的另一特点。

（1）劳动法规不断规范，政策风险增加

随着用工越来越规范，管理成本和难度加大，人力成本的增加直接导致企业利润的下降。

根据《中华人民共和国社会保险法》等规定，用人单位和劳动者必须依法参加社会保险，缴纳社会保险费。为劳动者参加社会保险并依法缴纳社会保险费是用人单位的法定义务，该项义务不能由用人单位和劳动者通过一个私下协议约定变更或者放弃。

（2）人才流动性高，投资风险明显

长期以来，很多企业都面临人才流动性居高不下的问题。有些 HR 将此归咎于“90 后”“95 后”的“一言不合就辞职”，但其实，人才流动性高的背后是人才市场的日趋完善。

在充分成熟的人才市场，HR 更容易招聘到符合要求的员工，而员工也能够找到更符合期望的企业，但这也造就了更明显的人力成本投资风险。

例如，通过猎头猎来的高管在工作不久后就离职，猎头费用（年薪的 30% 以上）和支付给高管的工资就打水漂了；如果培训后的员工大量离职，则会导致企业在培训方面的投资变成无效成本。

3.2.4　4 因素决定了人力成本

人力成本涉及的因素极为复杂，也具有占比不均衡、复杂性、风险性等突出特点。面对这一局面，很多 HR 都感到无从下手。

那么，究竟是什么决定了人力成本呢?

此时，HR 可以将薪酬策略作为着力点，因为薪酬是一个重要的财务变量，对人力成本、单位变动成本、总成本都会产生直接影响。所以，薪酬策略可以作为人力成本管控的突破口。

1. 明确薪酬策略的重点

虽然薪酬策略是人力成本管控的重要突破口，但 HR 也必须明白：制定薪酬策略，并不意味着单纯降低工资成本；降低工资成本，也不必然带来成本优势。

因此，HR 在制定薪酬策略时，必须明确以下 6 个问题。

（1）薪酬策略要达到什么目的

在判定薪酬策略是否有效之前，HR 首先要明确薪酬策略的实施要实现什么效果——是奖优罚劣、激励成长，还是要增加福利、稳定团队。

（2）薪酬策略要遵循什么原则

基于不同的薪酬策略目标，HR 在制定薪酬策略时也要遵循不同的原则，即指导思想。

① 以业绩为导向的薪酬策略，需要建立薪酬等级体系，借助以岗定薪的方式，拉开员工薪酬差距，从而鼓励内部竞争。

② 以能力为导向的薪酬策略，则要打破层级、提高保障力度，建立宽幅薪酬机制，保持薪酬的差距适当，给员工成长空间。

（3）当前薪酬体系有什么突出问题

薪酬策略的制定需要解决当前薪酬体系中的问题。HR 需要挖掘出企业目前面临的迫切问题，如薪酬水平不合理、关键岗位激励不足或薪酬结构僵化、内部不公平等。

根据当前薪酬体系的突出问题，HR 即可在接下来的方案设计中做出针对性的改善。

（4）员工的薪酬水平应该有多高

在确定薪酬策略时，HR 必须要结合市场因素来确定员工的薪酬水平。

HR 需要确定企业当前薪酬水平在行业中所处的位置，并与竞争对手的薪酬水平对比，尤其是关键岗位的薪酬水平，从而确定如何调整员工的薪酬水平。

（5）企业需要重点激励哪些员工

人力成本的有效配置，关键就是薪酬资源的合理倾斜。因此，HR 必须要确定需要重点激励的岗位。

针对关键岗位，HR 必须要明确需要怎样的人才，从而在招聘环节就做好筛选。与此同时，这些岗位是企业核心竞争力的重要支撑，HR 还需解决多少薪酬、怎么激励等问题。

（6）企业重点激励的方案是什么

关键岗位的员工需要重点激励，但其激励依据是什么、激励手段又是什么，这就需要 HR 在重点激励方案中做出解答。

① 激励依据应当与企业战略发展方向相符，如业绩、工龄、学历、行政级别等。

② 激励手段应当符合企业文化、成本控制和人才需求，如股权激励、培训激励、荣誉激励等。

2. 决定薪酬策略的 4 因素

薪酬策略在很大程度上决定了人力成本，而薪酬策略则由 4 因素决定，如图 3.2-6 所示。

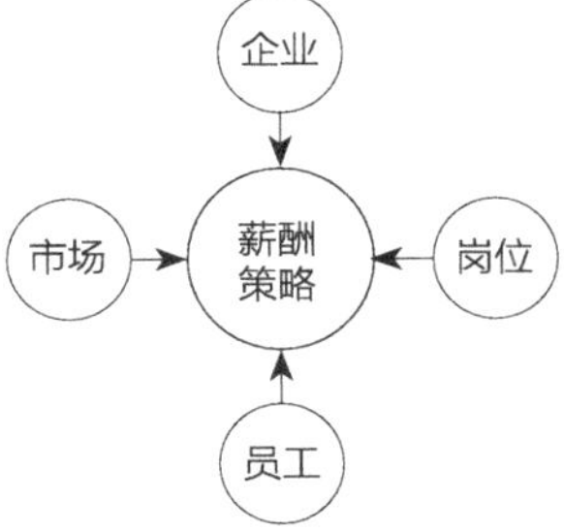

图 3.2-6　决定薪酬策略的 4 因素

（1）市场影响薪酬

企业的薪酬策略要发挥作用，就必须考虑市场因素，必须符合市场规律。这里的市场因素不仅包括行业因素，也涵盖社会发展和法律法规因素，如图 3.2-7 所示。

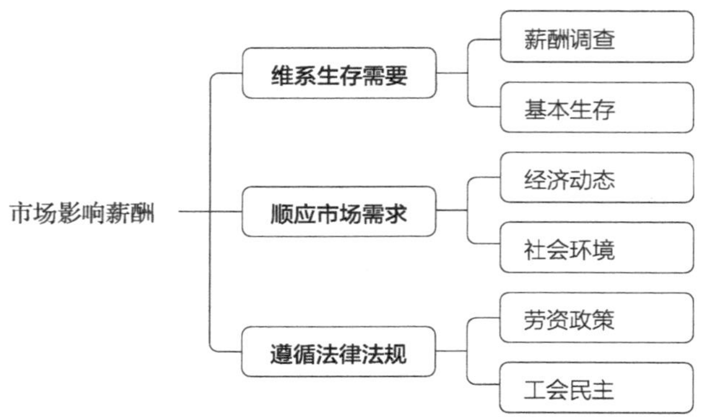

图 3.2-7　市场影响薪酬

① 维系生存需要。薪酬是绝大多数员工生活的依靠，因此，企业薪酬必须满足员工的基本生存需要，这是对薪酬策略的最低要求。

② 顺应市场需求。在不同的市场环境下，由于劳资供求关系的不同，企业的薪酬水平也存在差别，HR 应当制定符合市场水平的薪酬策略。

③ 遵循法律法规。随着相关法律法规的不断完善和严格执行，企业薪酬策略也必须遵循法律法规。

（2）企业制定薪酬

企业是制定薪酬策略的主体，因此，其薪酬策略必然需要符合企业的运营需求。企业在确定最佳人力成本的同时，还需确保企业均衡发展和劳资关系和谐，如图 3.2-8 所示。

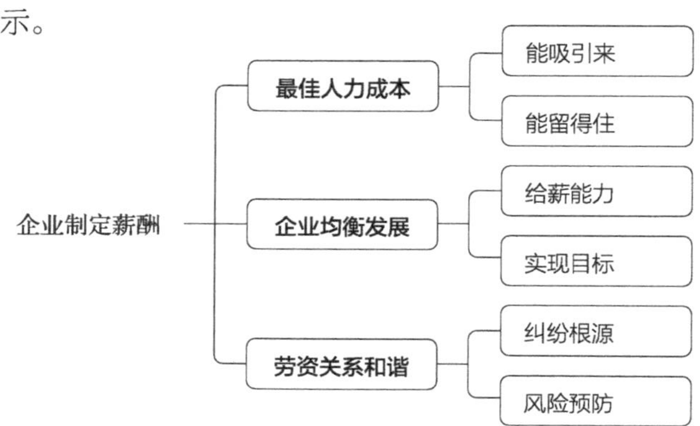

图 3.2-8　企业制定薪酬

① 最佳人力成本。这是企业制定薪酬策略的首要目标，具体又分为人才吸引和人才稳定两个部分。

② 企业均衡发展。薪酬策略需要能够激励员工实现目标，但也需考虑企业的给薪能力。

③ 劳资关系和谐。企业在制定薪酬策略时，需要抓住劳资纠纷的根源，做好相应的风险预防。

（3）岗位匹配薪酬

在整体的薪酬策略下，具体到每个岗位，HR 仍需制定针对性的薪酬策略，确保岗位与薪酬相匹配，如图 3.2-9 所示。

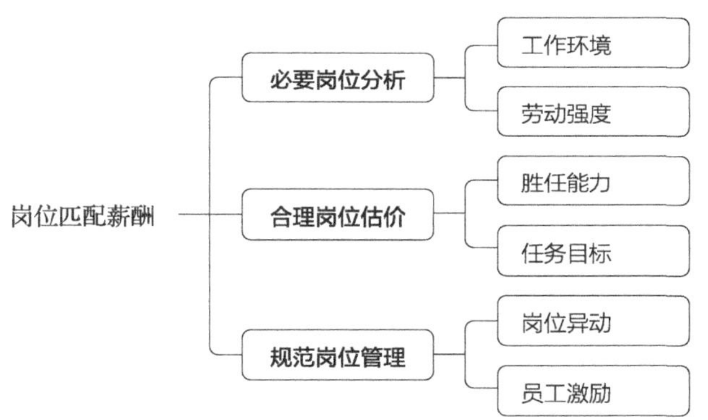

图 3.2-9　岗位匹配薪酬

① 必要岗位分析。HR 必须抓住企业运营的必要岗位，并深入分析其工作环境和劳动强度，从而制定出合适的薪酬策略。

② 合理岗位估价。针对岗位上的不同人才，HR 还要评估其胜任能力和完成任务目标的能力，从而给予合理的薪酬。

③ 规范岗位管理。为了确保岗位与薪酬的匹配性，企业还需规范岗位管理，避免出现岗位异动，并根据岗位情况激励员工。

（4）员工满意薪酬

无论企业薪酬策略的制定有多科学，如果无法赢得员工的认可，这套薪酬策略就难以发挥预期的作用。因此，企业的薪酬策略必须适应人性管理，让员工感到满意，如图 3.2-10 所示。

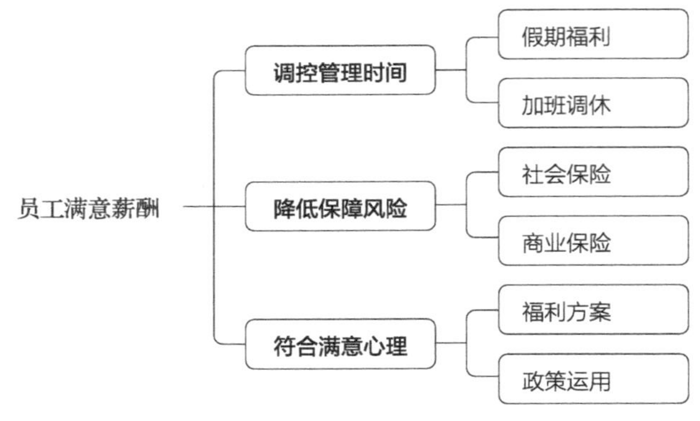

图 3.2-10　员工满意薪酬

① 调控管理时间。为了让员工劳逸结合，企业可以设置年假、工龄假等假期福利，对员工加班应当给予员工调休假。

② 降低保障风险。除了基本的社会保险之外，企业还可为员工购买额外的商业保险，为员工提供保障。

③ 符合满意心理。针对员工的心理因素，HR 可以合理运用政策，制订灵活的福利方案，在控制人力成本的同时，满足员工的心理需求。

3.2.5　树立全面的、战略的人力成本观

人力成本是企业构建和实施人力资源管理体系过程中的所有资源投入，包括管理体系构建成本、人力取得成本、人力维护成本、人力发展成本、人力激励成本、人力遣散成本等各项内容。

在管控人力成本时，企业必须要明确，人力资源是企业运营必不可少的因素之一，人力成本的产生自然不可避免。

然而，与材料成本、生产成本等不同的是，人力成本不仅是浮动的、不固定的，而且存在大量的隐性成本，如员工技能不熟练、关键岗位员工离职的成本等。

此外，人力成本还包含大量的无效成本。

此时，人力成本管控事实上并非简单地减少人力成本总量，而是要降低人力成本占比，有效管控人力资源的各个环节，从而实现人力资源的实效开发和有效激励，提高人效以实现企业的战略目标。而这就需要企业树立全面的、战略的人力成本观，如图 3.2-11 所示。

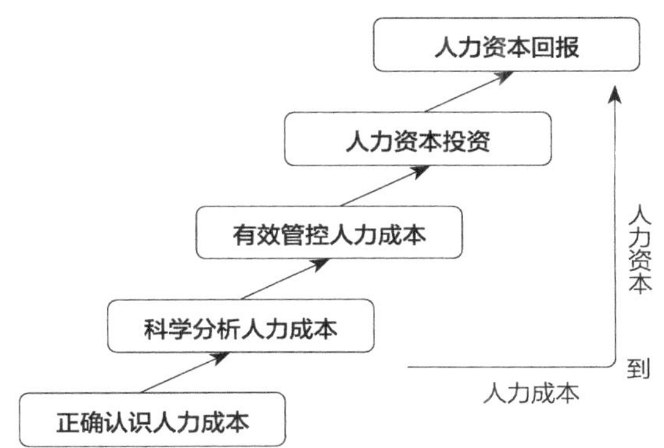

图 3.2-11　全面的、战略的人力成本观

1. 全面的人力成本观

从工资、管理费用，到间接、隐性的成本，全面关注贯穿整个人力资源管理过程的成本费用。

（1）正确认识人力成本

企业各个层级都必须正确认识人力成本，避免陷入人力成本的认识误区。

很多中小企业在谈到人力成本时，其潜台词都是“降低人力成本总量”，于是，HR 通过各种人力成本分析达到不给员工涨薪的目的，最终造成 HR 与业务部门的对立。

正确认识人力成本就是要在企业内部达成关于人力成本的共识，从而确保劳资关系和谐，并由此调动员工积极性，共同实现企业战略目标。

（2）科学分析人力成本

人力成本的构成要素十分复杂，涉及人力资源管理的全过程。因此，企业必须结合市场、企业、岗位、员工等各个因素，科学分析人力成本。

为此，企业需要建立完善的人力成本分析指标体系，一般分为 3 类。

① 人力成本总量指标。主要反映企业人力成本的总量，常用人均人力成本显示员工平均收入的高低。企业可以通过与同行业其他企业对比分析来确认企业的薪酬水平。

② 人力成本结构性指标。主要反映人力成本各组成项目的占比情况，反映人力成本的投入构成及其合理性。其中，工资占人力成本的比例是人力成本结构性指标的主要项目。

③ 人力成本效益指标。这是人力成本分析的核心指标，一般用人力成本与经济效益的相对数表示，主要包括劳动分配率、人事费用率等。

（3）有效管控人力成本

人力成本管控存在明显的不均衡性、复杂性和风险性特征，企业想要有效管控人力成本，就需要针对人力成本管控的特点，优化组织结构和管理流程。

2. 战略的人力成本观

企业必须要明白，人力成本不仅是企业发展的成本，还是企业的一项投资。企业引进人才、培训和激励员工的投入，就如企业采购设备、改进和维护设备一样，都能够产生相应的效益。

因此，企业不能采用常规的成本控制方法“节能降耗”，而应树立战略的人力成本观，妥善进行人力资本投资，从而获取人力资本回报。

人力资本（Human Capital），也称“非物质资本”，与“物质资本”相对，是西方经济学概念，是体现在劳动者身上的资本，如劳动者的知识技能、文化技术水平与健康状况等。其主要特点在于它与人身自由联系在一起，不随产品的出卖而转移，而是通过人力投资形成。人力资本主要包括：① 用于教育的支出；

② 用于卫生保健的支出；③ 用于劳动力国内流动的支出；④ 用于移民入境的支出。其中最重要的是教育支出，教育支出形成教育资本。教育可以提高劳动力的质量、劳动者的工作能力和技术水平，从而提高劳动生产率。人力资本的增长，特别是教育支出的增长是经济增长的源泉之一。

（1）人力资本投资的 4 个特征

当企业树立起战略的人力成本观时，就需要明确人力资本投资的 4 个特征。

① 连续性、动态性。

人力资本投资贯穿人的一生，是一个连续的过程，一旦中断人力资本投资，人力资本就将出现贬值。

与此同时，纵观企业的人力资本投资历程，根据企业战略目标的不同，其人力资本投资的内容、目的也存在相应的变化。

人力资本投资是一个持续发展的、升华的动态过程。企业在进行人力资本投资时，切忌随意中断或一成不变，以免导致人力资本投资失败。

② 主、客体同一性。

从个体来看，人力资本投资的主体与客体具有同一性的特征。

虽然在企业的人力资本投资中，企业投入了大量的资源，但如果被投资的对象停止投入时间、精力，这项投资也就随之中断、失效。

因此，在人力资本投资中，企业必须重视投资对象的主观能动性。如对方不具备强烈的成长欲望，人力资本投资的回报也将十分有限，甚至毫无回报。

③ 投资者与受益者不完全一致。

投资者的投资目的就是获取收益。但人力资本作为一项无形资本，表现为员工的技能、知识或经验，而这种资本是无法与员工剥离的。

因此，人力资本投资的获益者往往是员工个体，只有当员工利用这些技能、知识为企业创造价值时，企业作为投资者才能获得收益。

所以，企业就必须维护好人力资本关系，避免人才流失导致自身无法获得收益。

④ 收益形式多样。

物质资本投资的收益形式一般为物质产品或服务产出，或生产力水平的提高等。

相对而言，人力资本投资的收益形式则呈现出典型的多样性。其收益形式不仅包括物质产品、服务产出等，还表现为人的教育水平、思想素质，或人的生活质量、经济地位、精神文明，甚至是人类社会的进步。

（2）人力资本投资的 3 种激励手段

想要人力资本投资实现相应的回报，企业就要掌握人力资本投资的 3 种激励手段。

① 产权激励。

劳动的收益是薪酬，资本的收益则是产权。因此，企业在进行人力资本投资时，就应当引入产权激励的手段，允许经营管理者及具备关键岗位能力的人才持股。

需要注意的是，产权激励是对核心管理者及关键人才的激励手段，只有当其真正成为人力资本时，企业才能给予其产权。

在实际应用中，很多企业选择将不懂经营管理的股东任命为经营管理者，有些企业则通过员工持股计划搞“大锅饭”，这两种做法都违背了产权激励的初衷，无法达到人力资本投资的效果。

② 地位激励。

为了强化和提高人力资本的地位和作用，企业需要在体制上进行重大转变，通过地位激励发挥人力资本投资的价值。

如今，很多大型企业已经形成成熟的地位激励体制，即在董事会之下设立首席执行官（Chief Executive Officer，CEO）、战略决策委员会和独立董事，其职能分别是：

a. 董事会负责选择、考评 CEO，并决定 CEO 的薪酬；

b.CEO 负责企业战略决策的制定，对企业运营的所有事务负责；

c. 战略决策委员会负责支持或否定 CEO 的决定；

d. 独立董事则是与企业没有利害关系的第三方，其投票权与董事一样重要。

③ 企业文化激励。

企业文化实际上是一种价值观念，是企业制度的重要组成部分。正如法律与社会道德的互补一样，当企业制度失效时，企业文化则成为重要的约束力量。

因此，为了真正在企业内部树立人力资本观，企业就应当形成人力资本的激励文化：员工的能力决定了其在企业内的分工；员工的分工与能力则决定了其获利的方式。

第 4 章

人力资源管理部门财务融合：如何编制人力资源成本预算

人力资源成本预算是企业预算管理方案的重要组成部分，也是人力资源与财务管理工作的主要融合渠道。准确编制这一预算，能确保企业付出最合理的费用，获得最需要的人力资源。这一切，离不开在全面预算管理系统的基础上形成的科学编制方法。

4.1　全面预算管理系统：战略目标落地执行管理工具

全面预算管理系统是企业实现战略目标的重要基础。企业利用该工具，对预算内容进行科学细分，将预算内容落实到具体的业务、部门、岗位与员工。因此，准确理解全面预算管理系统的价值，对防范企业的经营、投资和财务风险，促进企业战略目标的实现，具有重要意义。

4.1.1　如何理解全面预算

全面预算是企业对一定时期内所有经营、投资和财务活动做出的预算安排。全面预算可以将所有关键问题融于同一个体系并加以解决，是企业宝贵的战略管理工具。

想要正确理解全面预算，必须先清楚什么是预算。

4.1.1.1　什么是预算

某鞋厂总经理派出两位业务员去某国考察当地皮鞋市场的情况。

业务员 A 汇报说，该国的人不穿皮鞋，可谓没有市场。

业务员 B 则说，该国的人现在不穿皮鞋，未来市场无限大。

总经理对两种说法都不放心，于是派出业务员 C 去调查市场。一个月后，业务员 C 都没有消息。着急的总经理打电话询问，业务员 C 汇报称请再给半个月时间。

半个月后，业务员C果然做出汇报。他说，该国绝大多数人不穿鞋子，导致腿脚疾病，从健康因素上看，他们需要穿鞋。不过，该国人因为常年不穿鞋子，脚面比较宽，企业现有的产品不适合他们，需要给他们量身定做。根据定做成本分析，预测企业1年左右能进入该国市场，当年可卖约3万双鞋子，利润会达到50万元左右，投资回报率会在30%左右。最后，该国实行酋长制，进入市场需要公关，普通公关费预测需要5万元。不过，有人想出了一个好办法，能够大幅度节约公关费用。

总经理对业务员C的报告很满意，并根据报告进行了部署。很快，该企业迅速打开该国市场，企业取得了意想不到的丰厚利润。

凡事预则立，不预则废。业务员A和业务员B的准备工作不尽如人意，业务员C不仅深入调研，而且在此基础上确立了战略目标，完成了精准预算，帮助企业取得了成功。

预算从字面理解即为“预先计算”。其中主要的计算内容，是企业在一定时间内（通常为1年）的财政收支计划，也可能是某项活动或工程的资金需求计划，包括任何有关人力、物力等资源运用的计算。

通过编制预算，企业能为未来的经营确定准绳，能拥有准确控制运营效率的计划。

预算的主要计算内容包括3部分，如图4.1-1所示。

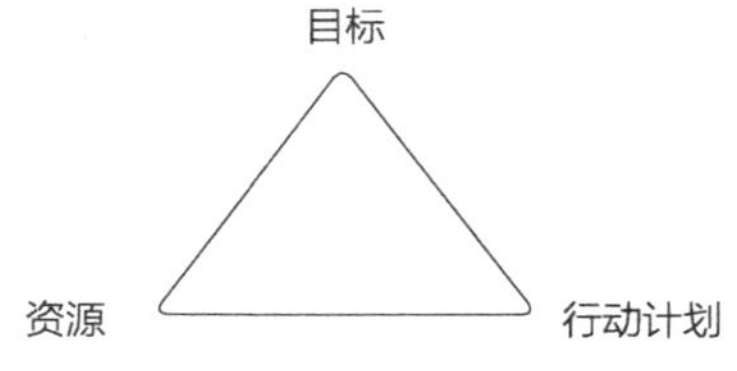

图4.1-1　预算的3部分内容

1. 目标

计算目标即预测可达成何种目标、实现何种业绩。

2. 行动计划

计算如何达成目标即如何安排计划，又分为经营预算和资本预算两部分。

3. 资源

计算保证行动计划成功执行所需的资源。如资源不够，则应围绕可获得资源的渠道展开计算，或改为计算如何调整行动计划与目标。

4.1.1.2　什么是全面预算

全面预算是指企业为实现战略目标，采用预算编制方法，对预算期内所有经营、投资和财务活动加以统筹安排。

围绕全面预算的编制，企业建立起严格的预算管理标准。围绕全面预算的执行过程和结果评估，企业也应进行控制、核算、分析、考评、奖惩等一系列管理活动。

全面预算的内容主要包括业务预算、财务预算和专项预算 3 类，如图 4.1-2 所示。

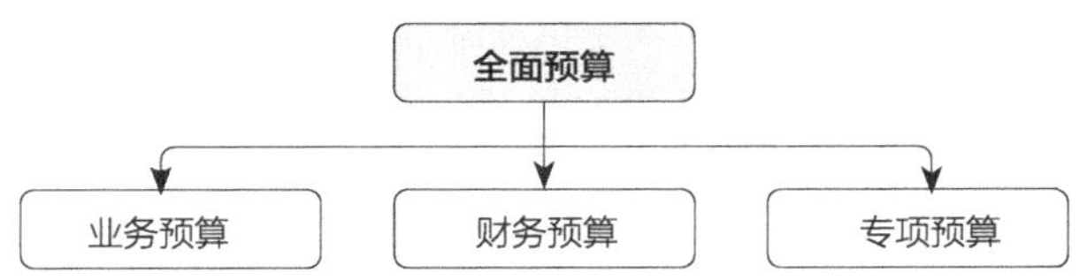

图 4.1-2　全面预算的内容

1. 业务预算

企业对计划期内日常发生的实质性经营活动的预算，例如销售预算、生产预算、采购预算和费用预算等。

2. 财务预算

企业对计划期内现金收支、经营成果、财务状况的预算，例如现金预算、预计收益表和预计资产负债表等。

3. 专项预算

企业对计划期内不经常发生的长期投资项目或筹资项目所编制的预算，如资本支出预算和筹资预算等。

全面预算的编制，是企业对战略目标加以解读的具体化过程。通过编制全面预算，企业将战略目标分解为不同部门的具体目标，使之和具体的生产经营、业务活动紧密联系，确保各部门了解应实现的目标，合理安排各自负责的业务活动，共同完成企业的战略目标。

全面预算的编制，还能让各业务部门的经营计划相互协调，而非简单地将各自的方案相加。

全面预算执行结果的评估也是企业对各业务部门业绩进行考核的重要方式。通过数量化和货币化的考核方式，企业可以对各部门和员工的日常活动加以考察，使得经营活动有目标可循、有制度可依。这也为业绩评价提供了标准，方便企业对不同部门和员工的控制与激励。

4.1.2 3 层面解读全面预算

全面预算的重点在于“全面”。其全面性体现在三大层面，分别是全方位、全过程和全体员工参与，如图 4.1-3 所示。

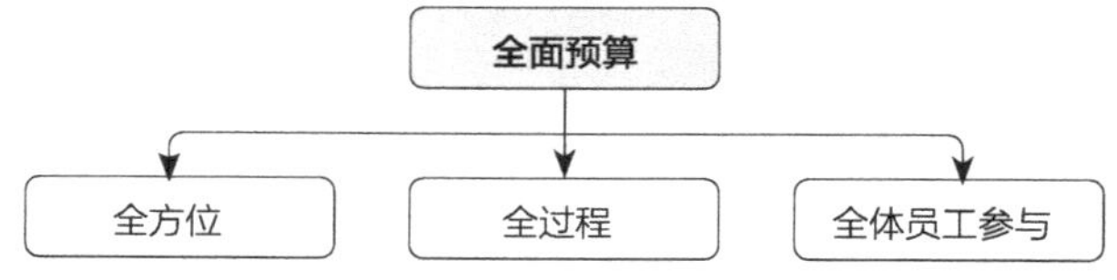

图 4.1-3 全面预算的三大层面

4.1.2.1 全方位

全方位是指将企业所有与经营行为相关的经济活动，都纳入全面预算管理体系，如图 4.1-4 所示。

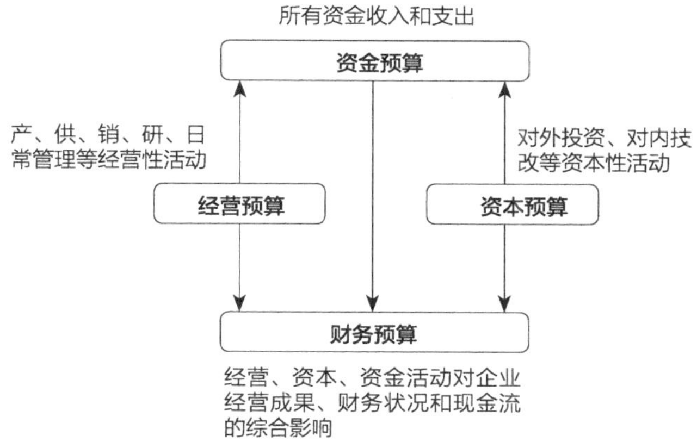

图 4.1-4　全方位的全面预算

全方位意味着企业从经营活动和价值链角度来管理全面预算。为此应从以下四大角度着手。

① 经营角度。企业可利用全面预算管理生产、供应、销售、研发、日常管理等经营性活动。

② 资本角度。企业可利用全面预算管理对外投资、对内技改等资本性活动。

③ 资金角度。企业可利用全面预算管理所有资金（主要包括收入和支出）。

④ 财务角度。企业可利用全面预算管理上述三大活动对企业经营成果、财务状况和现金流的综合影响。

企业不仅要注重销售预算、生产预算、采购预算、人工预算、制造费用预算、制造成本预算、销售费用预算、管理费用预算、财务费用预算等损益类项目的管理，还要加强对预计资产负债表、预计利润表、预计现金流量表的管理。

4.1.2.2　全过程

全过程是指企业对各经营项目的事前、事中、事后等管理活动，必须都纳入全面预算。全面预算管理五大过程如图 4.1-5 所示。

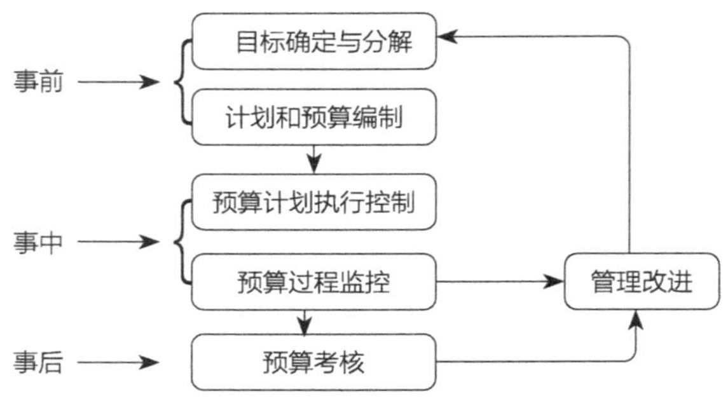

图 4.1-5　全面预算管理五大过程

全面预算管理贯穿目标确定与分解、计划和预算编制、预算计划执行控制、预算过程监控和预算考核的全过程，可划分为事前、事中、事后三大环节。

企业的全面预算管理方案不应只停留在编制阶段，而应通过全过程的预算控制和相关绩效考核，对经营活动形成更有力的约束。

4.1.2.3　全体员工参与

企业的所有员工，无论是决策者、管理者，还是执行员工，必须全部参与预算管理。这决定了全面预算管理不只是财务部门和人力资源管理部门的事情，而关系到企业内的每个人。

下面这个案例说明了全体员工参与的重要性。

A 企业决定开展全面预算管理。企业决策者将编制全面预算管理计划的工作分配给财务部门。财务部门的徐经理在接受任务后，带领全部门员工加班三天，编制出了预算。完成之后，徐经理将预算表交给了业务部门，并告诉他们这是决策者的意见。不料，业务部门的经理们看了看预算表就开始抱怨："这个我们可办不了，你们财务部啊，真是站着说话不腰疼，如果这样，明年的任务由你们财务部去完成好了。"

徐经理将情况反映给决策者，决策者通过反复研究了解到，做好全面预算管理并非易事。如果只依靠财务部门，就会出现上述的情况。如果让各业务部门做，又会因为各业务部门缺乏财务专业经验，无法保证预算的科学性。因此，只有为各个层级的管理者和员工提供培训，建立相应的预算考核等配套机制，增强所有人的主动性和积极性，全面预算管理才能顺利实施。

表 4.1–1 所示是企业全体员工参与全面预算管理时的责任分担。

表 4.1–1　全体员工参与责任分担

岗位层级	全面预算责任
决策者	战略研讨、设定目标、预算批准、过程监督、追加调整、考核激励
各业务部门	行动计划、预算编制、预算计划执行、过程分析、管理改进、提供业绩数据
财务部门（预算办公室）	企业预算、预算审核、编制汇总、资金平衡、过程控制、汇总分析
人力资源部门	考核指标设定、企业考核、企业绩效沟通和改进
审计部门	预算计划执行结果鉴证、预算运行体系监督

仅依靠财务部门不可能完成全面预算管理。企业开展全面预算管理，必须要求全员参与该项工作，接受全面预算管理知识和技能的培训，明确企业的战略目标和分解目标。为此，所有人都应统一思想，明确责任。管理者和员工属于全面预算的参与编制者和执行者，他们在全面预算管理过程中担负的责任，是在各自岗位上接纳和执行全面预算管理。因此，需要由企业的财务和人力资源管理部门派出内部讲师，有针对性地对其进行宣讲和培训，并辅以小组讨论等方式，使沟通更顺畅、内部接受度更高。

当企业全体员工参与全面预算管理时，企业的各类资源将形成最优配置，企业的运行质量将提升，企业能实现价值最大化，并且企业中每个人的价值都能得到充分体现。

4.1.3 全面预算与企业战略目标、绩效、计划、执行的关系

全面预算管理是一套系统方法，可用于合理分配人力、物力和财力等资源，能协助企业实现战略目标。全面预算管理还能用于监督战略目标的实施进度，控制费用支出，并预测现金流量和利润的变动。

实行全面预算管理，企业应着重关注其与战略目标的关系。全面预算管理是企业对战略目标具体化的过程。通过全面预算管理，企业将长期的战略目标细化为具体的经营目标，并在日常生产经营与业务活动中逐步体现。在此过程中，以“人人算账”的方式，通过预算计划编制、预算计划执行和预算计划控制三大环节，完成对战略目标的落实。如果全面预算管理所秉承的战略目标不合理、管理计划不科学、计划执行不到位，就可能会导致企业资源的浪费，使企业难以实现战略目标和长期绩效。

在全面预算计划的编制与执行中，企业应关注预算风险的有效控制。企业决策者和管理者必须通过全面预算与战略目标关系的分析，预先发现企业面临的机会、风险和内外环境变化，以便通过健全全面预算管理体系，获得良好的内部控制能力，从而对生产经营与业务活动中的关键节点进行严密控制，提升绩效。否则，全面预算计划的编制与执行就很容易出现问题，导致企业无法实现战略目标。

在全面预算管理的进程中，人力资源管理部门应尤其关注全面预算计划的执行和考核。一旦预算计划编制完成，就会进入执行阶段这一关键环节，其过程的效率水平将直接影响到企业战略目标的实现。因此，企业在全面预算计划执行的过程中，既要充分调动员工的积极性，强化其责任意识，也要定期对全面预算计划的执行情况做出分析，围绕战略目标和绩效实现情况，进行及时调整与控制。反之，如果执行不力、考核不严，就会导致全面预算管理流于形式。

4.1.4 全面预算编制与管理框架思路

全面预算管理是战略目标落地的主线，是战略目标管理框架中的关键环节。

其重要地位在第 2 章讲述企业伞形战略执行控制模型时就有体现，全面预算管理的战略地位如图 4.1-6 所示。

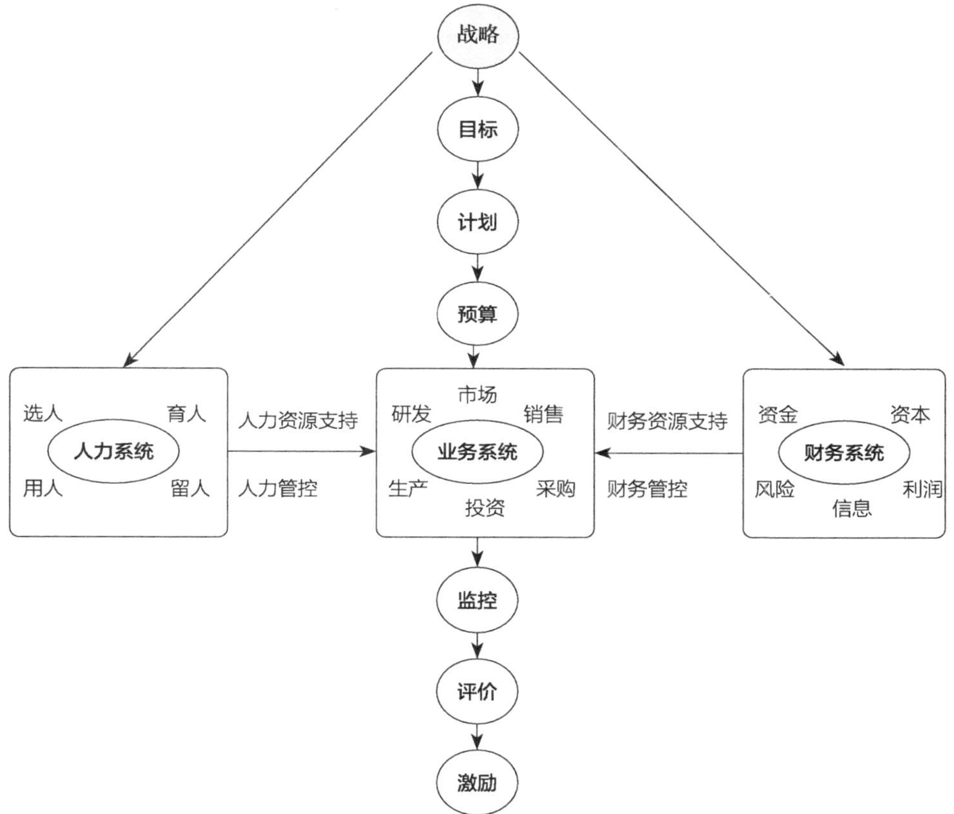

图 4.1-6　全面预算管理的战略地位

企业战略目标具体体现在全面预算计划中，分别对人力、业务和财务系统的日常运行加以监督、评价，最终形成有效激励。这一过程能形成良性循环的全面预算管理闭环并作用于企业运营，如图 4.1-7 所示。

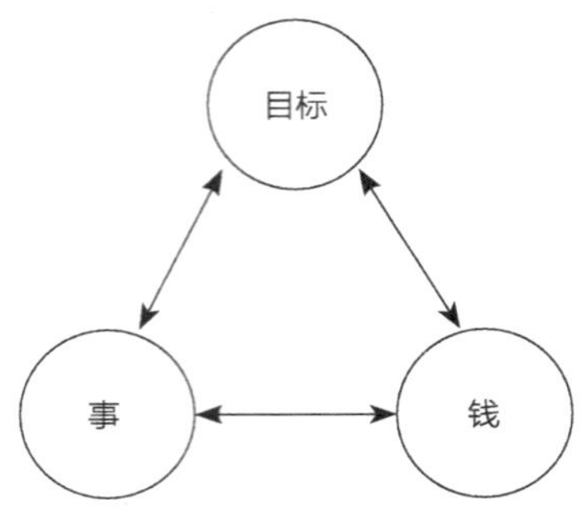

图 4.1-7 全面预算管理闭环

全面预算管理还可以通过突出重点工作内容来强化对企业运营的管理力度，如图 4.1-8 所示。

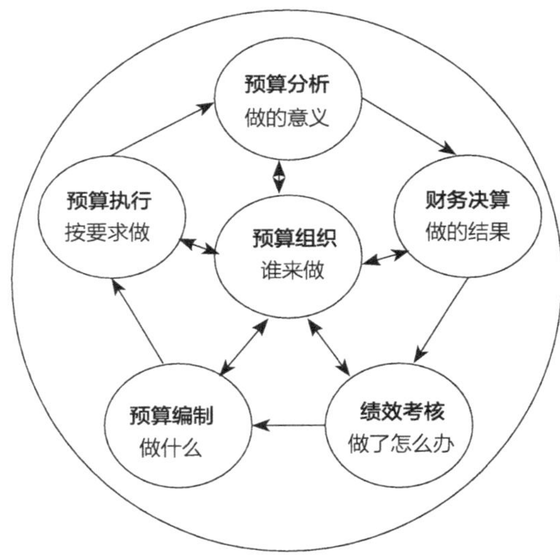

图 4.1-8 全面预算管理的重点工作内容

全面预算管理的重点工作内容包括以下 5 点。

① 预算分析。其内容为管理做事的意义，包括“如何有序办事”和“钱从哪里来”。

② 财务决算。其内容为设定做事的目的，明确“做事的结果”和“钱花到哪里去”。

③ 绩效考核。其内容为部署考核措施，预先解答“做了事怎么办”和“需要花多少钱”。

④ 预算编制。其内容为管理做事的内容，即“做什么事”和“如何有效地花钱”。

⑤ 预算执行。其内容为管理做事的方式，解决“按何种要求做事”和“如何有序地花钱”的问题。

通过上述五大重点，企业利用全面预算管理，实现对“做事”和“花钱”的管理，这将为企业的成长打下坚实的基础。

4.2　如何编制人力资源成本预算

人力资源成本预算是指人力资源部门根据企业发展战略、员工需求、成本费用统计情况，预测下一年度员工需求和成本费用，使企业人力资源管理活动获得明确的预算指导。

人力资源成本预算属于全面预算的重要组成部分，是从人力资源管理的角度对人力资源成本进行的预先计算。企业必须结合实际情况，选择适宜的编制方法。

4.2.1　如何编制人力资源编制计划

人力资源成本的付出即企业使用资金来获取人力资源。在着手编制人力资源成本预算之前，企业必须先确定需要什么样的人力、需要多少人力、需要怎样的人力资源结构。只有这样，人力资源成本的付出才不会盲目，才会具有客观依据和明确针对性。

因此，企业的人力资源编制计划作为企业人力资源数量、质量、结构的安排计划，对企业人力资源成本预算正常发挥作用具有重要意义。

4.2.1.1 人力资源编制计划与“三定”的关系

人力资源编制计划又称为“定岗、定编、定员”计划，是确定岗位数量、性质、要求等计划的合称。该计划既应明确企业内承担具体工作的岗位，也应明确每个岗位上所需的人数。此外，该计划还应单独分析与定岗、定编密切关联的人力资源素质问题，即“定员”。因此，该计划也可称为“三定”计划。

在“三定”计划中：“定岗”通常需要依据企业的战略目标和工作流程而确定；“定编”则应在确定工作流程后，分析流程中不同节点所需要的工作量，推算完成工作量所需要的人力资源数量；“定员”则应进一步分析所需员工的素质。

当企业确定战略目标之后，就应着手编制具有完整目标的工作流程。这些工作流程包括主营业务流程、主营业务辅助流程、职能辅助流程和其他流程等。在确定上述工作流程后，分析其中不同节点的工作量，并据此完成“三定”计划。随后，应在“三定”计划的基础上，形成人力资源编制计划表，如表 4.2-1 所示。该表是人力资源编制计划的重要组成内容。

表 4.2-1 人力资源编制计划表

部门	岗位	级别	目前人数	编制计划	2019 年人力资源编制计划											
					1月	2月	3月	4月	5月	6月	7月	8月	9月	10月	11月	12月
行政	经理	四级	1	1	1	1	1	1	1	1	1	1	1	1	1	1
	主管	三级	1	1	1	1	1	1	1	1	1	1	1	1	1	1
	前台	一级	1	1	1	1	1	1	1	1	1	1	1	1	1	1
		二级	1	1	1	1	1	1	1	1	1	1	1	1	1	1

续表

部门	岗位	级别	目前人数	编制计划	2019 年人力资源编制计划											
					1月	2月	3月	4月	5月	6月	7月	8月	9月	10月	11月	12月
行政	档案管理员	二级	1	1	1	1	1	1	1	1	1	1	1	1	1	1
	行政	二级	1	1	1	1	1	1	1	1	1	1	1	1	1	1
	司机	二级	1	2	1	1	1	1	1	1	2	2	2	2	2	2
	门卫	二级	3	4	3	3	3	4	4	4	4	4	4	4	4	4
	保洁员	二级	2	2	2	2	2	2	2	2	2	2	2	2	2	2
	部门文员	二级	1	1	1	1	1	1	1	1	1	1	1	1	1	1
人力资源	主管	三级	1	1	1	1	1	1	1	1	1	1	1	1	1	1
	招聘专员	二级		1							1	1	1	1	1	1
	薪酬专员	二级	1	1	1	1	1	1	1	1	1	1	1	1	1	1
	绩效专员	二级		1							1	1	1	1	1	1
	培训专员	二级	1	2	1	1	1	2	2	2	2	2	2	2	2	2
	网络课程编辑	二级	1	1	1	1	1	1	1	1	1	1	1	1	1	1
	部门文员	一级	1	1	1	1	1	1	1	1	1	1	1	1	1	1
小计			18	23	18	18	18	20	20	20	23	23	23	23	23	23

确定人力资源编制计划时，可以采用总量到个量的思路，也可以采用个量到总量的思路。

1. 总量到个量

测定人力资源编制总量，分解给不同业务部门，完成计划的编制。通常采取业务数据法、行业比例参照法、劳动效率定编法和专家评估法等测定办法。

2. 个量到总量

先测定不同业务部门的人力资源编制，再汇总形成企业的整体人力资源编制，由下而上，完成计划的编制。通常可采取劳动效率定编法、标杆企业对照法、工作日志法和写实法等。

4.2.1.2　人力资源编制计划的编制原则

人力资源编制计划的编制原则包括定岗、定编、定员 3 个方面。

1. 定岗

定岗是设定岗位的过程，这一工作解决的主要问题是企业向人力资源分配工作任务和职责的方式。

定岗的流程如图 4.2-1 所示。

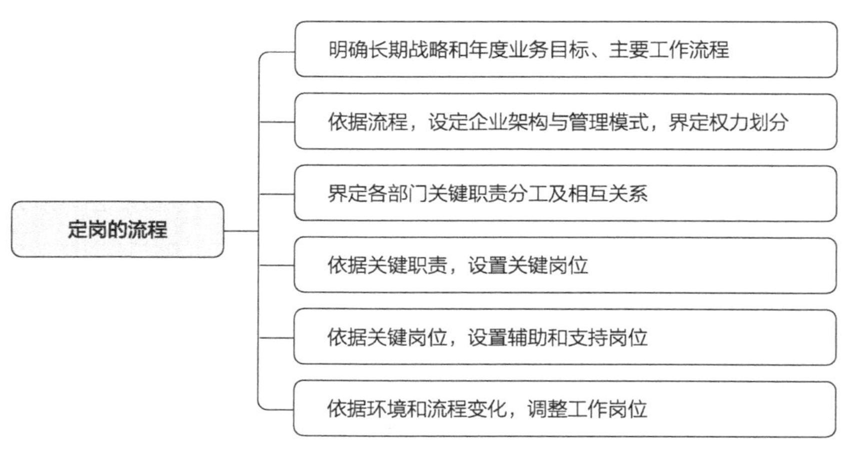

图 4.2-1　定岗的流程

定岗的原则包括以下 6 点。

（1）因事设岗

企业从厘清该做的事情开始，以事定岗，以岗定人。设定岗位时，必须着眼于现实情况和未来发展，按照不同业务部门的职责范围来划定岗位，而不能围绕决策者的个人意志来设定，更不能为解决具体人员的工作问题而设定。岗位和人力资源应是设置和配置的关系，不能相互颠倒。

（2）“整分合”原则

企业应在整体规划下，实现岗位明确分工。在分工基础上，再进行有效综合。遵循这一原则，各岗位职责明确，能实现纵向与横向之间的同步协调，发挥最大的效能。

（3）最少岗位数原则

设定岗位数时，企业既要考虑到最大限度节约人力资源成本，又要尽可能缩短岗位间信息传递的时间，降低失真效应，以提升企业战斗力和市场竞争力。

（4）规范化效应

岗位名称与职责范围均应规范，应具有长期的稳定性和统一性。设定以脑力劳动为主的岗位时，应避免规范过细，适当留出创新空间。

（5）客户导向原则

设定岗位时不能仅满足生产运营的需求，还应体现特定的内外部客户需求。

（6）一般性原则

设定岗位应基于正常情况考虑，而不能基于例外情况考虑。例如，应统计 90% 情况下某岗位需要完成的工作量、承担的工作强度，而无须考虑极端情况下的可能性。

2. 定编、定员

定编、定员即采取科学的程序、严谨的方法，配置已确定的岗位的各类人力资源的数量和素质。

其流程如图 4.2-2 所示。

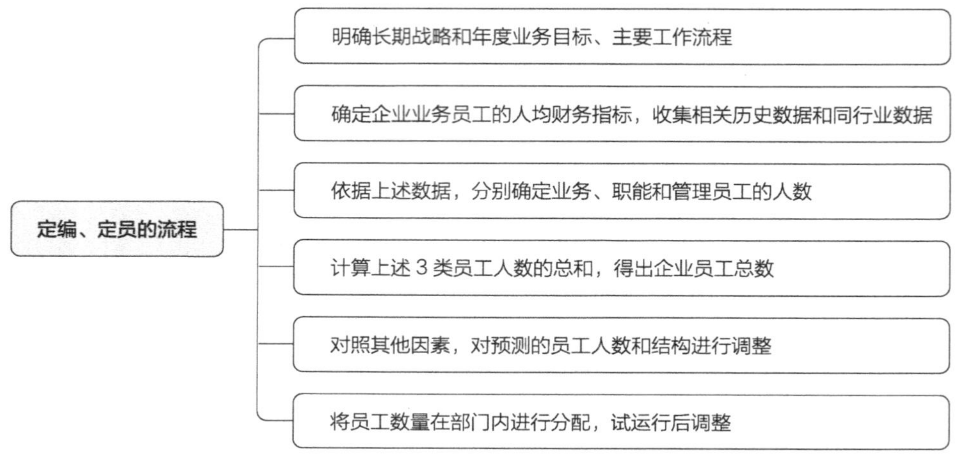

图 4.2-2　定编、定员的流程

定编、定员通常是在企业发展到一定业务规模之后进行的。该工作从发生、发展到实际完成，需要一定的过程。定编、定员不仅能从数量上解决人力资源的配置问题，还能确定质量合格标准，从素质、结构上落实人力资源的合理配置。

定编、定员的主要原则如下。

（1）以企业经营目标为中心，科学合理地定编、定员

定编、定员能合理确定各类人力资源数量及其相互之间的比例关系，必须依据企业在计划期内的战略目标，结合各类人力资源的特点，进行科学、合理的设定。

科学意味着定编、定员应符合人力资源管理的普遍规律，确保企业人员队伍精干、劳动生产率相对较高。

合理需要从实际出发，结合本企业的技术、管理水平，真正提升劳动生产率和人力资源的普遍潜力。

（2）比例关系协调原则

定编、定员时，应正确处理协调以下比例关系。

首先是企业内直接经营人员数量与非直接经营人员数量的比例关系。其次是管理者数量与全体人员数量的比例关系。

需要注意的是，管理者数量占全体人员数量的比例，与企业本身的业务类型、专业化程度、自动化程度、员工素质、企业文化以及其他因素都有密切的关系。

（3）专业化道路原则

定编、定员工作对专业性和技术性要求很强，涉及经营管理业务的各方面知识。企业内负责该项工作的人，应具备较高的理论水平和丰富的业务经验。

4.2.1.3　定编的方法与案例

企业需要遵循正确的程序，采取科学的方法，确定岗位、编制和具体的人力资源情况。在此过程中，企业应根据自身的业务方向与规模，找准合适的方法确定编制，以有效降低经营风险，提升精细化管理水平。

企业定编的方法很多，其中主要的方法如下。

1. 劳动效率定编法

该方法根据生产任务和人力资源的劳动效率，以及出勤情况等因素来计算岗位人数，即根据工作量和劳动定额来计算人力资源的数量。

凡是实行劳动定额的流程和项目中的岗位，尤其是那些以手工操作为主的岗位，都适合使用这种方法。

2. 业务数据分析法

该方法根据企业历史数据和战略目标来确定企业未来一定时期内的岗位人数。使用该方法时需要重点关注的历史数据包括销售薪酬、利润、市场占有率和人力资源成本等。

这种方法还可进一步细分。

根据历史数据及战略目标，确定短期、中期、长期的人力资源编制计划。

某企业根据历史数据（包括销售业绩、薪酬和总人数），计算得出人均产值约为 100 万元。该企业计划在未来 5 年销售薪酬平均增长 20%，人均产值平均增长 5%。根据上述数据，可以推算出未来 5 年所需的人力资源总数。

根据历史数据，将人力资源数量同业务数据进行对比分析，建立回归方程。

某连锁企业根据历史业务数据发现，影响人力资源编制计划的 3 个重要因素分别是餐厅数量、餐厅面积和就餐人次。该企业利用统计学方法，对过去几年的数据进行回归分析，建立了回归方程。通过对该数据模型的利用，该企业即可根据未来的业务数据进行人力资源编制预测。

3. 比例关系法

根据企业人力资源总数或者某类人力资源总数的比例，进而确定岗位的人数。

在众多行业中，由于专业化分工与协作的发展，某类人力资源与其他人力资源之间的数量总是存在相对固定的比例关系，并会跟随其他人力资源数量变化而变化。企业可以利用类似的比例关系，直接确定辅助和支持性岗位的编制数量。

例如，在服务行业中，人力资源管理类员工与业务员工的比例通常为 1∶100。

又如，以某企业生产车间包装员工的定编为例，该生产车间内，包装和组装是前后衔接的生产环节。如果包装所需时间是组装时间的 20%，那么包装岗位的员工数量，就是组装岗位员工数量的 20%。

在另一个例子中，基于销售岗位员工的工作能力、工作性质和沟通方式等因素，企业确定了每个销售经理管理 10 名销售员工。在当前确定 100 个销售员编制的情况下，则应配备 10 名销售经理。

4. 企业机构、职责范围和业务分工定编

通常应先确定企业机构和各职能科室，明确各项业务分工及职责范围后，根据业务工作量的多少与复杂程度，结合不同岗位所需工作能力和技术水平，确定岗位上人力资源的数量。

5. 预算控制法

该方法主要通过人力资源成本预算，控制在岗人数，而并非硬性规定某个部门内某个岗位的具体人数。

在此方法下，企业以年度为时间周期，编制人力资源成本预算，将企业总预算与战略目标一起分解到各个部门。部门管理者对本部门的业务目标、岗位设置、员工数量负责，他们可以在所获得的预算范围内，自行决定不同岗位的具体人数。

由于企业资源是有限的，并和利润密切相关。所以，预算控制对企业不同部门的人力资源扩展有严格约束。相对于其他定编方法而言，预算控制法更容易激励部门管理者的主观能动性，激活人力资源的潜能，提升工作效率。

例如，某企业通过财务分析和预算分解，确定企划部年度人力资源成本预算为 100 万元。在这一预算总额内，部门管理者可以自主安排员工数量，可以选择 5 个薪酬较高的员工，也可以选择 7 个薪酬较低的员工。但是，年度人力资源总成本不能超过部门的人力资源成本预算。

6. 专家访谈法

该方法主要是对管理者或企业内外部的人力资源管理专家进行访谈，通过访谈获得重要的内部信息，包括员工或岗位的工作量、流程运行压力、人力资源编制调整的建议等，从而预测其人力资源在一定期限内的流动方向，如提升、轮岗或离职等。

在专家访谈结果的基础上能较为准确地计算出各业务部门一定期限之后的人力资源数据。此外，使用专家访谈法也比较容易获得重要的外部信息，包括

同行业各种岗位类型人力资源结构的信息，同时了解到技术进步、工作方法变化、企业变革等因素对人力资源数量的影响及其程度。

当今，企业很难只使用一套公式或方法就能准确完成定编。不同的方法适用于不同发展阶段的企业。如何选择方法固然重要，但更重要的是怎样发挥方法的作用。企业在确定岗位与编制时，有必要综合运用多种方法，进行相互的比较和印证，确保定编结果的合理和高效。

4.2.2 如何编制薪酬调整计划和预算

任何企业的薪酬计划都不可能是一成不变的，而是需要不断进行调整，否则其产生的激励效果将大打折扣。科学编制薪酬调整计划和预算，能为企业人力资源成本管理设定正确的方向。

4.2.2.1 薪酬预算编制前提：薪酬策略

在编制薪酬预算时，人力资源管理部门经常会面对诸多挑战与困难。如薪酬预算总是由财务部门编制，人力资源管理部门基本不参与；编制薪酬预算仅凭历史数据、经验；薪酬预算缺乏说服力，很容易被随意削减（尤其是有关培训的薪酬预算）；薪酬预算编制得不精准；薪酬预算与实际执行的结果偏差较大；基于薪酬预算的考核无法有效实施等。

想要解决上述问题，让薪酬预算的编制和执行获得全面成功，首先必须明确薪酬策略。

人力资源管理部门应围绕企业战略目标的实现路径，结合外部产品与人力资源市场的变动情况，利用现有资源的条件，选择并确定具有竞争力的薪酬策略。

人力资源管理部门需要付出以下努力，步骤如下。

1. 梳理业务短板

解决短板是人力资源管理部门工作的出发点。人力资源管理部门需要从企业运营的角度出发，收集、整理、筛选和评估与薪酬有关的问题，找准自身业务的短板，这样才能在编制薪酬预算时有的放矢。

图 4.2-3 是某企业人力资源管理部门在编制薪酬预算时找到的业务短板。

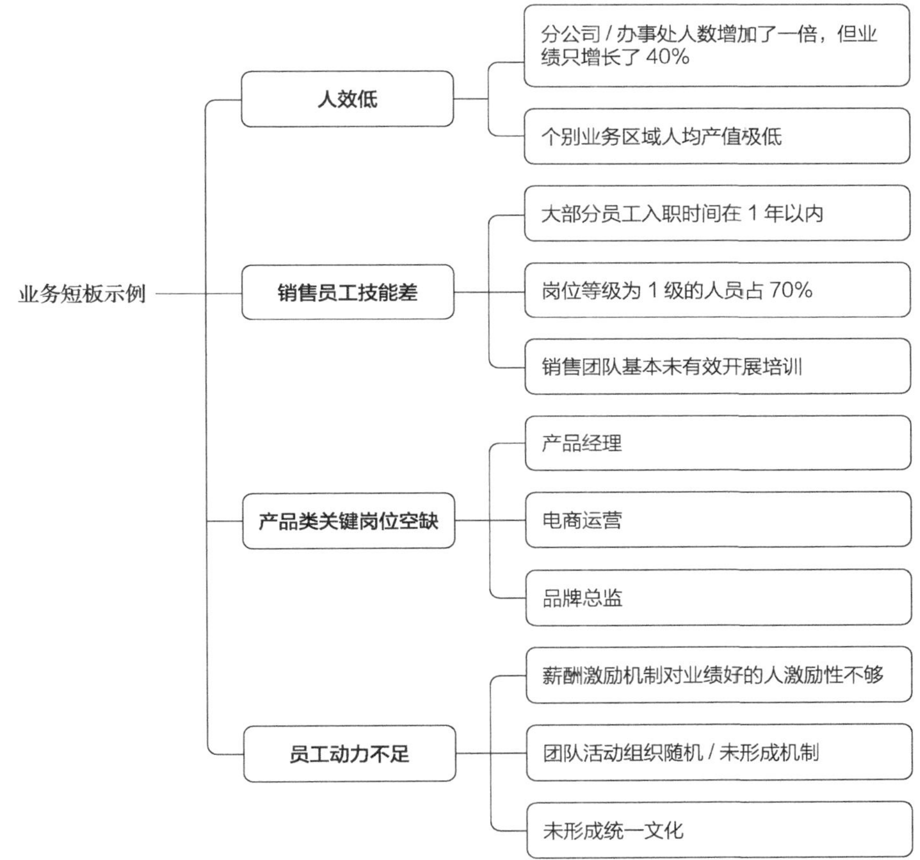

图 4.2-3　业务短板示例

2. 设定薪酬策略

薪酬策略是薪酬预算编制成功的前提。薪酬策略并非具体的核算方法，而是人力资源成本预算的思维来源之一。

薪酬策略的设定应从以下几个方面入手，如图 4.2-4 所示。

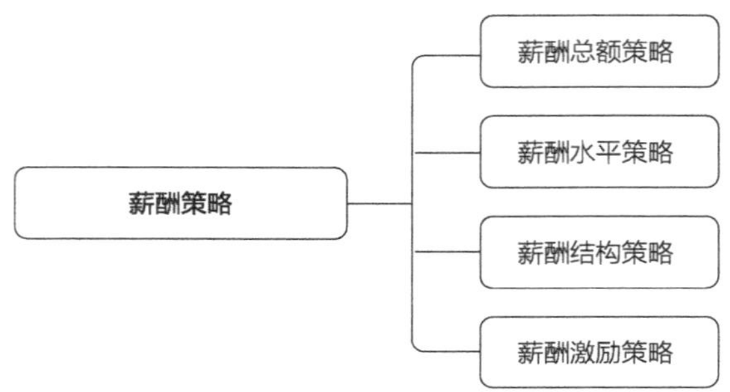

图 4.2-4　薪酬策略的设定层面

（1）薪酬总额策略

该策略有 3 种类别可供选择。

① 成本领先策略。

每年年初，企业编制人力资源成本预算，并结合战略目标确定人力资源薪酬总额。如果企业年底完成超出战略目标的利润，即可拿出一部分利润激励员工；反之，则需要扣除部分人力资源薪酬。这样，就能保持薪酬总额相对于企业效益处于正常的变动范围内。

② 质量领先策略。

企业使用该策略能确保薪酬总额与市场薪酬相联系，而并不和企业效益发生直接关系。因此，受到人力资源质量影响较大的企业，应积极考虑选择质量领先策略，确保薪酬的竞争力，广泛吸收优质的人力资源。

③ 产品领先策略。

企业使用该策略时薪酬总额将被视为企业成本的必要组成部分，与营销费用等费用的作用相同。无论是提高或降低人力资源薪酬总额，其核心目的都在于提升产品的市场占有率。

（2）薪酬水平策略

薪酬水平策略包括以下 3 种类别。

① 薪酬领先策略。

该策略是指企业的薪酬水平与同行业、同地区企业的薪酬水平相比，处于领先地位。这一策略能帮助企业吸收到更多优秀的人力资源。与此同时，企业也必须确保利润率高于竞争者，这样才能更进一步增强竞争能力。

② 薪酬追随策略。

该策略是指确保企业薪酬水平和同行业、同地区企业的薪酬水平相比，处于中游水平。采取该类策略，企业薪酬并不具有充分竞争力，但经营风险变小、收益变稳定、用工成本降低，这会让企业的发展相对稳定而灵活。即便市场或行业出现较大波动，企业也不会轻易受到影响。

③ 薪酬滞后策略。

当企业薪酬水平低于同行业、同地区企业的薪酬的中游水平时，企业在吸引人力资源方面并不具有优势。通常，只有处于衰退期或劳动力严重供大于求的企业，才会选择这样的薪酬策略。

3. 薪酬结构策略

企业在设定和执行薪酬策略时，必须注意到薪酬结构内的要素总是在发挥不同的作用。

例如，固定薪酬主要和岗位工作有关，与工作效果无关，其稳定性虽然高，但激励性不足。相反，变动薪酬与工作绩效有关，具有很强的激励性，一旦绩效出现波动，就会造成员工的不稳定感。

正因为要素各有作用，所以企业必须通过准确的分析和统计，找到最理想的薪酬结构搭配，明确固定薪酬与变动薪酬所占的比例。

不同的薪酬结构策略各有优缺点，具体对比如表 4.2-2 所示，企业可根据自己的情况借鉴参考。

表 4.2-2 不同薪酬结构策略效果对比

项目	高弹性薪酬策略	高稳定薪酬策略	折中性薪酬策略
特点	变动薪酬是薪酬主要部分，固定薪酬则占比很低	固定薪酬是薪酬主要部分，变动薪酬在薪酬中占比很低	固定薪酬和变动薪酬在薪酬中所占比例相当
优点	激励性强，人力资源薪酬水平取决于绩效	安全性强，人力资源薪酬水平取决于岗位	既能保证员工基本薪酬，也能给予员工应有的激励
缺点	人力资源薪酬波动大，容易产生不稳定感	业绩对薪酬影响小，员工缺乏激励	操作难度比较大，容易同时出现前两种薪酬策略的问题

设定薪酬结构策略时，人力资源管理部门还应研究以下具体问题。

① 目前的薪酬水平中，竞争性和公平性哪一个所起的决定作用更大。

② 当前企业内不同岗位所获薪酬的具体情况如何。

③ 员工和管理者对当前薪酬结构状况满意度如何。

④ 企业内究竟有多少薪酬等级。

4. 薪酬激励策略

为形成成熟的薪酬策略，人力资源管理部门应积极同企业决策者、业务部门管理者沟通，充分了解薪酬激励重点目标人群是何种员工。虽然薪酬策略应该对所有人都产生激励效果，但不同类型员工需要的激励不同，在薪酬激励策略的设计和使用上，也应体现出对个性化需要的侧重满足。

4.2.2.2 外部市场薪酬数据的收集与应用

人力资源管理部门在编制薪酬调整计划和预算时，需要有目的地收集与应用外部市场薪酬数据。通过这一工作，薪酬调整计划和预算才能同外部市场的薪酬数据及时挂钩，防止人力资源由于薪酬待遇无法满足需求而流失。

通过对所在地区或行业人才市场的调查，人力资源管理部门可以绘制出对比表格，列举相关数据，形成统计结果。这样，企业对不同类型的岗位薪酬能做出适当调整，科学、合理地确定各个职级的薪酬上限、中位值与下限，构成不同岗位薪酬的变化范围。

表 4.2-3 是某企业人力资源管理部门实际工作中使用的市场薪酬调查数据分析。

表 4.2-3　市场薪酬调查数据分析

岗位	快消行业（万元）2019 年		薪酬总额（万元）
	50 分位	75 分位	
研发与生产副总			
销售副总			
品牌副总			
企管副总			
财务总监			
客服总监			
人力资源总监			
总经理特助			
电商销售总监			
行政总监			
实体销售总监			
信息副总监			
研发副总监			
实体市场副总监			
运动城销售副总监			

人力资源管理部门通过图 4.2-5 的工作流程，完成市场薪酬调查，形成上述调查结果表格，获得科学的数据。

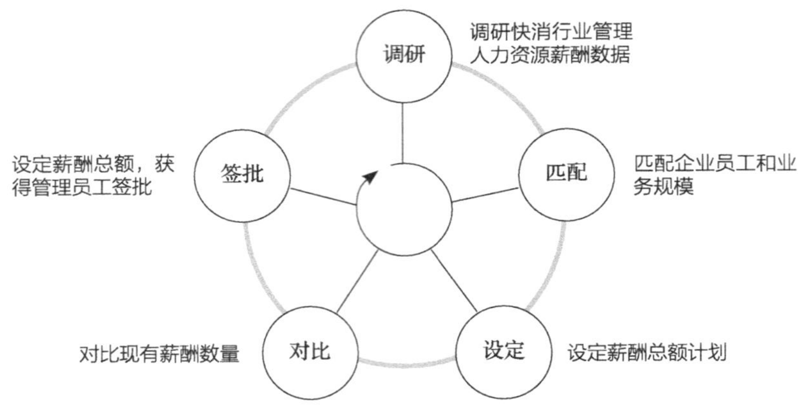

图 4.2-5　市场薪酬调查流程

由于薪酬数据属于企业的经营机密，人力资源管理部门要善于借助各种合法渠道，积极获得所需的信息。

通常，市场薪酬数据主要来源于以下几个渠道。

1. 专业薪酬调查企业

专业薪酬调查企业是最重要且常用的市场薪酬数据来源。专业薪酬调查企业都有自建的薪酬数据库，按照区域、行业、岗位、年代编排薪酬数据。同时，专业薪酬调查企业也有规范合法的调查手段、方法和工具，能获得比较全面、客观而真实的数据。

专业薪酬调查企业提供的数据价值，与其采集的样本数量有关系。样本数量越多，数据就越准确。同时，其针对性也和采集样本的特性有密切的关系。人力资源管理部门需要根据本企业需求的特点，结合对应的采集样本特性与数量，选择专业薪酬调查企业。

2. 猎头企业

猎头企业属于重要的薪酬数据调查渠道。猎头们通常比较了解企业所在行业的平均薪酬，提供的数据相对更集中，更具有针对性。

需要注意的是猎头企业所提供的薪酬数据与其切身利益有密切关系。在一般情况下，猎头企业提供的薪酬数据会普遍高于市场值。

3. 公开渠道

不少招聘网站能提供薪酬调查报告，该渠道的优点是数据采集量大、覆盖行业面广，缺点是其数据需要经过甄选才能使用。

人力资源管理部门可多观察、搜集、统计、分析竞争企业在招聘网站上发布的招聘广告，以其薪酬数据作为采集样本，了解市场的薪酬数据；也可以通过求职者经常访问、登录的公开网站、社区论坛或者 App 等，获取市场薪酬数据。

当然，相比于专业机构采集、汇总和分析之后的数据，这些数据更加原始，需要人力资源管理部门花费相当多的时间和精力进行筛选和整理。

4. 企业共享

人力资源管理部门可通过人际网络或者行业联盟，在企业之间进行相互调查收集，进而实现薪酬数据共享。共享的数据由人力资源管理部门进行汇总并分析，最终获得的数据再免费共享给所有有关企业。

共享而来的市场薪酬数据相对真实可靠，其不足在于需要足够的社会资源，以此确保参加共享的企业具有广泛代表性，并愿意提供真实的薪酬数据。这在很大程度上取决于人力资源管理部门与其他企业关系的紧密程度，甚至取决于私人关系。

5. 应聘者

应聘者的现有薪酬和期待薪酬水平，是市场薪酬数据最真实的体现。人力资源管理部门在招聘过程中，会接触到大量的应聘者，他们来自各个行业、地区，有着不同的资历与背景，其薪酬现状和期待薪酬水平具有明确的代表性和可参考性，值得采集、汇总与分析。

4.2.2.3　影响薪酬预算的因素

薪酬预算体现了企业在薪酬管理过程中对一系列成本开支的权衡和取舍。在编制薪酬预算时，人力资源管理部门除了应通过收集数据来了解市场环境，还应综合考虑内部资源和战略目标等因素，确保薪酬预算的科学、合理。

1. 内部资源

（1）人力资源变动情况

企业在编制薪酬预算时应综合考虑人力资源数量和质量的变化对薪酬总额的影响。人力资源总数增加，会使薪酬总额提升，否则薪酬总额会减少。新进人力资源的素质如普遍高于流失人力资源的素质，企业会支付较高的薪酬，反之会减少薪酬支出。

（2）上年度加薪幅度

企业本年度的薪酬预算，应参考上年度的加薪幅度，确保企业不同年份间能保持薪酬政策的一致性与连贯性。

（3）财务状况

其他资源因素接近的情况下，企业的财务支付能力决定着本年度薪酬预算水平。企业财务状况良好，就能通过收益分享、利润分享等，提升薪酬的预算水平；反之则需要减少薪酬的支付总额，降低基本薪酬上涨幅度或缩减变动薪酬。

2. 战略目标

薪酬预算能成功的重要前提是对战略目标予以合理的解读。这一解读需要根据往年的营业业绩，结合市场环境和企业情况，以营业业绩增长或持平为前提 ，编制出符合战略目标的具体业绩目标，由此决定薪酬支付水平。

人力资源管理部门在解读战略目标的基础上，应将之进行有效分解，如图 4.2–6 所示。

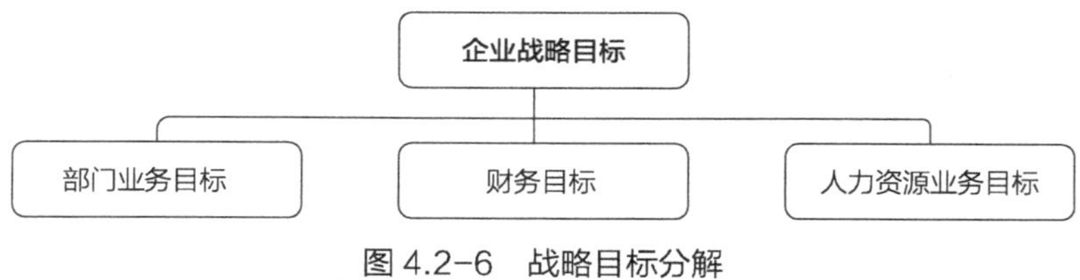

图 4.2–6　战略目标分解

其中，人力资源业务目标主要结合人力资源考核指标加以设定。该目标与企业的战略目标同步，并以数字量化的方式设立 5 ～ 8 个项目，也可采用平衡计分卡的方式设定目标。

某企业的人力资源业务目标如图 4.2-7 所示。

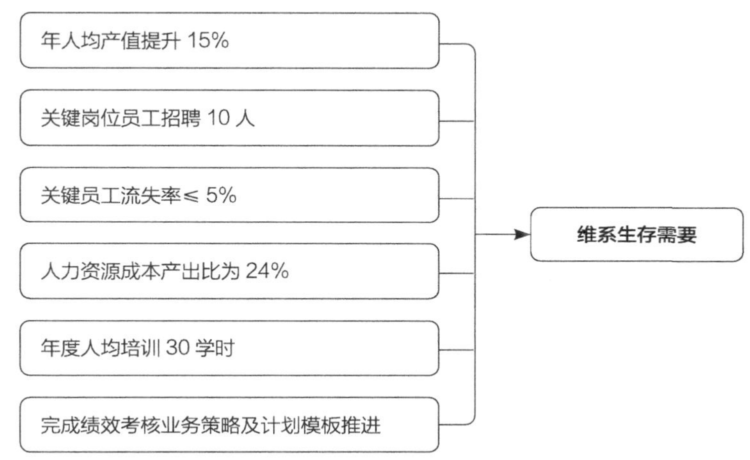

图 4.2-7　人力资源业务目标

除了人力资源业务目标外，部门业务目标和财务目标也相当重要。与薪酬预算有直接关系的部门业务目标，通常指新一年年度计划的产品销售量和售后的总营业额。财务目标则通常是指利润。这两个目标可以通俗地理解为新的一年内企业要完成多少业绩，完成业绩后能从中赚多少钱。

简而言之，薪酬预算必须确保“3 个人做 5 个人的事，拿 4 个人的薪酬”这一效果，即人力资源数量增长目标应小于薪酬增长目标，而后者则应小于业务和财务的增长目标。

4.2.2.4　薪酬预算控制的关键点

精准控制薪酬预算的关键点有以下几大环节。

1. 计划套表模板

合理编制计划套表模板，是薪酬预算控制的前提。人力资源管理部门应与业务部门进行有效沟通，在此基础上编制计划套表模板。

计划套表模板的设定步骤包括以下几点。

① 通过业务策略的分解和运用，形成年度计划。

② 围绕计划，建立表单目录。

③ 开发表单模板。

④ 分解任务和目标。

⑤ 企业编写和评审。

2. 预算模板

以薪酬类模板设定为例，关键步骤如下。

① 先编制年度人力资源变动计划，用 Excel 表格的形式，按照部门分类，分解到月度计划，并注明不同类别人力资源的现有人数、加减人数。

② 根据上一步骤的变动计划套表，对照薪酬等级表，计算各个部门每月固定薪酬预算。

③ 按照上述方法，编制各个部门的每月变动薪酬预算。

④ 汇总形成薪酬预算总额。

3. 薪酬预算控制内容

薪酬预算控制内容包括固定薪酬成本、变动薪酬成本两大方面。

（1）固定薪酬成本

该项成本是月度或年度必须发放的薪酬所占用的现金流，与企业人力资源的总数量有关。该项成本主要用于稳定人力资源队伍，提升公平性。

应根据部门、岗位和人力资源的数量与种类编制固定薪酬预算，并考虑整个企业的招聘周期和员工的到岗时间，确保固定薪酬能充分发挥公平性。

（2）变动薪酬成本

变动薪酬依据条件发放，例如奖金、激励兑现等，通常与业务目标有明确的关联。该项薪酬通常有着良好的激励效果。

编制变动薪酬预算时应测算其与企业营业收入、毛利、净利润之间的逻辑关系，并评估变动薪酬的激励效果与下一年度新产品（项目）上线计划是否同步。

案例：L 企业薪酬预算方法

L 企业主要生产制造工业专用设备。该企业产品在其细分市场所占的份额较大，其成绩不仅来自先进的产品技术水平，也源于其卓越的管理制度和激励机制吸引并保留了优秀人才。

L 企业的薪酬预算方法，确有其独到之处。

1. 薪酬

L 企业的薪酬体系共有 10 个级别，每个级别有 A、B 两个等级，每个等级又有最高和最低薪酬。薪酬第 1 级和第 10 级的差别为 20 多倍。薪酬标准并不固定，企业根据所在地区薪酬行情的变化进行相应修订，总体水平要比竞争者同类员工的薪酬标准高出一部分。

2. 变动薪酬

变动薪酬分为常规和非常规两种：前者通常为半年奖、年终奖，根据企业经济效益和对员工绩效评估的结果发放；后者为非常规的季节奖金、随机奖金，通常根据上级对员工工作表现评估确定，每次获奖名额不超过员工总额的 10%。

3. 保险

L 企业除了支付政府规定的社会保险外，还为员工购买人身意外保险、个人财产商业保险和门诊医疗商业保险等。

4. 控制运营

（1）市场调查

为保持薪酬控制能力，L企业每年由人力资源管理部门举行一次针对竞争对手的薪酬调查，并根据调查结果进行分析比较。调查内容包括当地物价指数变动、当地所有企业年度平均薪酬水平、各竞争企业最高增薪和最低增薪情况、各竞争企业各岗位的全部薪酬水平、各竞争企业各岗位薪酬结构比例、各竞争企业总体人力资源流失率情况。

（2）人力资源职务晋升增薪

各部门管理者有权参照企业的薪酬级别，提出下属晋升增薪的建议。通常情况下是逐级晋升，但有时业绩异常优秀的人力资源也可以跳级晋升。

（3）招聘定薪

影响新进员工定薪的因素包括学历、经验、专长和经历等。例如，研究生学历的新进员工，或具有两年以上工作经验的新进员工，与本科学历、无工作经验的员工相比，前者将获得高出一定比例的定薪。

（4）薪酬晋升

半年奖、年底奖与绩效评估奖的发放，由半年和一年的绩效评估结果决定。

L企业采用矩阵式正态分布法对工作绩效进行评估，共分为5个档次，分别为不能接受、勉强接受、基本完成任务、完成任务和超额完成任务。其中硬性规定有5%的工作考核结果应为第1类，10%的工作考核结果应为第5类，其他人力资源则以不同百分比分布在其他工作考核结果类别。“不能接受”类的人不能发奖金，并限期3个月内改进；“勉强接受”类的人所获变动薪酬幅度最低；“基本完成任务”类的人获得标准额度的变动薪酬；“超额完成任务”类的人变动薪酬晋升幅度最高。

4.2.3　如何编制招聘计划和预算

招聘计划是人力资源管理部门根据用人部门的增员申请，结合企业人力资源成本预算，明确一定时期内需招聘的人力资源岗位、人力资源数量和资质要求等因素，并编制具体的招聘活动执行方案。

在人力资源招聘计划中，招聘成本预算占有重要的地位。

4.2.3.1　招聘成本的构成项目

企业永远需要优秀的人力资源，只要企业存续，招聘活动就不会停止。如何衡量与判断招聘是否成功？如何保证招聘有计划、有步骤地进行？既要看招聘的结果是否提供了优秀人力资源，也要看招聘所消耗的成本。

招聘成本是指企业在招聘活动中所付出的费用，其主要构成项目如图 4.2-8 所示。

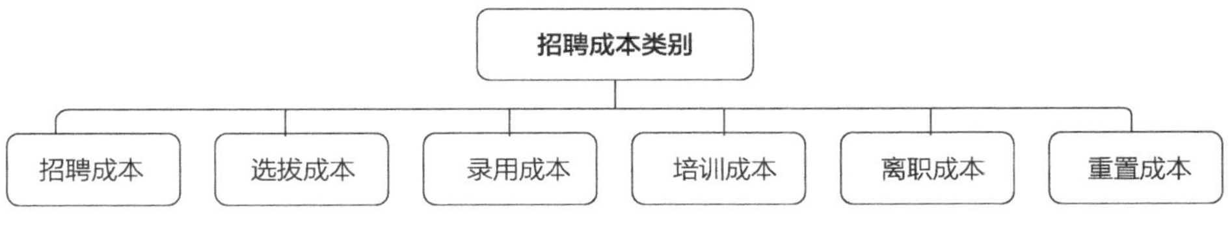

图 4.2-8　招聘成本类别

1. 招聘成本

招聘成本是吸引和确定内外人力资源而付出的费用，主要包括招聘部门的直接劳务费用、直接业务费用（例如媒体广告费、展位费、展台制作费、异地招聘差旅费、其他杂费）等。

招聘成本既包括在企业内外招聘人力资源的费用，也包括吸引未来人力资源的费用。

2. 选拔成本

选拔成本是指对应聘者进行鉴别选择从而做出录用或不录用决定的费用构成。

在招聘过程中，企业需采用不同的测试手段，评估应聘者的技术、能力、性格倾向、价值观和行为特征，测试费用将计算在选拔成本内。

选拔成本根据企业所需岗位的不同而有所差别。通常而言，选拔外部人力资源的成本比选拔内部人力资源的成本要高，选拔技术型人力资源的成本比选拔操作型人力资源的成本要高，选拔管理类人力资源的成本比选择普通类人力资源的成本要高。

3. 录用成本

录用成本是指招聘后将合适人员录用到企业所产生的费用，主要包括录取手续费、搬迁费和安家费、旅途补助费等。被录用的人员职务越高，录用成本也就越高。通常而言，从企业内部录用人员，实际上只是工作岗位调动，不会产生录用成本。

4. 培训成本

培训成本是指培训已录用人员进入具体工作岗位所产生的费用。培训费用包括讲师费用、教材费用和企业外培训费用等。

5. 离职成本

离职成本是指招聘产生问题导致新进人力资源离职而带来的损失。离职成本通常可分为直接成本和间接成本。

直接成本是指通过检查、评估而获得的可量化的时间与资源成本，主要包括处理人力资源离职带来的额外时间支出、解聘费用、临时的加班补贴、应付的薪酬和福利等。

间接成本通常是难以准确衡量的，主要包括新进人力资源离职前工作效率下降、替补人力资源学习成本、客户或交易损失和企业士气下降等。

6. 重置成本

重置成本是指招聘方式存在方法问题或程序错误导致招聘失败，而需重新招聘所产生的费用。这类成本实际上用于重新开始的招聘，是由上述各项成本重复计算得到的。

在上述 6 项成本中，第 1、2 项属于招聘的对外成本，第 3、4 项属于招聘的对内成本，第 5、6 项则为非必要成本。

4.2.3.2　招聘中各项成本的评估分析

招聘成本的评估分析是指对招聘中产生的费用开支进行调查、核实，并对照预算进行评估分析的过程。

招聘成本的评估分析，能鉴定招聘效率的高低。如果成本低、录用员工质量高，就意味着招聘效率高；反之，则意味着招聘效率低。

经过招聘成本的评估分析，人力资源部门和企业决策者将清楚了解招聘成本费用的支出情况，区分哪些是应支出的项目，哪些是不应支出的项目，以提高今后的招聘效率。

招聘成本的评估分析主要包括招聘总成本效用分析、招聘成本效用分析、员工选拔成本效用分析和员工录用成本效用分析等。

主要分析公式如表 4.2-4 所示。

表 4.2-4　招聘成本评估分析

评估内容	评估公式
招聘总成本效用	录用人数 ÷ 招聘总成本
招聘成本效用	应聘人数 ÷ 招聘期间费用
员工选拔成本效用	被选拔员工数 ÷ 选拔期间费用
员工录用成本效用	正式录用人数 ÷ 录用期间费用

4.2.3.3　影响招聘预算编制的因素

招聘预算是企业全年人力资源成本预算的重要组成部分。在编制招聘预算时，人力资源管理部门需要考虑下列因素。

1. 现状因素

所有预算都是基于历史数据的预测，编制招聘预算的第一步就是收集招聘工作的历史数据并分析招聘现状。

开始编制招聘预算之前，人力资源管理部门应回答下面的问题。

① 在过去一年中，企业招聘了多少新员工？

② 这些新招聘的员工分别担任哪些岗位？

③ 哪一类的招聘渠道或方法比较有效？不同渠道或岗位的平均招聘成本分别是多少？

④ 过去一年入职的员工目前还留存多少？留存者中有哪些人得到提拔或晋升？有多少人已离职？离职原因是什么？

⑤ 招聘团队预计将有多大？平均每人目标的招聘产出是多少？

⑥ 团队内哪些员工比较有效率？原因是什么？

⑦ 目前招聘团队能力提升的瓶颈在何处？

⑧ 过去一年内，哪些招聘员工成长比较快？新的一年中，他们中的哪些人能承担更多职责？

通过解答上述问题，人力资源管理部门能在编制招聘预算之前，明确重点投入的渠道。这些解答不仅是招聘预算的编制依据，也是招聘计划内容的重要参考。

2. 目标因素

编制招聘预算之前，人力资源管理部门应进一步了解各业务部门的具体招聘需求。这些需求不仅应通过表格文件来传递，还应由人力资源管理部门向业务部门管理者进行直接咨询与讨论，进而获得更多资讯。

在沟通过程中，人力资源管理部门必须清楚业务部门预期交付的时间期限和确切目标，将之具体化和量化，形成任务，并根据交付时间期限按顺序记录。

开始实际招聘后，人力资源管理部门应结合进程，与各业务部门进一步沟通，完成对招聘工作的优化。例如，选择新的招聘渠道或供应商，了解和评估备选合作伙伴，以便从中选择最合适、性价比最高的渠道。

3. 时间因素

编制招聘预算时，人力资源管理部门应积极梳理招聘计划时间线，参考历史数据计算各时间段应招聘的人员数量。随后，人力资源管理部门可以结合招聘渠道或供应商提供的报价，推算应投入的成本金额，分解计算各时间段需要花费的成本金额。

表 4.2-5 所示为某企业销售部招聘计划预算。

表 4.2-5 某企业销售部招聘计划预算

岗位名称	计划招聘人数												重点招聘渠道	招聘预算
	1月	2月	3月	4月	5月	6月	7月	8月	9月	10月	11月	12月		
销售部														
客户经理														
商务助理														
小计														

4. 项目因素

招聘预算的编制，涉及不同项目内容，主要包括以下几种。

① 基础开支，如购买招聘网站套餐的花费、招聘员工薪酬和绩效激励。

② 固定开支，如招聘供应商花费、招聘活动花费。

③ 技术投入，如测评工具、员工和平台的费用，背景调查服务费用等。

④ 其他，如内部推荐项目、校园项目等。

人力资源管理部门可以针对开支比例最大的项目，制作预算明细表，将开支分开列表，避免因数字庞杂而失去焦点。

如表 4.2-6 是实际使用的项目预算明细。

表 4.2-6　线上招聘项目预算明细

线上产品分类	产品规格或内容	单价（元）	单位	数量	总计（元）
网络推广——某招聘网站校园频道					
热门招聘按钮广告（B2）	73 像素 ×32 像素；图片右侧最多 1 行文字，不超过 14 个字；下面 2 条文字广告，每条不超过 11 个字	10 000	周	2	20 000
最新招聘企业按钮广告（C1）	73 像素 ×32 像素；图片右侧文字最多 2 行，每行不超过 5 个字；下面 1 条文字广告，不超过 11 字	5 000	周	8	40 000
BBS 信息投放	目标高校 -BBS 信息投放	800	学校	40	32 000

4.2.4　如何编制培训计划和预算

在招聘中确定新入职的人力资源及其培训需求后，应积极开展培训计划和培训预算的编制活动。这两项活动是培训活动的起点和基础，同时也相互支撑和辅助。培训计划是培训预算的依据，而培训预算则是对培训计划的支持。

4.2.4.1　培训管理基本流程

培训管理的基本流程如下。

1. 明确培训需求

各业务部门提出明确的培训需求，人力资源管理部门也可就员工培训需求进行问卷或访谈调查。根据申请与调查结果，参照前一年度的绩效考核情况，综合得出不同业务部门、不同人力资源在不同层面上的培训需求。

2. 需求确认

结合企业战略目标和各部门业务目标、员工个人职业发展规划、企业培训计划等进行统筹安排，对培训需求进行分析后确认，获得决策层审批。

3. 编制计划

编制具体的培训计划，并加以执行。计划中主要的培训类型如下。

① 开发并培训企业内部讲师课程。

② 各部门交叉培训。

③ 外聘讲师来企业授课。

④ 企业委派员工外出培训。

4. 培训结果跟进

培训结果包括效果调查、成本核算和参与者反馈等。人力资源部门应积极了解培训结果，将结果与培训成绩提供给各个业务部门，完成培训总结。

4.2.4.2　培训计划与预算的关系

培训计划为企业培训活动确定具体目标，并为实现培训目标编制出具体的行动方案，即谁参加培训、培训内容是什么以及如何开展培训活动等。

培训预算是企业培训的具体财务计划，用于估算和预测一定时期（通常为 1 年）内企业的培训费用，以便控制培训成本。

1. 计划对预算的影响

编制培训计划能确保培训目标归属于企业战略目标，保证培训预算为企业战略目标服务。

培训计划还能保证培训预算的充分利用，协调预算使用过程中培训管理部门和相关部门的工作关系，有效控制培训活动。

在年度培训计划的编制过程中，应通过以下分析工作来为培训预算编制提供参考。

（1）业绩达成分析

业绩达成分析主要包括企业总体分析、各业务部门分析和未达成要素分析，从而归类整理需要通过培训解决的问题。

（2）人力资源能力与预期业绩匹配分析

人力资源能力与预期业绩匹配分析包括预期业绩分析、基于预期业绩的岗位要求分析、现有人力资源能力与岗位与其要求比对、培训方向和目标岗位匹配等。

（3）业务部门培训需求分析

业务部门培训需求分析包括业务部门问题交流与分析、业务部门人力资源能力评估、业务部门培训需求访谈及交流等。

（4）企业培训需求分析

人力资源管理部门应通过与决策者、管理者沟通培训中的问题和原因，获得他们对培训计划的认可，进而支持预算。因此，人力资源管理部门应在编制计划之前，充分研读企业的年度经营规划，形成具有充分执行可能的初步培训方案。

2. 预算对计划的影响

编制年度培训计划时，必须考虑培训预算问题。如果企业的培训预算没有足够能力去支持培训计划，培训计划本身打造得再完美也没有任何意义。编制培训预算，也能让培训计划更科学、合理。

编制培训预算的具体步骤如下。

① 与决策层沟通，确定了解他们关于预算投放的指导思想。

② 根据预算投放的指导思想，人力资源管理部门与财务部门、各业务部门

共同拟定或修改年度培训计划和培训预算。

③ 人力资源管理部门对各业务部门上报的培训预算进行评估和探讨，设定合理额度。

④ 将不同部门的培训预算汇总，形成年度培训总预算。

⑤ 将企业年度总预算上报决策层，获得审批。

3. 关系协调

在处理培训计划和培训预算关系的过程中，可采用下列方法协调。

先编制年度培训计划，根据年度培训计划的需要，编制年度培训预算。再结合企业的实际情况，调整和完善预算。

如企业预算管理严格，应首先编制培训预算。人力资源管理部门可以根据企业上年度纯利润的一定比例或人均培训经费来确定标准，编制培训预算，并在明确培训预算之后，再编制年度培训计划。

某些企业会要求提前对全年所有人力资源成本编制预算，其中包括招聘、培训、体检、管理等各项费用。此时，人力资源管理部门可以结合实际情况，对培训计划和预算进行灵活的协调与分配。

当然，培训预算和培训计划之间很可能产生冲突。其中最典型的现象就是预算无法保障计划，决策层甚至会要求人力资源管理部门用削减后的预算去完成原定的培训计划。想要解决类似冲突，最有效的办法就是强化企业的内部培训，建立内部知识扩散机制，大幅度减少培训成本。

4.2.4.3 培训成本的构成项目

培训成本是指企业培训员工过程中发生的所有费用。培训成本涵盖了培训准备工作、培训实施过程和培训后评估等各项活动的所有花费。

培训成本可按直接和间接进行划分。

直接培训成本是指在企业培训的实施过程中直接用于培训对象的费用，包括培训讲师成本、部分固定费用和运营成本。例如，培训讲师聘请费用、交通食宿费用、教室设备租赁费用、教材费用以及其他各项花费等。

间接培训成本是指在企业培训的实施过程之外，为培训项目所支付的费用，包括培训项目设定费、管理费，培训对象受训期间的薪酬福利、培训项目评估费用等。

4.2.4.4 影响培训预算编制的因素

影响培训预算编制的因素包括外部和内部两方面，具体构成如下。

1. 外部因素

外部因素主要是指国家政策导向、新的法律法规或行业规范、新的市场动向等变化。这些环境变化，会对员工现有的能力、知识、素养形成挑战，并直接造成企业培训费用的增加。

同时，人力资源市场和企业的发展变化也会对培训预算带来影响。

例如，某企业决定在西部地区设立分企业并在当地招聘，由于当地熟练工较少，新的分企业人力资源需求较大，所以用于培训的预算开支就会偏高。

2. 内部因素

企业新一年的内部情况变化会直接影响培训预算编制。例如今年是企业 5 年计划中的第 1 年，培训预算必然较高。

企业现有人力资源的素质高低也会决定培训预算的高低。人力资源素质越高，培训费用越低；反之则培训费用越高。

此外，培训内容结构同样影响预算开支。例如，普通培训的花费通常不高，而特殊或专项性质的培训的花费则较高。

值得一提的是，在内部因素中，决策者的态度是非常关键的。一项培训预算是否能付诸实践、发挥作用，几乎完全被决策者个人的意志所左右。为充分发挥这一因素的正面影响力，人力资源管理部门应当着重使用以下方法。

① 从效果出发。描述培训能发挥的效果，获得决策者的认同。

② 项目的不可或缺性。强调培训项目对企业新一年的工作有着关键性的重要作用，突出其价值所在。

③ 提升关键能力。例如，培训可以广泛提升人力资源队伍的管理能力和销售能力，从而为企业带来长远竞争力。

④ 设法获得业务部门的支持，拥有强大的“同盟军”。

4.2.5 如何编制其他人力资源成本计划和预算

其他人力资源成本计划和预算的编制，也离不开定编制、定标准、定总额 3 方面工作，必须始终围绕着企业经营发展的战略目标，逐层核定员工数量和成本标准，最终确定相关成本计划和预算的总额。

4.2.5.1 福利薪酬的成本预算编制

福利薪酬对员工极为重要。它不仅是薪酬的组成部分，同时也能满足员工对价值感的追求。福利薪酬的多少，能在很大程度上影响员工的情绪、积极性和能力发挥。做好福利薪酬成本预算编制，使其发挥更大效果，可以提升运营效率，产生良好效果。

不同企业有不同的福利薪酬成本预算编制方法，其共同的原则如表 4.2–7 所示。

表 4.2–7 福利薪酬成本预算编制的原则

原则	方法及政策	预算编制目标
对外公平	企业劳动力市场的界定，市场调查，遵循行业福利水平和国家的法律法规、政策	提高工作效率 降低企业成本 遵守法律法规的规定 遵循行业福利水平
对内公平	进行工作分析、工作描述、工作评价，福利结构合理	
员工公平	根据年资、绩效编制福利政策和奖励制度	
制度管理	形成计划和控制，传递信息	

无论何种形式的福利薪酬预算，都包含了不同比例的固定与变动部分。人力资源管理部门在编制该预算时，首先应当决定变动与固定部分的恰当比例，确保福利薪酬与总薪酬之间能达到平衡。此时，对诸如来自经济因素、竞争情况、文化因素的影响，企业需要加以重视。

编制福利薪酬成本预算的过程中，主要要做好以下工作。

1. 调查

在员工内部进行福利薪酬满意度调查，同时进行外部福利薪酬水平调查，了解本行业中竞争企业的福利薪酬水平。

由于行业之间存在差别，人力资源管理部门也应学会寻找更广范围的福利薪酬参数作为参照。

2. 评估

完成详细岗位分析和评估，编制岗位说明，为人力资源的个体绩效评价提供基础，以便让福利薪酬与绩效考核结果进行联动。

3. 建立绩效评估系统

在不同职级、不同部门中，实施月评估和年度评估相结合的方法。根据月评估结果，在每月薪酬结构中突出体现福利薪酬的动态变化。这样，企业人力资源队伍就能通过福利薪酬的动态变化，自我评价本月的工作表现，并不断调整。

4.2.5.2 与人力资源成本管理相关的财务管理规定

为让人力资源成本产生更大价值，人力资源管理部门需要和财务部门积极沟通协作，编制与人力资源成本管理相关的财务管理规定。主要包括以下预算规定。

1. 人力资源管理部门日常办公费用预算规定

人力资源管理部门日常办公费用可按照年度编制预算，也可分解到月度预算。应规定将以下费用纳入预算中，包括招待费、宣传费、交通费、通信费、差旅费和办公杂费等。

2. 业务部门人力资源管理工作预算规定

业务部门人力资源管理工作费用包括人力资源软件费用、咨询费用等，可以规定每年年初由人力资源管理部门编制专项预算。实际费用发生前，再履行报批手续。培训劳务费则由各业务部门提供计划后，由人力资源管理部门统一预算，也有的企业采取由业务部门提供各自费用预算的规定。

3. 汇总编制成本预算规定

各业务部门填报人力资源成本预算之后，统一由人力资源管理部门汇总。在汇总过程中，合并各部门所填报的人力资源成本预算中的重复部分，删减其中的冗余部分。如果存在部门计划或企业战略目标没有涉及的内容，则应由人力资源管理部门和业务部门进行具体沟通后，做出进一步调查。

人力资源管理部门在编制成本预算时，不仅担任汇总的角色，还应负责初步的审核责任，并通过与业务部门的沟通协作加以调整。

4. 人力资源成本预算审核的规定

人力资源成本预算是全面预算的重要组成部分，应事先设定制度，确定审批权限，并由决策层召开专门会议，对人力资源成本预算进行审议核准。在确保符合企业全面预算的前提下通过并执行人力资源成本预算。

5. 人力资源成本预算执行和跟踪的规定

人力资源成本预算的执行应分解到各个业务部门，根据不同部门工作开展的情况而同步进行。人力资源管理部门和财务部门负责对人力资源成本预算的执行情况进行监管，并明确各自的责任。

追踪监管人力资源成本预算的执行情况时，财务部门应将之和财务报表的编制相衔接，人力资源管理部门则负责对人力资源成本预算的完成情况进行预计，并与财务部门在核对账目后共同进行统计分析。

4.2.5.3 演练：如何运行企业人力资源的成本预算

人力资源成本预算的编制，离不开准确的依据、科学的方法、完整的评估，这是预算得以成功运行的关键。

1. 编制依据

首先需要找准人力资源成本预算的编制依据，主要包括以下因素。

① 企业决策团队确定的战略目标与人力资源战略规划。

② 企业本年度薪酬变化的指导思想。

③ 上一年度人力资源成本开支情况，也可以参考前几年的人力资源成本开支情况。

④ 本年度预测的内外环境条件变化。

⑤ 本地区薪酬指导线和最低薪酬标准。

⑥ 本行业在本地区平均薪酬水平。

⑦ 政府发布的本地区消费价格指数。

⑧ 政府发布的社保基数变化。

2. 编制方法

人力资源成本预算的编制，应根据周期、动态、资金等因素的不同影响，选择不同编的制方法。

① 静态预算。根据人力资源成本预算周期内固定业务量水平编制人力资源成本预算。

② 零基预算。将“0”作为人力资源成本预算周期内项目费用支出的起点，不考虑原有的基础。采用这一方法编制人力资源成本预算时，将每个项目纳入人力资源成本预算前都应参考可靠的模型，进行论证后再行确定。

③ 弹性预算。根据人力资源成本预算周期内企业经营能力的不同开发程度

编制人力资源成本预算，能适应不同的业务量水平。

④ 滚动预算。编制人力资源成本预算时，也可以将人力资源成本预算周期与会计年度分离。随着预算计划的执行不断延伸和补充，逐年向后滚动，从而使人力资源成本预算周期始终能保持在固定期间。

外部市场不断变化，企业内部条件也在不断调整，这就需要人力资源成本预算编制方法灵活多样。在实际编制过程中，人力资源管理部门通常应采用弹性预算和滚动预算的编制方法。

3. 编制流程

（1）成立编制机构

成立人力资源成本预算审核委员会，该委员会主要成员包括企业决策团队成员、各职能部门管理人员，共同负责人力资源成本预算的审核工作。人力资源成本预算编制小组可以由副总经理、人力资源经理、人力资源部成员、财务部成员及部分职工代表组成，负责人力资源成本预算的编制工作。

（2）编制计划

人力资源成本预算编制小组成员进行集体研究论证，形成编制计划，该计划包括编制思路、规划、编制进度、编制小组成员分工等。

（3）选择编制方法

人力资源成本预算编制小组成员进行讨论，结合企业的实际情况，选择人力资源成本预算的编制方法。

（4）分析人力资源成本的影响因素

对可能影响人力资源成本的因素进行汇总，尽可能确保全面细致。如果有可能，还应对不同影响因素在近年来的发展趋势加以分类汇总。随后，对所有相关的影响因素发展趋势做出分析、预测、统计和归纳。最后，形成详细的分析报告。

（5）起草与编制

结合上一步骤中的预测报告，进行人力资源成本预算的起草和编制工作。编制时，应从人力资源成本的组成部分考虑，保证明确和清晰。通常需要建立人力资源成本预算表，进行逐项填写并汇总。

在使用人力资源成本预算表时，应充分考虑各项可能变动的因素，留出修改的空间，以备预算外的支出。

（6）审核

形成初步的人力资源成本预算后，将其提交给企业人力资源成本预算审核委员会进行审核。人力资源成本预算审核委员会形成审核结论后，将结论合格的人力资源成本预算转交到确认环节。对其中需要修改的内容，则应转回人力资源成本预算编制小组，由小组重新进行修改完善，最终由企业的最高决策者进行确认批准，并将批准后的人力资源成本预算交由人力资源部门实施。

第5章

人力资源管理部门财务融合：如何四维度分析人力资源成本

与企业中的所有业务一样，人力资源管理也需要进行成本核算。在此过程中，人力资源管理部门应通过多维度的统计与分析，进一步融合财务管理知识，有效管理人力资源成本。

5.1 为什么要进行人力资源成本分析

随着劳动年龄人口占总人口比例的逐渐减少，企业人力资源成本逐年上升，企业对人力资源成本愈加重视。为此，人力资源管理部门应充分重视人力资源成本分析的必要性，将之放到更重要的工作位置。

5.1.1 人力资源成本分析的必要性

人力资源成本分析不仅能准确体现企业人力资源成本的变化情况，也是人力资源成本规划、薪酬调整的依据。做好人力资源成本分析，企业才能更好地了解内部人力资源成本。企业通过对员工流失率、员工稳定率等数据的分析，能确保招聘和培训成本的使用效率，带来积极影响。

具体来看，人力资源成本分析的必要性体现在以下方面。

1. 合理控制人力资源成本

人力资源成本分析有利于合理控制人力资源成本。人力资源管理部门站在企业角度，合理地分析人力资源成本，可以最大限度控制有效成本，降低无效成本，从而在设定薪酬预算和方案时，做到为企业全面考虑。

例如，某企业薪酬的增长速度在 2018 年大大超过了产值增长速度。这一年，该企业人力资源成本增长了 40%，但产值只增长了 23%，即便如此，还是有不少人抱怨，进企业好几年了，只加过一次薪。

随后的人力资源成本分析发现，该企业不少部门内的层级过多，甚至出现整个部门内每个经理都会配备一个助理文员的情形，产生了很多无效人力资源成本。

该企业没有充分做好人力资源成本分析，导致无效人力资源成本越来越多，影响业绩的增长。

企业想要有效控制人力资源成本，必须在正确分析人力资源成本的基础上，降低无效成本，提升员工的工作效率。

2. 提升薪酬竞争力

人力资源管理部门可以通过人力资源成本分析，结合社会薪酬水平调查结果，增强企业薪酬的市场竞争力。在不增加企业负担的前提下，尽量让员工获得更多收益，从而提升士气、吸引更多的优秀人才。

5.1.2　人力资源成本分析的价值

人力资源成本分析，能让人力资源成本信息发挥新作用，产生新意义。当人力资源管理部门费尽千辛万苦，收集了竞争对手与本企业的人力资源成本信息，掌握了大量人力资源成本数据之后，只有通过进一步的分析，对其进行多维度、多方面的比较，才能获得客观、准确的预算凭据。

人力资源成本分析基础指标如图 5.1–1 所示。

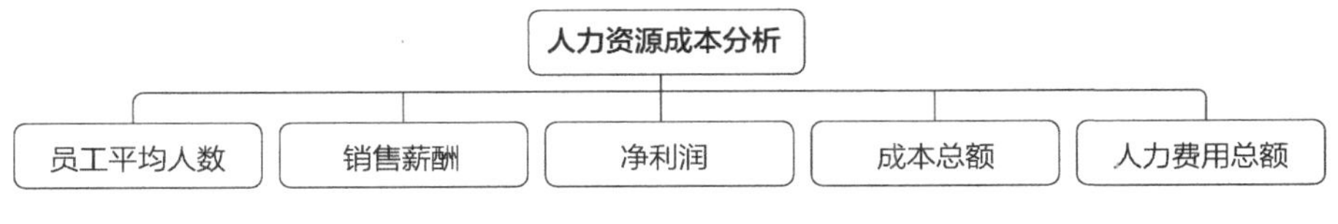

图 5.1–1　人力资源成本分析基础指标

除此之外，人力资源成本分析还围绕人均人力资源成本、总成本人力资源成本含量、单位产品成本人力资源成本含量、人事费用率、人力资源成本贡献率、劳动分配率等数据进行。比较和研究这些数据，可以为编制人力资源成本预算提供有效价值。

例如，某企业人力资源成本增长了 10%，但其营业额反而下降了 2%。如果缺乏有效的人力资源成本分析，就很难发现该企业真正的问题。通过人力资源成本分析，该企业人力资源管理部门发现在生产流程中用于沟通、等待、确认的环节太多，严重影响了人力资源的作用发挥，导致了营业额与利润的下降。

人力资源成本分析，还能帮助企业决策者及时发现问题，据此调整人力资源成本结构。决策者在分析结果的基础上，对各项人力资源成本支出和投入能做出更合理的安排，既能保证人力资源成本水平合理提高，又能促进相对人力资源成本具备竞争优势。

5.2 从成本角度进行分析的方法

尽管人力资源成本意义特殊，但其终究属于企业全面成本的一部分。因此，人力资源管理部门首先需要从财务管理角度对其进行认识和分析。

5.2.1 人力资源成本的行业分析

分析人力资源成本时应将之置入企业的行业环境，积极观察行业内竞争对手的人力资源成本数据，实际比较后得出结论。

例如，互为竞争对手关系的 A 企业和 B 企业，其 2019 年营收、利润与人力资源成本的比较如表 5.2-1 所示。

表 5.2-1 A、B 企业营收、利润与人力资源成本比较

项目	A 企业	B 企业
主营业务收入（亿元）	100	62
净利润（亿元）	9.5	2.8
员工人数（人）	6 000	4 000

续表

项目	A 企业	B 企业
运营成本（亿元）	60	38
人力资源成本（亿元）	20	15
净利润率（%）	9.5	4.52
平均人力资源成本（万元）	33.33	37.50
劳动生产率（人均产值，万元）	166.67	155.00
人力资源成本占运营成本比重（%）	33.33%	39.47%

作为竞争对手，B 企业的营收、利润等财务指标的表现均不如 A 企业。在人力资源成本管理表现上，B 企业的平均人力资源成本和人力资源成本占运营成本比重这两个指标均高于 A 企业，说明 B 企业的人力资源成本管理效率存在问题。

人力资源管理部门应利用该案例的操作方法，将同行业、同类企业或竞争对手的人力资源成本数据与本企业的数据进行对比分析。这一方法能帮助人力资源管理部门了解本企业人力资源成本是否具备充分竞争力，便于尽快找出差距，确定优化方向。

5.2.2　人均人力资源成本的核算与分析

人均人力资源成本等于企业在一定时间（通常为年度或月度）内花费人力资源成本的总和除以该企业年度（或月度）加权员工数量。

由于各业务部门和各类岗位人力资源薪酬相差较多，所以也可以细化为每个部门人均人力资源成本或各类岗位人均人力资源成本。

在实际操作中，对每个部门、每个产品甚至每个工序，都可以计算人均人力资源成本，以便更好地进行横向和纵向的比较。

例如，生产岗位人均人力资源成本能体现生产岗位的人力资源成本花费情况。单位产品人均人力资源成本反映产品成本的水平状况，表明企业生产某种产品时人力资源成本的投入情况，可以帮助企业衡量具体产品市场竞争能力的强弱。

人均人力资源成本能反映企业人力资源成本水平的高低，显示企业内员工平均薪酬的高低、聘用员工大致需要的人力资源成本支出、企业在人力资源市场上对人力资源的吸引力程度等。人均人力资源成本也能反映企业职工的薪酬和保险福利水平，并以此作为企业向人力资源市场提供的价格信号。

使用“人均人力资源成本”概念还能在增加或减少人力资源时，计算出因此增加或减少的成本，便于在行业竞争中与同行业企业比较。

企业如果想要提升人力资源的工作积极性，吸引高素质的人力资源，就应建立人均人力资源成本指标，对人力资源成本进行更全面的分析与控制，有利于企业生产发展。

5.2.3 人力资源成本的核算与分析

现代企业内，人力资源管理部门需要对人力资源进行成本核算，根据核算结果，分析企业人力资源所产生的整体价值，解决由此暴露的管理问题。

人力资源成本核算是人力资源成本控制的基本步骤，其核算方式为计算企业在一定时间内（通常为 1 年）在生产经营过程中支付的所有直接和间接的人力资源成本费用。

企业对人力资源成本进行核算与分析，有利于以数据化的方式直观呈现人力资源情况。这种核算与分析方法，对人力资源的开发有着极好的辅助作用，使企业能及时针对管理中出现的问题进行全面分析，并采取正确的措施。同时，企业人力资源的长远配置，也能由此实现优化，使人力价值得到最大化的发挥。

对人力资源成本数据进行分析核算时，重点应了解以下部分。

1. 人力资源成本增长率、人力资源成本增加值

前者是当期人力资源成本与上一统计周期人力资源成本对比的增长百分比，后者则是人力资源成本增加的绝对数值。

表 5.2-2 所示是某企业人力资源成本增长分析。相较于 2018 年，该企业 2019 年的人力资源成本总额增加值为 15 万元，增长率为 6.82%。相较于营业收入、利润总额和净利润的增加值和增长率，人力资源成本总额的增加值和增长率都是最少和最低的，也证明了该企业该年度人力资源管理工作卓有成效。

表 5.2-2　某企业人力资源成本增长分析

项目	定义	2018 年	2019 年	增长率
营业收入（万元）	—	2 000	2 400	20%
利润总额（万元）	—	500	550	10%
净利润（万元）	—	425	468	10.12%
人力资源成本总额（万元）	支付的所有直接和间接人工费用	220	235	6.82%

2. 人力资源成本组成分析

人力资源成本的组成结构，可以进一步说明企业运营过程中被忽视的特征。一张简单的人力资源成本组成分析表，甚至能揭示企业的经营特点。表 5.2-3 所示为某企业人力资源成本组成。

表 5.2-3　某企业人力资源成本组成

金额单位：万元

员工数	直接人力资源成本	基本薪酬		岗位薪酬		加班薪酬		企业支付社保		企业支付住房公积金	
		金额	比例	金额	比例	金额	比例	金额	比例	金额	比例
545	468	258	55%	55	12%	28	6%	96	20%	31	7%

可以看出，该企业的直接人力资源成本中并没有变动薪酬或奖金，说明该

企业并非是一家以绩效为导向的企业，其人力资源薪酬稳定，团队能持续创造利润。

3. 总成本人力资源成本含量

总成本人力资源成本含量即人力资源成本占企业总成本的比例。

例如，某造船企业每月人力资源成本为 600 万元，每月总成本为 3 000 万元，该企业总成本人力资源成本含量为 600 ÷ 3 000 × 100%，即 20%。

总成本人力资源成本含量是体现劳动效率状况的指标，用于确定人工费用的定额。

4. 单位产品成本人力资源成本含量

企业生产同规格的单一产品，其单位产品成本人力资源成本含量为人力资源成本在单位产品成本中所占的比例。如果企业生产不同类型的产品，还需要分别核算不同产品的总成本和人力资源成本，再分别计算单位产品成本人力资源成本含量。

5.2.4　工具：样板表格与数据分析

在实际操作中，人力资源管理部门应结合运用表格工具，对人力资源成本组成、总成本人力资源成本含量、单位产品成本人力资源成本含量等数据进行积极的比较分析。

常见表格工具如表 5.2-4 和表 5.2-5 所示。

表 5.2-4　人力资源成本构成

项目	1 月	2 月	3 月	4 月	5 月	6 月
基本 / 计件薪酬						
岗位薪酬						
变动薪酬						

续表

项目	1 月	2 月	3 月	4 月	5 月	6 月
绩效奖金、其他奖励						
加班薪酬						
全勤奖或考纪薪酬						
工龄补贴						
其他补贴						
企业支付社保						
企业支付房补 / 公积金						

表 5.2-4 清楚展现出企业的人力资源成本构成因素，使用者可以直观解读其中每项成本的数值和所占据的比例，便于同市场平均水平和具体竞争对手比较。

表 5.2-5　人力资源成本含量指标对比

企业	总成本人力资源成本含量		单位产品成本人力资源成本含量	
	2018 年	2019 年	2018 年	2019 年
A 企业	12%	10%	30%	28%
B 企业	10%	12%	28%	30%

表 5.2-5 可用来对总成本人力资源成本含量和单位产品成本人力资源成本含量进行两方面的比较。

1. 纵向比较

总成本和单位产品成本中的人力资源成本含量上升，说明该段时间内人力资源成本管理效果不佳，如表 5.2-5 中的 B 企业；反之，则说明人力资源成本管理效果良好，如表 5.2-5 中的 A 企业。

2. 横向比较

与同行业竞争对手比较，总成本和单位产品成本人力资源成本含量较高的一方，其人力资源成本控制就有所欠缺。例如在 2019 年，表 5.2–5 中的 B 企业相对于 A 企业在人力资源成本控制上略显不足。

在常用的企业利润表中，人力资源成本通常并不单独列支。如有必要，可将人力资源成本的预算和实际开支列表对比，便于为企业决策者提供判断依据。

5.3 从效益角度进行分析的方法

只从成本控制角度评价分析企业人力资源成本，显然会导致片面性。这一视角过多限制在成本领域，无法全面关注人力资源成本在企业发展过程中的变化趋势。

为对企业人力资源成本进行更客观的分析评价，人力资源管理部门还应积极拓展，进一步从企业效益角度进行分析。

实际上，人力资源成本既是为取得经济效益而必须付出的“代价”，也是企业从所创造经济效益中拿出来补偿员工劳动消耗的“分配”。因此，人力资源管理部门既可以将其看作生产投入的成本，也应积极将之定义为人力资源资本的增值。所以，人力资源管理部门必须影响与引导企业决策层，从生产和分配关系、投入和产出关系的角度，让人力资源成本与企业经济效益形成充分联系。

在此过程中，需要积极利用以下三个重要指标的核算与分析。

5.3.1 人事费用率的核算与分析

人事费用率是人力资源成本效益指标之一，是指人力资源成本总量与销售收入的比率。这一指标表示在一定时期内，企业生产和销售的总价值中，用于支付人力资源成本的比例，同时也表示企业内人均薪酬与劳动生产率的比例关系、生产与分配的关系、人力资源成本要素的投入产出关系。

目前，一些企业由于习惯性原因或生产经营过程的复杂性，在一定时期内，无法完全准确地统计增加值，也就难以通过人力资源成本占增加值的比例指标来体现人力资源成本管理状况。这种情况下可以积极运用人事费用率指标的分析与考核。

例如，某企业年报显示，2019 年上半年，该企业人力资源成本支出为 2.43 亿元，同期营业收入为 32.3 亿元，其人事费用率即为 2.43 ÷ 32.3 × 100%，即 7.52%。

人事费用率能说明人力资源成本投入与企业总体产出的比例关系，体现人力资源成本占企业总收入的份额，也能说明人力资源薪酬和劳动分配率的对比关系，可以比较方便地用于企业与竞争对手之间的横向比较。

在同等情况下，人事费用率越低，表明企业对人力资源成本的使用效率越高；反之，人事费用率越高，说明企业经济效益下降的可能性越大。通常而言，理想的人事费用率应在 10% 以下，情况良好的企业，其人事费用率甚至能常年保持在 3% ~ 5%。

图 5.3-1 所示为某企业人事费用率指标趋势。对图 5.3-1 分析可知，该企业人事费用率在 6 月达到最低，说明该月的人力资源成本控制得最好。

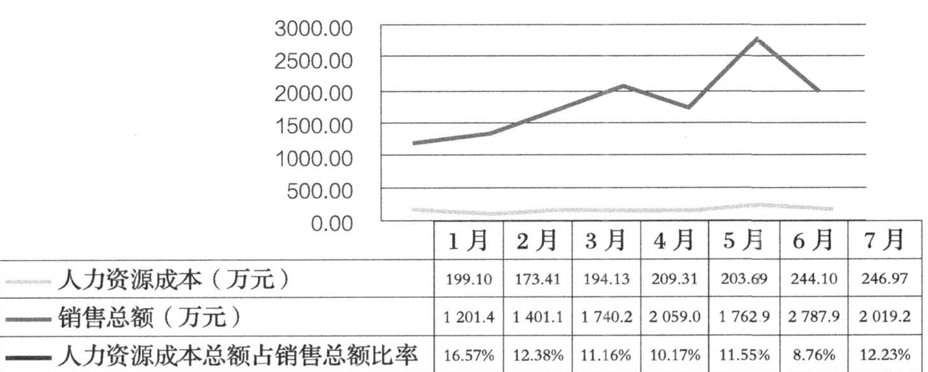

	1月	2月	3月	4月	5月	6月	7月
人力资源成本（万元）	199.10	173.41	194.13	209.31	203.69	244.10	246.97
销售总额（万元）	1 201.4	1 401.1	1 740.2	2 059.0	1 762.9	2 787.9	2 019.2
人力资源成本总额占销售总额比率	16.57%	12.38%	11.16%	10.17%	11.55%	8.76%	12.23%

注：人力资源成本总额占销售总额比率数值过小，几乎与横轴重合。

图 5.3-1　某企业人事费用率指标趋势

人事费用率还能与人力资源成本占总成本的比例数据结合分析，以发现企业存在的更深层次的管理问题。

例如，某企业的人事费用率与同行业相比明显偏高，高出水平接近 2 倍。与此同时，该企业人力资源成本占总成本的比例却又明显偏低，还不到同行业竞争对手的 75%。经过分析发现，该企业花费了大量人力资源成本，却没有创造出良好的效益，很大原因在于其管理体系粗放，其他成本投入过多，成本控制能力相比行业内其他企业而言，处于非常落后的状态。

值得注意的是，人事费用率是价值指标会受到产品市场价格变动的干扰，很容易影响纵向比较的科学性。为弥补这一缺陷，可以考虑使用不变价格来计算人事费用率。

5.3.2 人均效率（人力资源成本贡献率）的核算与分析

人均效率又称为人力资源成本贡献率、人力资源成本利润率，是指企业利润占人力资源成本投入总额的比例。人均效率等于一定期间内企业利润总额除以同期人力资源成本总额后得到的百分比。

人均效率是衡量企业人力资源成本投入产出效益的重要指标。在实践工作中，人力资源管理部门可以使用下列 3 个人均效率的细分指标，其组成如表 5.3-1 所示。

表 5.3-1 人均效率细分指标

细分指标名称	含义
每百元人力资源成本所创增加值	企业每投入 100 元人力资源成本所产出的增加值
每百元薪酬所创增加值	企业每发放 100 元薪酬所产出的增加值
每百元人力资源成本所创销售薪酬	企业每投入 100 元人力资源成本所产出的销售薪酬

人力资源成本贡献率是为强化企业内部薪酬分配调控而形成的数据指标。企业对其正确分析与考核，能有效刺激生产与发展，提升经济效益，确保人力

资源薪酬和企业经济效益同步增长。这一比率体现了企业新创造价值中，人力资源直接和间接获得的全部薪酬与企业利润之间的关系。因此，在同行业企业中，人力资源成本贡献率越高，表明企业内单位人力资源成本取得的经济效益就越高，人力资源成本相对水平就越低。

人力资源成本贡献率的变动趋势大体上能说明企业经营环境状况的变化情况。当人力资源成本贡献率下降，就应着重分析原因、解决问题。例如，问题在于产品销路不畅，就应尽快努力调整产品结构；如果是由于原材料涨价或人力资源成本过快增长，就应积极采取措施，降低相应成本。

人力资源成本贡献率的变化情况不仅能体现单个企业的经营情况，也可以折射出某个行业在一段时间内面对的共同问题。

表 5.3-2 所示为某市部分行业企业每百元人力资源成本所创销售薪酬情况对比。

表 5.3-2 某市部分行业企业每百元人力资源成本所创销售薪酬情况对比

行业	每百元人力资源成本所创销售薪酬（元）		本年度比上年度变化（%）
	上年度	本年度	
制造业	1 560	1 495	−4.17
建筑业	1 583	2 550	61.09
交通运输、仓储及邮政业	1 442	612	−57.56
信息传输、计算机服务和软件业	793	1 743	119.80
批发和零售业	3 239	1 614	−50.17
住宿和餐饮业	491	624	27.09
房地产业	1 475	1 462	−0.88

分析表 5.3-2 可以发现，制造业、交通运输等行业、批发和零售业、房地产业每百元人力资源成本所创销售薪酬实际上在下降，这说明了上述行业人力资源成本产生的效益在降低。

面对人力资源成本贡献率下降，企业解决的方法不外乎两种：要么是在保证企业持续有效经营的前提下，减少人力资源的使用量；要么是通过提升管理效率、更换机器等方式，提升单位人力资源的有效产出。

5.3.3 劳动分配率的核算与分析

劳动分配率是指一定时期内企业人力资源成本占企业增加值总额的比例。

劳动分配率是集中反映企业人力资源成本投入产出水平的指标，也是衡量企业人力资源成本相对水平的重要指标，其表示企业在一定时期内新创造的价值中有多少比例用于支付人力资源成本。

劳动分配率代表了分配关系和人力资源成本要素的投入产出关系。分析自身的劳动分配率时，企业可在不同年度的数值之间进行纵向比较，也可以和同行竞争对手进行横向比较，以判断人力资源成本相对水平的高低。

劳动分配率的分析结果，可以说明以下两方面的关系。

首先是分配关系，劳动分配率能说明人力资源成本在企业新创造价值中的份额，以及人均薪酬与劳动生产率之间的对比关系。

其次是投入产出关系，即人力资源成本投入产出比。它是体现人力资源成本效益的相对指标。通常而言，劳动分配率越低，企业盈利能力就越强。

目前，绝大多数企业的劳动分配率通常在 50% 以下。其中，大型企业的劳动分配率通常为 40% 左右，效益好的中小企业的劳动分配率为 20% ~ 30%，落后企业的劳动分配率甚至会低于 10%。这从侧面反映了企业需要密切关注劳动分配率的问题，推动企业人力资源发挥更大的作用。过高的劳动分配率也需要引起企业的警觉，一旦劳动分配率超过 50%，就说明企业存在人事费用过高、附加价值过低的现象。最理想的状态是劳动分配率能大致保持不变，而人事费用或人均人事费用、增加值或人均增加值能同时提升。

例如，某制造型企业面对市场不断兴旺发展的良好机会，由于劳动力不足而严重制约了其扩大市场份额的计划的开展，连常规的生产制造周期都无法保证，不仅难以扩大市场，反而丢失了部分市场，甚至失去了部分老客户。这一切的端倪，其实企业都能通过对劳动分配率的分析发现。

分析该企业成本构成可见，材料费占 28%、劳务费占 26%、固定资产费占 15%、动能费占 5%、管理费占 5%、毛利占 21%。影响该企业成本的主要要素在于材料费、劳务费和固定资产费等。这些成本要素所占比例过大，会直接或间接导致劳动分配率过高，使企业劳动生产率受到影响。

5.3.4　工具：样板表格与数据分析

表 5.3-3 所示是某企业人力资源成本效益分析，读者可以借鉴使用。

表 5.3-3　某企业人力资源成本效益分析

项目	定义	上年度	本年度	变化比例
营业收入（元）		20 000 000	24 000 000	20.0%
利润总额（元）		5 000 000	5 500 000	10.0%
净利润（纯薪酬）（元）		4 250 000	4 675 000	10.0%
人力资源成本总额（元）	支付的所有直接和间接人工费用	2 200 000	2 350 000	6.8%
薪酬总额（元）	支付给员工的薪酬、奖金及各项津贴	1 800 000	1 990 000	10.6%
企业增加值（元）	企业增加值 = 人力资源成本 + 生产税净额 + 固定资产折旧 + 营业盈余	3 890 000	3 995 000	2.7%
人力资源成本贡献率（元）	每百元人力资源成本所创利润	193.18	198.94	3.0%
	每百元人力资源成本所创销售薪酬	909.09	1021.28	12.3%

续表

项目	定义	上年度	本年度	变化比例
劳动分配率	一定时期内人力资源成本总额 ÷ 同期企业增加值总额 ×100%	56.6%	58.8%	3.9%
	一定时期内人力资源成本总额 ÷ 销售薪酬	—	—	—

分析表 5.3-3 可知，该企业本年度营业收入比去年增长了 20%，利润总额和净利润都增长了 10%，企业增加值增长了 2.7%、人力资源成本总额只增长了 6.8%。这说明该企业在去年的经营中，较好地管理了人力资源成本预算，提升了人力资源使用效率。不过，该企业薪酬总额增长了 10.6%，略高于利润总额的增长，该企业应考虑在薪酬结构上做进一步调整。

此外，该企业的每百元人力资源成本所创利润、每百元人力资源成本所创销售薪酬有所增加，劳动分配率变化较小，均表明企业人力资源成本管理健康有序。

5.4 从薪酬角度进行分析的方法

从财务管理体系上看，员工由于雇佣关系从企业那里获得的各种形式的经济收入、有形服务或福利等都属于薪酬。任何企业都能通过薪酬分析来了解人力资源成本是否合理，进而实现更好的成本控制。

5.4.1 薪酬总额与人力资源成本总额对比分析

将薪酬总额与人力资源成本总额对比分析，是人力资源成本分析与规划过程的重要部分，其目的在于确保企业财务支出的可调性和可控制性。通过将薪酬总额与人力资源成本总额进行对比分析，企业决策时，就能将企业的财务状况、面临的市场竞争压力和薪酬预算、薪酬控制等问题结合在一起考虑。

实际进行薪酬总额与人力资源成本总额对比分析时，企业人力资源管理部门需明确以下 4 点。

① 薪酬总额是包含在人力资源成本总额中的，是为企业战略服务的。如果薪酬总额的计算方式与人力资源成本总额的计算方式不能统一，不能共同体现企业战略目标是否达成，就会导致人力资源成本分析的整体失败。

② 薪酬总额的计算并不一定要以年度为单位。尤其是那些业务范围大、市场变化迅速的企业，由于难以预料一年之内的业务走向，更应将薪酬总额与人力资源成本总额对比分析的时间段控制在季度或月度之内。

③ 即使薪酬总额的决算数据与预算数据有差距，也不能放弃将其同人力资源成本总额数据进行对比分析。否则，人力资源管理部门就很难在人力资源成本总额分析过程中获得强有力的话语权。

④ 薪酬数据必须要和企业财务部门的口径保持一致，准确定义哪些项目应该被纳入薪酬总额，方便与人力资源成本总额进行对比分析。

5.4.2　月度 / 年度薪酬成本分析

每个月度、年度内，许多企业都要组织人力资源成本分析讨论会议。其中，薪酬成本分析是必不可少的内容。

通常应按以下 3 个步骤完成薪酬成本分析。

1. 设定薪酬成本分析模型

薪酬成本分析模型通常有以下内容。

（1）薪酬成本构成

薪酬由工资、奖金或佣金、企业承担的保险费用和公积金等组成。其中，工资、企业承担的保险费用和公积金属于固定薪酬成本部分，而奖金或佣金则根据业绩的变化而变化，属于变动薪酬成本部分。

（2）成本联系

在企业内，与固定薪酬成本相关联的要素是人力资源编制和结构；与变动薪酬成本相关联的要素则是企业、部门或员工的业绩。在设定薪酬成本分析模型时，应将这两大内容加以区分。

（3）计算逻辑

固定薪酬成本的计算逻辑比较简单，可以直接通过人力资源编制与结构进行分析导入。变动薪酬成本则需要根据不同要素，设定不同的计算逻辑。例如，根据不同的产品或项目，设定不同的变动薪酬方案。

2. 输入各类数据，形成分析结论

一般情况下，结构模型是在年初设定的。企业可在每个季度结束或每年结束之前，将各类薪酬数据汇总输入模型，形成分析结论。

该分析主要采取当月、历史同期或年度累计等方式，以不同业务部门为单位，对企业薪酬成本占人力资源成本的比例进行统计，并对人均效率、业务部门薪酬产出比进行统计。

3. 预测和建议

在对现有薪酬成本数据分析的基础上，由人力资源管理部门向企业提出预测意见与改进建议，强化对人力资源成本的控制。改进建议主要包括人力资源编制和结构分析、不同部门或岗位效率分析和建议以及薪酬方案调整建议等。

5.5 从管理角度进行分析的方法

从管理角度对成本进行分析，应按照一定的原则，采取一定的方法，利用成本管理计划、成本管理核算和其他有关管理资料，控制实际成本的支出，揭示成本计划的完成情况，剖析成本升降的原因，寻求降低成本的管理途径和方法。其中，又以招聘、管理和人力资源流动的成本核算与分析最为重要。

5.5.1 招聘成本的核算与分析

招聘成本的重点核算与分析内容包括直接成本、内部成本、外部成本和机会成本等。

1. 直接成本

直接成本主要包括广告费、招聘会费用、猎头收费、职业中介机构收费、员工推荐人才奖励费用、校园招聘费用和互联网招聘费用等。

2. 内部成本

内部成本主要为企业内招聘员工的薪酬及部门管理费用。该成本是企业进行招聘成本核算与分析时最容易被忽略的部分，实际上，它在招聘成本中占有相当大的比例。尤其是有时只通过一次招聘流程无法获得足够的合适人选，需要重复两三次，由此带来招聘成本的翻倍提升。

3. 外部成本

外部成本通常指当企业进行外部招聘或异地招聘时，由于派遣员工前往，所产生的交通补贴、住宿费和安置费等。

4. 机会成本

在招聘过程中，机会成本往往会是一笔可观的费用，但经常被忽略。机会成本包括招聘到的合适员工能为企业创造的效益；招聘到的员工不匹配岗位要求所带来的经济损失，包括管理费、试用期薪酬、培训费、办公费以及重新招聘所需的费用。

5.5.2 管理成本的核算与分析

企业的成本中，不仅存在对外的交易成本开支，同样也有着管理行为带来的成本。从广义上讲，企业管理行为对资源的消耗，包括企业和员工造成的经济、精神、形象、信誉等各方面的开支，这些资源消耗均为管理成本。

管理成本是衡量企业经营管理水平的重要指标。企业不能将管理成本当成“万用箱”，不能将所有区分不清性质的资金耗费都计入管理成本。只有仔细核算与分析管理成本，才能清楚企业管理体系中的现存问题。

对企业的管理成本进行核算与分析时，主要应从以下方面进行。

1. 强化对管理成本的管理与控制措施

企业内要建立健全相关的关键性岗位，明确岗位职责。每年年初企业应根据发展的战略目标，编制与管理相关的成本计划。

编制管理成本计划时，应采用“零基预算法”。

① 由企业预算管理部门提出年度战略目标、管理成本计划的具体要求，下发到不同的部门、单位，要求其根据总目标与自身职责，编制各自的管理成本计划。

② 预算管理部门汇总各部门的管理成本计划，并报请审批。

③ 根据各部门的管理成本计划，分解管理成本计划指标到各个部门，由其负责成本费用的落实并承担相应的责任。

④ 执行管理成本计划并设立规范化业务流程和授权审批制度。

⑤ 强化对管理成本计划执行情况的督查，对未能完成管理成本计划任务或者执行不力而造成损失的部门、员工，除责令其采取补救措施外，还应予以追责。

2. 对管理成本计划指标完成情况的分析

企业应对管理成本计划指标执行情况及其结果进行分析。

分析时，可以根据管理成本的性质或用途，将其分为 4 类，分别是单纯的行政管理成本、维持经营能力的成本、促进企业发展的成本和承担社会责任的成本。

（1）完成度分析

完成度分析可以从绝对数与相对数两方面着手。

绝对数分析的计算方法为实际完成数减去年初计划数。计算结果大于 0，说明超额完成管理成本计划，计算结果小于 0 则说明未完成管理成本计划。

相对数分析的计算公式为：（实际完成数 ÷ 年初计划数）× 100%。计算结果大于 100% 则说明超额完成管理成本计划，计算结果小于 100% 则说明没有完成管理成本计划。

（2）年度间变动情况分析

企业可以运用管理成本率指标进行分析，其计算公式为：（管理费用 ÷ 主营业务收入）×100%。该指标说明每 1 元的管理成本产出多少主营业务收入。

该指标主要用于不同年度之间管理成本的比较，通过比较，企业能考核年度管理成本的波动性。如果不同年度之间的管理成本数额差别不大，说明企业的运转情况正常；反之则可能存在问题，企业需要采取积极措施，切实解决管理成本运用的问题，促进企业健康、有序发展。

5.5.3　人力资源流动成本的核算与分析

越来越多的企业意识到人力资源的流动性也应是成本分析的重要角度，为此，大多数企业人力资源管理部门开始计算员工月度或年度的流动率。然而，由于缺乏对计算人力资源流动成本重要性的认识，或者不清楚该成本的具体构成，很多企业并没有完整计算出人力资源流动成本，最多将之狭义理解为员工离职成本或替换成本等。

实际上，人力资源流动的间接成本，要远远高于其造成的直接成本。但企业在面对人力资源的损失或流失时，更多只想到过往或当前人力资源的损失或流失，却忽略或低估了人力资源流动对企业造成的中长期影响。

1. 人力资源流动成本经验计算方法

人力资源流动成本经验计算方法为：离职员工的全年薪酬收入乘以损耗率。损耗率的范围通常在 25% ~ 250%。

这一方法缺乏对人力资源流动成本的细分，因此只能是粗略、保守的估算。此外，该计算方法并没有完全考虑企业在员工离职、职位空缺、替代、生产率、士气和培训等方面的成本损失。

2. 人力资源流动成本模型计算法

通过建立人力资源流动成本分析模型，企业能对成本类别进行细分、了解差异。企业对这种差异加以剖析，可以获得更精确的流动成本核算结果。

常用的人力资源流动成本分析模型如下。

模型一，即雇佣成本、培训成本和损失的生产率成本模型法。其中，损失的生产率成本是指新人力资源和离职人力资源之间的工作绩效差异导致的生产率下降带来的损失。

模型二，包括了上述模型中的三大基本分类，同时增加了岗位空缺成本类别。

模型三，包括离职成本、替换或招聘成本、培训成本和学习曲线损失。学习曲线损失中，一般认为新人力资源的生产率较低，学习时间和成本较高，但也不绝对，有时新人力资源的生产率未必低于离职人力资源的生产率。

在上述模型基础上，企业可以得出人力资源流动成本模型的计算公式，即人力资源流动成本 = 离职成本 + 岗位空缺成本 + 替换或招聘成本 + 培训成本 + 损失的生产率成本 − 节约的成本。

该公式对人力资源流动成本进行了细分，因此其分析得出的人力资源流动成本更精准、具体。

5.6　案例剖析：某企业薪酬总额控制办法与招聘成本控制方法

企业在实际运营中，薪酬总额与招聘成本的控制是至关重要的。企业能选择和运用的方法很多，这些方法都存在各自的优势和不足。因此，企业更应针对自身特点而有所侧重。

L 企业根据分类管理原则，对不同的岗位划分类别管理，采用了不同的薪酬总额管理方式，形成了有效的薪酬总额整体控制方法。

该企业各岗位人力资源薪酬总额管理方法如表 5.6-1 所示。

表 5.6-1　L 企业各岗位人力资源薪酬总额管理方法

岗位类别	薪酬总额计算方法	基本薪酬	变动薪酬	分配方法
高级管理员工	基本薪酬 + 变动薪酬	正职 20 万元 副职 15 万元	总额为当年企业净利润的 2%	正职为变动薪酬占 35% 副职为变动薪酬占 30%
销售员工	底薪 + 提成	底薪 3.6 万元	提成总额为销售薪酬的 3%	销售个人提成 = 个人业绩薪酬 ×1.5%+ 部门销售薪酬 ×0.5%÷ 部门销售员工总数 + 企业销售薪酬 ×0.5%÷ 企业销售员工总数 + 企业销售薪酬 ×0.5%÷ 企业销售员工总数 × 部门考核系数 × 个人考核系数
职能部门员工	基本薪酬 + 变动薪酬 + 奖金	根据各岗位薪酬标准确定	变动薪酬为变动薪酬基数乘以考核系数，奖金为超额净利润的 2%	绩效考核系数 = 个人考核系数 × 部门考核系数 奖金共分为两部分，一部分按照员工岗位级别确定，另一部分由总经理对当年工作中提供了突出表现的员工进行单独奖励

薪酬总额即企业事先约定在达到一定的条件下，所有人力资源可以获得的薪酬总额。薪酬总额管理确保了薪酬成本的可控性，但是，由于薪酬总额永远是有限的，就会导致企业在内部分配薪酬时，对个人产生或多或少的不公平。

例如，不同部门内同等性质的岗位之间，效益好的业务部门势必会拿到更高的薪酬，因此会影响企业内部的人才稳定和均衡。

为尽可能避免不公平，企业必须在各个业务部门都采用一致的薪酬结构或管理方式，大致限定岗位、企业、项目薪酬总额之间的关系。当企业内部薪酬总额确定之后，每个岗位的薪酬可以根据薪酬总额管理方案适当上浮或下调，但不应有太大差异。员工如果想得到更高的薪酬，必须努力确保企业或项目有更高的盈利。

下面是该企业的招聘成本控制方案的部分内容。

附 企业招聘成本控制方案（模板）

1. 目的（略）

2. 适用范围

本方案适用于本企业招聘工作。

3. 招聘成本构成

（1）直接成本

直接成本包括广告费、招聘会费用、猎头费、中介费、员工推荐奖励金、校园招聘费和网络广告费。

（2）内部成本

内部成本主要是指招聘员工的薪酬、福利、差旅费及其他管理费用。

（3）外部成本

外部成本主要是指招聘外地员工所发生的搬家费、置家费、探亲费和交通补贴费等。

（4）机会成本

招聘成本的机会成本主要体现为：如果招聘到一名适合本招聘岗位的员工，则可能给企业创造的效益；如果招聘到的员工不符合企业的岗位要求，有可能带来的经济损失，如管理费、办公费、员工试用期薪酬、培训费及另招一名员工所需要的招聘费等。

4. 事先控制

（1）有效识别员工空缺

确保所招聘岗位是必需的，且是无法替代的，其职责不能通过工作分配、现有员工加班、临时借调或外包的形式解决。

（2）严控编制

逐级审批有利于从整体企业架构的角度合理配置员工，避免出现冗员，增加成本。

（3）责任承担

当招聘工作出现重大失误或招聘费用严重超支时，需向审批人员问责。

5. 同期控制

合理选择各岗位招聘渠道，具体内容如表 5.6-2 所示。

表 5.6-2　各岗位招聘渠道选择

部门	岗位分类	招聘渠道："1"为首选，"2"为次选					
		内部	报纸广告	网上招聘	招聘会	猎头企业	校园招聘
综合管理部	人力资源管理类	1	2	1			
	行政、司机类	1	2	1			
财务部	所有岗位	1	2	1			

续表

部门	岗位分类	招聘渠道："1"为首选，"2"为次选					
		内部	报纸广告	网上招聘	招聘会	猎头企业	校园招聘
物业部	物业管理主管		1	2			
	工程类		1	2			
市场部	客服类	1	1	1			
	市场营销员工	1	1	1		2	
投资部	投资管理类、法律类		1	1			
运维部	IT 技术支持类	1	2	1	2		2
技术部	软件开发、项目管理类	1	2	1	2		2
	售前支持	1	2	1	2		
市场部	市场、销售类	1	1	1			
呼叫中心	客户服务类（普通）		2	1			2
	客户服务类（外语）		2	1	2		2
	运营主管		1	1		2	
	项目主管		1	1		2	

表 5.6-2 所示的规定，严格限制了招聘事前、事中的成本控制体系。

此外，该企业还针对招聘过程中的财务支出，编制了明确、详细的表格，以用于人事部门、业务部门与财务部门之间的对接协调，如表 5.6-3 和表 5.6-4 所示。

表 5.6-3　部门招聘成本预算表

<table>
<tr><td colspan="2">所需岗位</td><td>空缺岗位数</td><td>拟采取的招聘方式</td><td>预算费用</td></tr>
<tr><td colspan="2">执行员工</td><td></td><td></td><td></td></tr>
<tr><td colspan="2">中层员工</td><td></td><td></td><td></td></tr>
<tr><td colspan="2">管理员工</td><td></td><td></td><td></td></tr>
<tr><td colspan="2">人力资源部意见</td><td colspan="3">负责人签字：
年　月　日</td></tr>
<tr><td colspan="2">总经理审核意见</td><td colspan="3">负责人签字：
年　月　日</td></tr>
<tr><td colspan="2">招聘项目</td><td>时间及地点</td><td>参加部门</td><td>各部门招聘负责人签名</td></tr>
<tr><td colspan="2" rowspan="4"></td><td></td><td></td><td></td></tr>
<tr><td></td><td></td><td></td></tr>
<tr><td></td><td></td><td></td></tr>
<tr><td></td><td></td><td></td></tr>
<tr><td rowspan="2">备注</td><td></td><td>招聘负责人</td><td></td><td></td></tr>
<tr><td></td><td>招聘费用</td><td></td><td></td></tr>
</table>

表 5.6-4　招聘成本登记表

招聘项目	综合管理部	物业部	技术部	市场部	投资部	运维部	工程物业部	财务部	呼叫中心	合计
合计										
备注										

人力资源管理部门根据部门招聘成本预算表、招聘成本登记表，制作招聘成本分划报表，并按时上报财务部。财务部通过之后按正常流程处理账务细节。

第6章

人力资源管理部门财务融合：全面成本管理的方法与降低人力资源成本的技巧

管理全面成本与降低人力资源成本，是人力资源管理部门主动融合财务管理，降低企业成本、提升人力资源管理业绩的“双剑”。运用多种方法管理全面成本，人力资源成本才会有充分降低的空间。利用不同的技巧来降低人力资源的成本，才能科学地管理全面成本。

6.1 全面成本管理的 4 种方法

全面成本管理是指控制企业生产经营所有过程中发生的全部成本，其中包括了成本形成的全过程，也覆盖了企业所有员工参与的环节。

全面成本管理观念与传统成本管理观念不同，全面成本管理观念在深度、广度与指导思想上有了很大变化。通过全面成本管理，企业能实现相对成本的节约，扩大成本控制的空间范围，增大成本控制的时间跨度，充分发挥成本控制的效能。人力资源管理部门应围绕业绩与效率最大化目标，根据企业的实际特点，选择正确的管理方法，对全面成本实施目标管理与科学管理相结合的战略控制。

6.1.1 建立完善的财务成本控制系统

良好的全面成本管理，离不开完善的财务成本控制系统。该系统包括企业系统、信息系统、考核制度和奖励制度等。

1. 企业系统

任何企业内部都存在着管理等级和平均控制跨度。管理等级是企业内最高级单位和最低级单位之间的等级，平均控制跨度则是企业内平均一个单位所属下级的数目。

财务成本控制系统必须和企业的系统特点相适应。这意味着企业财务成本也要由更小的成本预算部分组成，这些更小的成本预算都是由小单位编制和执行的。因此，根据企业的现有结构，合理划分预算责任中心并设计等级，是建立财务成本控制系统的必要前提。

2. 信息系统

这是财务成本控制系统的另一个重要组成部分，其主要职能是负责计量、传送和报告财务成本控制的相关信息。

信息系统的功能包括编制责任预算、对预算计划执行情况进行核算与分析评价、报告业绩等三部分。开始实际业务之前，企业将责任预算和其他全面成本控制标准下达给有关部门与员工，以影响其活动。信息系统则负责对实际发生的成本、取得的薪酬与利润、占用的资金等，按不同责任中心进行汇总分类，以便进行单独考核。

3. 考核制度

考核制度是推动财务成本控制系统发挥积极作用的重要工具。考核制度的主要内容如下。

① 规定各业务部门的财务目标，如销售额、可控制成本、净利润或投资收益率等；规定各业务部门的目标尺度，如将销售额、销售总额或销售净额等作为考核标准，事先正式确定。

② 规定考核标准，包括计算成本、分摊费用、编制内部转移价格等，事先应充分明确。

③ 规定预算标准，如采用静态预算或弹性预算，滚动预算或零基预算，以及公布编制预算应使用的常数。

④ 规定业绩报告的内容、时间和详略程度。

4. 奖励制度

奖励制度是维系财务成本控制系统长期有效运行的重要因素。在财务成本控制系统的设定框架中，应合理设计和运营奖励制度，奖励制度要和业绩评价充分结合，以激励部门与员工的积极性。要确保奖励制度明确、简要，让被考核者清楚业绩与奖励之间的关系，了解达到何种业绩才能得到奖励。

6.1.2 强化财务成本预算约束

财务成本预算是企业全面成本管理的核心内容，也是现代企业实施科学管理的通行措施。借助财务成本预算，企业能建立健全内部约束机制，落实内部经济责任，提升财务管理水平。

财务成本预算主要由企业依据战略目标和发展规划，在财务预测与决策的基础上，利用预算形式对未来一定期间内的财务活动进行规划与安排，以明确全面成本的预算目标，落实财务管理措施，提供财务考核和奖惩标准。

结合财务成本预算管理，企业应以全面成本的控制为重点，对生产经营各个环节实施约束，加强预算的编制、执行、分析和考核工作，建立积极的管理制度，严格限制预算外的资金支出。

通过财务成本预算约束，企业可对内部各业务部门的资源进行分配与考核，有效协调生产经营活动，完成既定的经营目标。

当然，财务成本预算的约束，并非只是简单地对费用进行控制，而是将之融入企业发展的各个阶段，细化和充实全面成本的预算管理内容。

财务成本预算应从以下角度做好约束。

1. 适度合理

财务成本预算管理的过程，也是企业战略目标分解、实施、控制和实现的过程。为确保企业可以持续稳定发展，在编制财务成本预算目标时，应充分体现企业的战略目标。一般情况下，为推动企业实现战略目标，应倾向于编制较为紧缩的财务成本预算，但这也可能挫伤业务部门的积极性；而更加宽松的财务成本预算，则又与企业的战略目标不相符。因此，人力资源管理部门和财务部门在编制财务成本预算目标时，必须有切实可行的标准，既要结合企业生产经营目标来进行，也不能脱离生产经营实际，避免将约束的标准提得太高或降得太低。财务成本预算目标必须科学、严肃，切合实际。

2. 实际调研

打造财务成本预算约束框架的同时，人力资源管理部门应认真进行市场调研和企业资源分析，以此为基础参与财务成本预算的编制。这样才能让企业各个时期的财务成本预算前后衔接，避免财务成本预算的盲目性。

实际调研中，不仅要了解本企业内部的资源配置情况，更要了解企业的外部环境。了解得越是深入、细致，财务成本预算约束才会更加科学、完善，并能加强执行力度。

3. 全面、细化

财务成本预算应全面，要能覆盖企业所有单位和部门，不能仅限于编制总财务成本预算，还应编制二级、三级甚至四级财务成本预算。这也需要人力资源管理部门主动介入，根据企业经营的范围和特点，与财务部门共同编制财务成本预算，确保其在内容上涵盖企业各项经营投资活动。

财务成本预算要细化，就应尽可能周密、细致，达到必要深度。要采取自上而下、自下而上、上下结合的编制方式，既要从大处着眼，也要从基层着手，围绕经营目标进行逐层分解和参与，反复进行审核，将战略指标分解到各个部门，逐一量化，确保费用支出内容明确、具体。

4. 分清主次

财务成本预算编制得越准确，企业的运营风险就越低。财务成本预算的准确性，也是评价财务成本预算约束水平和效果的重要指标。既要通过细化财务成本预算编制来提升其准确性，也要分清主次，抓住财务成本预算编制过程的重点环节，实时调整重点，最大限度利用企业现有的管理能力与资源。

5. 协调沟通

财务成本预算管理属于系统工作，涉及企业内外各方面的工作，十分复杂、烦琐。因此，承担财务成本预算编制工作的部门，需要从各业务部门处获得大量信息。尤其是在执行过程中，更要设法让企业各业务部门之间形成共识，避免执行中的重重困难。财务成本预算约束与其说是约束“事”，不如说是约束“人”，部门和员工之间的协调处理，是预算管理的核心问题。

人力资源管理部门面对财务部门时，必须主动沟通交流，拓宽信息传输渠道;必须加强合作力度，确保财务预算管理的相关信息能得到迅速传输，并及时将信息反馈给各个业务部门，以提高其运行效率和质量。

6. 考核奖惩

财务成本预算约束最直接的体现方式是考核奖惩。利用考核奖惩制度，建立激励约束机制，进行必要的物质或精神上的奖励或惩罚，确保财务成本预算管理效果，充分调动各业务部门的积极性。

考核奖惩激励机制，应建立在对财务成本预算执行情况的全面总结分析和考核评价的基础上。人力资源管理部门进行考核评价时，应注意切合实际、客观公正，以便于充分调动各业务部门的积极性和创造性。执行考核制度，要确保兑现奖惩结果，不打折扣，对比分明。保证财务成本预算的约束力度，确立财务预算管理在企业管理中的核心地位。

6.1.3 推行质量成本控制

质量成本控制是以质量计划为依据，以降低成本为目标，将影响质量总成本的各个项目控制在计划范围内的管理活动。

1. 构成

产品质量成本主要由以下 4 部分构成。

（1）预防成本

预防成本是保证和提升产品质量、避免产品质量低于质量标准而产生的各种措施费用。其中包括新产品评审费用、质量计划工作费用、工序控制费用、全体员工质量培训费用、质量改革措施费用、质量审核费用以及其他费用等。

（2）鉴别成本

鉴别成本是指用于试验或检验，以评定产品是否符合规定的质量标准而支付的费用，包括原材料、在产品、半成品的检验费用，工序检验费、设备检查费、产品检验费和检测手段维护校验费等。

（3）内部故障成本

内部故障成本主要是指企业生产的半成品和完工产品，在出厂前因质量缺陷而造成的损失和修复费用，包括返工费用、复检费用、废品损失以及产品等级降低带来的损失等。

（4）外部故障成本

外部故障成本是指交货后由于产品不能满足质量要求而造成的损失，主要包括保修费用、退货损失、折价损失、责任赔偿费和诉讼费等。

2. 步骤

质量成本控制贯穿质量形成和成本管理的全过程，通常包括以下步骤。

（1）前馈控制

事前明确质量成本控制标准，按质量成本控制计划与目标，并将其作为控制的依据，分解展开到部门、班组、岗位等。还可以采取限额费用控制等方法，检查与评价费用开支。

（2）同期控制

在企业生产经营全过程中进行质量成本控制。例如，根据开发、设定、采购、生产、销售和服务等几个阶段，分别提出质量成本要求并进行控制。对日常发生的费用对照计划进行检查对比，积极发现问题、采取措施，以此实现监督控制质量成本的目标。

（3）反馈控制

在生产经营的阶段性任务结束后，主动查明质量成本管理中出现偏离目标值的问题和原因。在此基础上，提出切实可行的措施，便于进一步提升质量并降低成本。

3. 方法

进行质量成本控制时可以选择以下方法。

① 限额费用的质量成本控制方法。

② 围绕生产过程，提升产品合格率。

③ 利用生产流程中改进区、控制区、过剩区的划分体系，改进产品质量，从而优化质量成本控制。

④ 运用价值工程原理，进行质量成本控制。

4. 内容

（1）严把设定试验关

产品的设定质量会决定其成品质量，它是生产过程中必须遵守的标准和依据。因此，需要严把产品设定试验关，不断提升产品的设定质量。即使提升产品的设定质量可能带来质量成本的上升，但在优质优价的条件下，产品质量的提升也能提升产品销售价格，使企业获得更多收益。

（2）生产过程控制

对生产过程中的质量成本控制，应抓住以下工作。

首先，做好技术检验工作。根据技术标准，对原材料、在产品、半成品、产成品以及工艺过程质量进行检验，严格把关。

其次，不断提升生产操作员工的素质。严格按规章制度、操作标准办事，使整个生产过程都在质量监督保证体系之下。

（3）建立健全质量成本控制制度

在控制质量成本的过程中，应明确质量总成本的检验控制部门。同时，也要将各类质量成本分解和落实到不同的责任部门。

例如，预防成本应由技术部门负责，鉴别成本应由质量检验部门负责，内部故障成本应由生产车间负责，外部故障成本应由销售部门负责。只有明确各职能部门的质量成本控制责任，才能使质量不断提升。

（4）建立健全质量成本核算管理

企业可以按照质量成本的 4 个类别，设置对应台账。台账可反映不同费用的归集情况，确定质量成本的结构特点。

为此，要明确决策者的责任和归口管理部门，将分工原则、分工方法、编写质量成本报告、进行质量分析和控制等，纳入质量成本控制管理制度，保证质量成本控制的实施。

6.1.4　实行定额成本管理

定额成本管理属于目标成本管理方式。所谓“定额”是指企业根据某一固定日期（通常为当月 1 日）确定的各项产品成本项目的耗费定额、费用预算和其他有关资料计算出的预计成本。

定额成本代表了企业产品生产成本的现行定额，反映了当前应达到的成本管理水平。对一定时期内定额成本与实际成本进行比较，可揭示实际成本与定额成本的差异和成本管理存在的问题。

定额成本管理离不开定额成本管理制度。通过定额成本管理制度，企业将事前指定产品的定额成本作为目标成本，在产生费用时，将实际发生的费用与目标成本进行对比，确定差异并找出原因、及时控制，监督实际费用的支出，加强对成本差异的日常核算分析和控制。

在制度管理下，定额成本管理的主要内容包括定额成本的编制、计算和差异对比 3 部分。

1. 定额成本的编制

负责编制定额成本的员工，应经常深入部门、车间、工段、班组或相关工作地点，熟悉并了解生产工艺、技术要求、产品性质、设备能力、资金使用、物质储备和能耗利用的情况，掌握第一手材料，计算定额成本。

同时，企业应加强对各种原始记录的工作管理，实行统一管理和分工负责，确保依据材料的科学性；应对已核定的各类定额成本积极实施考核，发现与实际情况存在偏差的，必须认真审查、确定原因，及时提出调整方案和意见。

2. 定额成本的计算

定额成本既是产品实际成本的基础，也是成本控制与考核的依据。产品定额成本可按以下公式计算。

直接材料费用定额 = 产品直接材料消耗定额 × 直接材料计划单价

生产薪酬费用定额 = 生产产品工时定额 × 计划小时薪酬率

制造费用定额 = 生产产品工时定额 × 计划小时费用率

3. 定额成本的差异对比

进行定额成本的差异对比时，应注重区分各类差异。当消耗原材料、人工工时发生数量差异，或者薪酬、制造费用发生差异时，都应单独列举。对其中暴露的各类差异，人力资源管理部门均应积极分析原因，找出有关责任者，以便有效监督和控制产品成本，避免浪费与损失。

定额成本控制应与企业的经济考核结合起来，确保责、权、利三者结合，实现降低成本的目的。

6.2 降低人力资源成本的 8 个技巧

人力资源是企业宝贵的财富，做好人力资源成本管理，能为企业创造更多的财富。人力资源成本管理出现问题，则会给企业造成巨大损失。

在加强人力资源成本管理的同时，应注意积极运用技巧，降低人力资源成本。

6.2.1　提升工作质量

企业的运营要求不断产出，员工工作的质量则决定了产出的质量。当产出的质量带来更高的附加值，企业的劳动生产率就会提高，人力资源成本的使用效率也会提高。反之，则会降低人力资源成本的使用效率，导致浪费。

提升工作质量是改善人力资源成本运用情况的有效办法。企业的整体工作质量有效提升，能实现“花一样的钱，办不同的事”的效果，最大限度地减少无效的人力资源成本，降低人力资源成本总量。

为提升工作质量，企业必须重视产品质量与工作质量两大概念之间的密切关系。

工作质量是指同产品质量直接有关的各项工作的完成水准，如经营管理工作和技术工作等的标准，是企业或业务部门在工作时应保证产品质量所达到的程度。

产品质量是反映产品或服务是否能满足客户需求的特征与特性。产品质量取决于工作质量，工作质量则是保证产品质量的前提条件。企业应将提升重点放在工作质量上，通过保证与提升工作质量来提高产品质量，降低人力资源成本。

提升工作质量必须建立健全工作程序与标准，运用直接或间接的定量化指标，使其有章可循、易于考核。由于工作质量中也有难以定量的部分，所以需要通过产品质量的高低、不合格品率来间接反映和定量。

例如，产品质量指标中的不合格品率、废品率等，属于直接衡量工作质量的指标。而优质品率、一级品率、寿命、可靠性指标等，则能间接体现工作质量。

提升工作质量、降低人力资源成本，还离不开对产品附加值的提升。产品附加值越高，利润越高，在人力资源成本趋于稳定时，高附加值产品的人力资源成本就会降低。

提升附加值可采用的途径如图 6.2-1 所示。

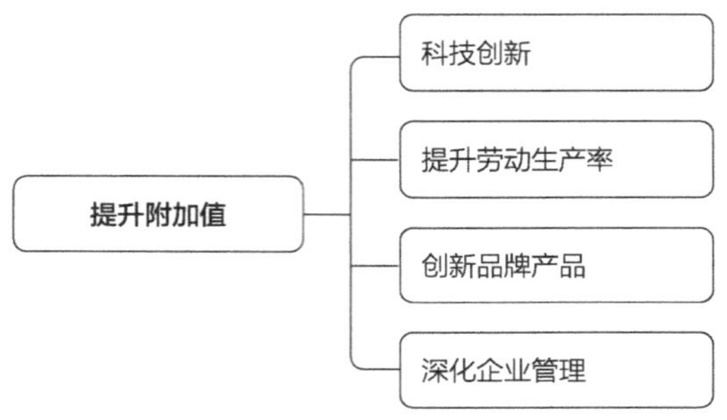

图 6.2-1　提升附加值可采用的途径

在制造产品的过程中，要依靠提升科学技术的含量，增加产品的附加值。企业应将高新技术注入产品，以创新和差异化的理念主导，提升劳动生产率、深化企业管理，使产品拥有较高的技术含量和功能含量，形成其他产品难以比拟的价值。同时，还应创新产品的品牌内涵，让客户对其具有充分认知度。随着产品附加值的提升，工作质量也将被充分提升。

6.2.2　调整企业架构

企业的架构可以看作企业决策权的划分体系，也可看作各业务部门的分工协作体系。通过设定架构，企业的管理者就能根据企业的战略目标，将管理的资源要素配置在应有位置上，确定其活动的条件，规定其活动的范围，形成相对稳定的科学管理体系。

经过优化后的企业架构能有效降低信息传播成本、减少沟通成本，也能降低人力资源成本，让人力资源发挥实效，加速企业的发展。

例如，某企业采用事业部制的企业架构，每个事业部下面又分设人力部、财务部、销售部、生产部、采购部、研发部等部门，增加了许多本不该付出的人力资源成本，其问题根源在于企业架构中的职能部门重复。

该企业如果想要降低人力资源成本，就必须首先调整企业架构，整合业务资源相同或者相近的业务部门，有效突出核心业务，降低人力资源成本，提升总成本优势。

人力资源管理体系的建设离不开企业的战略目标。这也要求在调整企业架构的过程中，决策者应站在整体战略目标角度上去分析和思考人力资源，规划相关工作，以企业战略目标为依据去调整企业的架构，而不能“头疼医头，脚疼医脚”。

企业架构必须由战略目标决定，决策者应结合流程风险评估进行架构重组，鼓励跨部门的协作，避免架构重叠或职责混淆。

从降低人力资源成本率的角度出发，企业在调整组织架构时，可以适当考虑图 6.2-2 所示的具体措施。

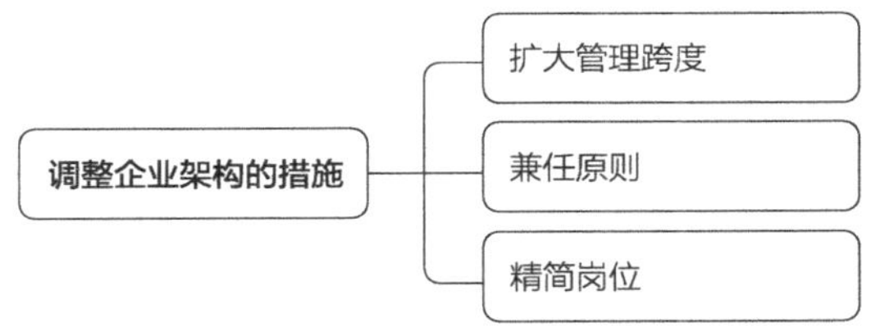

图 6.2-2　调整企业架构的措施

1. 扩大管理跨度

如果管理跨度过小，管理者的工作空闲时间很容易过多，造成人力资源的浪费。

在构建企业架构时，可以适当扩大管理跨度，避免出现管理者始终只是管理一两名下级员工的现象。

表 6.2-1 列举了企业内不同管理层的适当管理跨度。参照具体数字，企业可以在企业架构设计层面推动管理者的人力资源成本最优化。

表 6.2-1　管理跨度示例

职务	总经理	副总	部门经理	主管	组长
直接下属	副总、总监	总监、经理	主管、专员	主管助理、组长	执行员工
部署人数	5 ～ 8	4 ～ 8	6 ～ 9	6 ～ 10	10 ～ 50
工作内容	决策、指导	谋划、贯彻、督导	贯彻、督导、部署	执行、督导	执行、检查

2. 兼任原则

为追求人力资源的最优化，如果企业内或部门内人数不足，可以由上级管理者同时兼任员工岗位。尤其应确保副职管理者至少兼任一个具体岗位，他们除了日常管理，还能负责具体的执行工作，减少无效成本。

3. 精简岗位

在企业岗位的设置上，应尽量少设置助理等辅助性岗位。管理者的工作量只要没有达到饱和状态，就不应聘请员工专门负责处理工作琐事。

6.2.3 流程重组及优化

不少企业出现过人浮于事的情形，随之而来的是人力资源成本居高不下、工作效率不断降低。某些岗位的员工总是有做不完的工作，另一些岗位的员工却显得相当清闲。当管理者检查或分配工作时，总会发现某些任务无法找到明确的员工负责，却又会有员工总是不确定自己应该做什么、不需要做什么等。

上述问题意味着企业业务流程存在弊端，这些弊端导致岗位职责不明确、权责不清、人浮于事。为了打破怪圈，降低人力资源成本，重组或优化流程势在必行。

所谓业务流程就是企业运营过程中一个或一系列有规律的行动。这些行动以确定的方式发生或执行，帮助企业实现对客户的价值输出目标。

常见的业务流程包括研发管理、采购管理、生产管理、营销管理和客户服务等环节。工作任务在这些环节之间不断流转，必然会出现部门和岗位之间的对接关系，这种承接与流转的过程会消耗相应的成本。

从人力资源管理的角度来看，人是业务流程的执行主体。只有不同岗位的人共同参与，才能让业务流程更完美。因此，流程的重置和优化，不仅指个体如何做正确的事，还包括如何用制度要求个人正确做事。企业通过不断发展、完善和优化业务流程，保持企业的竞争优势。因此，对流程的重组和优化，不论是出于整体还是着眼于部分，如减少环节、改变时序，都应以提升工作质量、提升工作效率和降低人力资源成本为目的。流程的重组和优化就是尽可能减少流程中的非增值作业。

流程重组和优化的有效策略如图 6.2-3 所示。

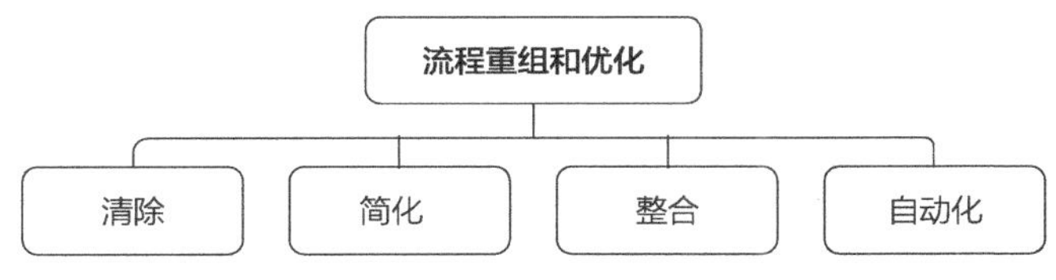

图 6.2-3　流程重组和优化的有效策略

1. 清除

清除是指清除企业内现有流程中非必要的非增值作业，并删除无附加价值的步骤。

例如，在流程中，某个环节总是无法到位，导致后续环节不断出现等待的现象，该环节就等同于人力资源成本的浪费。又如，流程中的故障、缺陷和失误等，会导致残次品的产生，这也是对人力工作的浪费。诸如此类的浪费，都必须被清除。

总体来看，在人力资源成本管理实践中，剔除或减少流程内的非增值作业，能大幅度降低企业的运营成本，提升流程效率。同时，清除非增值作业，也是对企业结构的重组，既能减少不必要的岗位，也能有效降低人力资源成本。

2. 简化

简化即在清除非增值作业之后，减少剩余的流程活动，如缩减沟通环节和表现形式，可以降低管理成本，进而降低人力资源成本。表 6.2-2 所示为简化的主要对象和方式。

表 6.2-2　简化的主要对象和方式

表格	重新设定，易于理解与填写
程序	简单说明，杜绝长篇大论
沟通	言简意赅，避免过多术语
技术	尽量适用，避免高配技术
流程	画出流程，发现改进机会
分割	分割流程，具有针对性
问题区域	单独列出，进一步简化

3. 整合

如果无法清除与简化流程内的环节，可进一步研究是否可以整合某些环节。应迅速整合流程中无法提升工作效率的分工环节，避免更多浪费。如果能提升效率，甚至不需要过多考虑原有的专业分工，即可着手进行。

整合通常可以分为两种。

① 水平整合，即将原本分散在不同部门的相关工作整合或压缩为一个完整工作，或将分散的资源集中交由一个岗位、一个小组或一个业务部门负责运营。

② 垂直整合，即适当给予员工授权和必要资源，减少不必要的监督与控制，确保员工或业务部门能当场解决一线问题，而不必事事向上级请示。

此外，整合还包括按照更合理的逻辑，对流程活动重新排序，以便让流程变得更有条理。例如，尽可能让同一名员工完成更完整的工作，这样不仅能提升员工的工作积极性与成就感，也便于对其绩效进行直接评估，减少差错和“扯皮”现象。

4. 自动化

自动化是指在清除、简化和整合的基础上，整个作业流程的自动运转。企业通过自动化设施代替手工操作，提升流程的效率与准确性。

企业可以通过生产装置的安全平稳运行和优化操作，确保生产计划的高效实施，从而降低人力资源成本、获取最大的经济效益。还可以对枯燥乏味的流程环节、数据采集和传输等工作实施系统化改造，实现自动化。这样，不仅能减少流程出差错的机会，提升流程效率，也能在人力资源成本不变的情况下提高利润，从而降低单位人力资源成本。

6.2.4　离职率管理

随着社会环境变化和意识转变，人员离职已经是越来越普遍的现象，人员离职的数量占人力资源总数的比率即为离职率。

离职率是企业人力资源稳定程度的反映。离职率越高，表明企业人力资源的稳定程度越低，花费的人力资源成本也就越高。为此，企业的决策者和人力资源管理部门必须对离职的相关问题做到心中有数，尽量减少离职成本，实现降低人力资源成本的目标。

离职成本是指人员离职后给企业带来的一系列成本，包括实际成本和无形成本：实际成本包括取得成本、培训开发成本和离职前的低效成本等；无形成本包括空位成本、士气影响、机会成本和后续威胁等。

为了降低离职成本，企业必须在招聘和管理的过程中有意识地控制相应的成本。例如，尽量使用内部招聘，或选择更高效的招聘渠道，以降低获得新人力资源的成本。在日常管理中，也应充分重视人力资源的各种需求，减少离职的可能性，避免因小失大。

最重要的是，当人员正式离开企业后，人力资源管理部门也可以继续“补救”，谋求降低成本。

例如，可以和离职者保持电话、邮件等密切联系，及时将企业新的发展情况和动向告知他们，对他们在新企业的发展状况进行了解并跟踪记录，形成离职者信息库；还可以安排固定联系人，定期开展一些关系维持活动，如邀请参加企业节庆、定期寄送企业刊物等；也可以成立社群组织传递信息，让离职者感受到原企业的关怀。上述办法不仅有可能感动和鼓励离职者继续关心企业，还可以在必要时启动返聘制度，动员离职者重新回到企业，实现企业与离职者的双赢。

6.2.5 用工守法

优秀的企业会遵循法律规范来指导经营管理；相反，损害人力资源的合法利益，不仅会破坏企业内的工作氛围，也会造成更大程度的成本损失与浪费。坚持用工守法才能不断降低企业的人力资源成本。

实践表明，由于人力资源成本不断提升，企业必然面临法律监管压力的增加。越是如此，企业越是要想办法理顺关系，保证人力资源管理措施合理合法，将压力转化为收益。

企业应严格遵守法律，将之与企业人力资源管理体系结合，最终走向合法合规的精细化高效管理。

结合用工守法的要求，人力资源管理部门需要采取下列措施降低人力资源成本。

1. 构建和谐的劳动关系，确保人力资源稳定性

法律保护的加强、权利意识的觉醒，客观上增加了企业进行人力资源管理的风险和难度。企业应积极转变观念，树立以人为本的理念，将人力资源当作合作伙伴，与他们形成利益共同体，及时把握其需求变动的趋势。

例如，针对企业内的管理者和核心员工，应形成个性化的激励机制，推行高薪酬和福利待遇，建立富有竞争力的竞争体系；对企业内的中层员工，则应设计出最适合的职业发展通道，为他们提供发挥个人才能的机会与舞台，消除少数人力资源流失带来的负面影响。

2. 有效控制质量，预防潜在成本增加

相关法律规定，企业有权了解员工与劳动合同直接相关的基本情况，所以员工应当如实说明相关情况。为此，企业在招聘过程中应依法建立人力资源甄别机制，根据实际需要，对应聘者进行背景调查，选择最合适的人选。

企业应充分使用合法权利，在合同签订书中明确员工隐瞒信息的法律后果，并将相关合同条款向对方解释清楚，维护企业的合法权利。这样，就能避免在员工经过培训和换岗之后，依然无法胜任工作岗位的情况下，企业要被迫支付经济补偿金来换取员工离职的现象。

3. 适当将人力资源外包与租赁

企业可根据战略目标的要求，针对不同情况，组合运用多种用工方式。这样就能降低用工成本，有效激励核心人力资源。

企业可以根据《劳动合同法》相关规定，采取人力资源外包与租赁的方式。例如，在用工高峰期积极采用非全日制雇佣、劳务派遣用工等形式，解决人力资源紧缺的问题。

选择外包企业时，企业应与那些专业性强、信誉度高的外包企业合作，积极围绕管理制度等事项与之进行沟通。此外，企业还应禁止外包企业的“转包”行为，约束其承担用人单位的义务，加强自身建设。

4. 正确认识无固定期限劳动合同

《劳动合同法》规定，企业与员工订立无固定期限劳动合同，包含 3 种情形，分别是双方协商一致，或出现法律规定的相关情形，或者是企业自用工之日起满一年未与员工订立书面合同。

在和员工签订劳动合同之前，企业应增强证据保存意识，以书面形式向对方征询需订立何种类型的合同。如果员工同意或者主动提出订立固定期限劳动合同，企业必须保留其亲笔签署同意的书面证据，避免出现法律风险。

5. 认真研究协议，避免法律漏洞

《劳动合同法》规定，员工如果出现违约行为也应支付违约金。其主要情形是企业在提供培训费用供员工进行能力提升培训时，双方可以约定服务期。

也可以是企业与高级管理者、高级技术员工和其他负有保密义务的员工等，签订有竞业限制条款的劳动合同，如果对方违约，必须按照约定向企业支付违约金。

因此，企业在对员工进行培训时，要明确出资培训条款和人力资源辞职竞业保密事项。在出资培训协议中，要具体写清培训内容、时间、方式、费用、双方权利和义务。在保密或竞业限制协议中，应当规定保密范围和内容、双方承担的权利和义务、违约责任与补偿方式等。这样，企业就能充分利用法律赋予的权利，确保企业的利益，降低人力资源成本浪费的风险。

6. 完善相关规章制度

为严格遵守法律法规，企业应积极组织管理者学习相关法律，完善招聘和甄选制度，修改企业的规章制度，修订合同，选择合适的劳动合同期限，理清劳动合同签订情况和社保缴纳情况。

6.2.6 薪酬结构优化

薪酬是人力资源成本的主要内容。控制薪酬的边际成本，就能有效控制人力资源成本。企业应不断优化薪酬结构，包括降低基准薪酬约定水平、提升薪酬支付弹性、提升变动薪酬比例，还应加大薪酬与绩效的挂钩力度，谋求高薪酬与高绩效之间的平衡。

对薪酬结构的调整，通常从两大角度进行，要么选择从改变薪酬等级着手，要么直接重组薪酬要素。

1. 改变薪酬等级

① 增加或减少薪酬等级。该方法主要是增加或减少薪酬等级的数目：增加薪酬等级，可以使岗位更加细化，利于组织支付岗位薪酬；减少薪酬等级能让薪酬等级的梯次空间更加“宽松”。

② 重新分配。在薪酬等级结构不变的前提下，将人力资源规模和薪酬比例重新分配，适应企业发展的需要。

2. 重组薪酬要素

选择该方法调整薪酬结构，主要有两种方式。

① 将薪酬水平固定，重新分配固定薪酬和变动薪酬之间的比例。

② 在薪酬水平变动的条件下，增加固定薪酬或变动薪酬的比例。

无论采用何种方法调整薪酬结构，目的都在于动态优化薪酬结构。只有不断优化，才能以新的薪酬结构去取代和改进原有的薪酬结构，有效降低人力资源成本。

6.2.7　提升人力资源素质

企业降低人力资源成本的目标在于努力挖掘人力资源投入与产出的潜力，从而增加利润。一方面，在降低人力资源成本的过程中，许多传统企业重视减少员工的数量，但忽略了提升员工的素质。另一方面，越来越多的企业尤其是高新技术企业，充分认识到知识类、技术类人力资源与传统产业人力资源的区别，开始着手提升人力资源素质。

从素质的角度来看，人力资源已不再只是传统的被管理对象，更非成本分析表上的简单数字，他们理当与资金一样被定义为重要资源。提高人力资源素质，就是提高企业的产能和效益。

素质是指一个人用于认识周围环境事物并挑战其中的困难、自觉贡献和服务的能力。素质包含个人的身体素质、文化素质、能力素质和习惯素质等方面，这些素质相互之间无法分割。

身体素质是由健康状况、体力、体能、体态和精力等方面组成的。文化素质是指人力资源的受教育程度。能力素质是指人力资源的专业能力、方法能力和社会能力。专业能力是指专门知识、专业技能和专项能力等与工作直接相关的基础能力，是工作活动得以进行的基本条件；方法能力包含独立思考能力、分析判断与决策能力、获取和利用信息的能力、学习掌握新技术的能力、革新创造能力和独立编制计划的能力等；社会能力包含组织协调能力、交往合作能力、适应转换能力、口头与书面表达能力。习惯素质则是指人力资源在多次重复活动之后形成的动力趋向于定型，如安全意识、自律程度、创新精神、敬业精神和责任感等。

毫无疑问，在素质的各个层面上，人力资源表现越好，企业的成本就越能降低。企业发展离不开人力资源的参与和努力，而人力资源素质的提升，也离不开企业的有效开发和挖掘。

为确保人力资源素质的提高，企业必须摒弃将培训看作“无回报投入”的想法，也不能将培训当成是单方面给予人力资源的“福利”，而是要将之定义为投资，通过投资获得人力资源素质的提高，开拓人力资源成本降低的空间。

除此之外，企业还应结合行业和自身特点，在各方面重视打造人力资源素质基础。例如，在聘用时，不能只看重个人的具体技能和专业证书，更不能贪图“便宜”，而是要强调基本素质。从招聘开始，企业就应注重人力资源的素质，确保所招聘员工符合企业发展战略的需要。企业可通过激活员工潜在素质，去激励他们工作的积极性、主动性、创造性和挑战性，满足其成就感。同时，高素质的人力资源也可以通过企业自身的培训，胜任他们原本并不擅长的工作，并不断提高工作效率。

6.2.8 建立人力资源素质模型

根据已有的研究成果，人力资源的素质模型构成要素包括动机、品质、自我认知、角色定位与价值观、知识和技能，如图 6.2-4 所示。

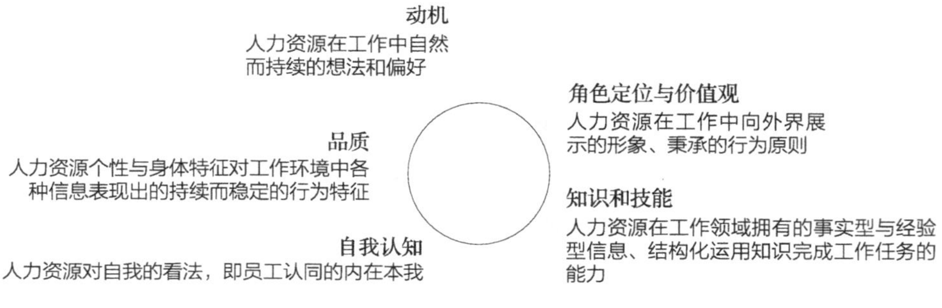

动机
人力资源在工作中自然而持续的想法和偏好

角色定位与价值观
人力资源在工作中向外界展示的形象、秉承的行为原则

品质
人力资源个性与身体特征对工作环境中各种信息表现出的持续而稳定的行为特征

知识和技能
人力资源在工作领域拥有的事实型与经验型信息、结构化运用知识完成工作任务的能力

自我认知
人力资源对自我的看法，即员工认同的内在本我

图 6.2-4　人力资源素质模型

图 6.2-4 所示的 5 项因素被挖掘的深度不同，人力资源素质被开发和利用的程度也就不同，工作绩效能够达到的高度也不同，人力资源的成本也就会有所不同。

着手建立和开发人力资源素质模型之前，企业必须审视两个重要问题。

第一，企业的战略目标是什么，编制并实施战略计划的关键环节有哪些。

企业最需要的人力资源素质必定源于自身战略目标，并能支撑战略目标的有效实施。因此，在建立素质模型之前解答这一问题是至关重要的。

第二，企业内有哪些核心岗位与实现战略目标的关键环节相互关联。

通常情况下，核心岗位应该由那些具有核心素质的人力资源掌握，他们承担实现战略目标的主要责任，控制关键资源，并产生价值增值。企业必须对这些核心岗位集中进行素质模型研究，并以此为基础，开展人力资源管理活动。

解答上述问题并明确企业战略与目标岗位之后，可按下列 4 个步骤开发素质模型。

1. 明确绩效标准

对选定的核心岗位明确绩效标准。这需要企业编制客观、明确的标准和规则，用以确定和衡量怎样的绩效是优秀的、怎样的绩效是较差的，以便为确定该岗位人力资源所需的素质结构提供有效基础。

2. 任务要项分析

依据工作分析法，进一步分解细化目标岗位的绩效标准，使之成为具体的任务要项，以此发现并归纳人力资源素质模型能产生的行为特征。

3. 行为事件访谈

人力资源管理部门应将优秀的和一般的人力资源分为两组，采用结构化问卷，分别进行访谈。人力资源管理部门通过访谈结论对比分析发现导致两组人力资源绩效差异的关键行为特征，继而将之归纳为核心岗位胜任者应具备的素质特征。

4. 信息整理与归类

人力资源管理部门应对上述工作中获得的信息和资料进行归类，找出并重点分析对岗位工作业绩有显著影响的信息，发现不同人力资源在面对类似问题时反应与行为之间的差异。这样才能识别关键性的素质特征，并划分层次和级别。

例如，一名优秀的销售员工，更关注的是如何与客户建立长期、稳定的服务关系，而普通销售员工则通常更关注产品知识和说话技巧等。

第7章

人力资源管理部门财务融合：人力资源全面成本管理18招

人力资源的全面成本管理，要求管理者在日常人力资源成本管理中，在每个侧面、每个细节上都精心对待成本，每时每刻都不能掉以轻心。由此，全面成本管理策略将不只针对人力资源管理部门，而是针对企业内每个人，上到董事、总经理等决策者，下到普通员工。企业内员工都应参与和接受人力资源的全面成本管理。

7.1 人力资源管理部门财务融合与财务思维全面成本管理

总体来说，企业进行人力资源全面成本管理时应采取科学的方法，将人力资源与财务管理思维融会贯通，使之贯穿人力资源管理的全过程。这种成本管理方法和态度，既能有效地降低人力资源全面成本，使企业内集体与个人的利益平衡、意愿一致；也能充分调动人力资源的积极性，汇聚更多智慧和精力，在更大范围内降低成本。

7.1.1 财务思维之全面成本管理

全面成本管理是现代企业财务思维中重要的概念。这一管理思想运用成本管理的基本原理与方法体系，依据现代企业成本运动规律，对企业经营管理活动实行全过程、动态性、多维性的成本控制，其中包括了一系列基本理论、思想体系、管理制度和行为方式，目的在于优化成本投入、改善成本结构、规避成本风险。其中的“全面”，包括了全体人力资源、全面、全过程等含义。

A 企业在同行业竞争对手的“包围”下，始终表现不俗，曾经保持了连续多个季度的持续增长。A 企业能取得这样的成绩，全面成本管理体系功不可没。

在 A 企业，所有能加速现金回收的管理者都能获得奖励。因此，所有部门经理每个月都需要抽出一整天的时间，专门准备详细的月度报告，汇报现金回收工作。得益于这样的措施，在现金流量上，A 企业成为业界的佼佼者。同时，正因为将每一笔钱都纳入成本管理，该企业有效避免了成本浪费和疏漏，并将控制思想深入转化为自上而下的责任意识。这正是 A 企业能长时间保持业绩增长的重要原因。

从财务思维角度来解读全面成本管理体系，需要注重以下重点原则。

1. 优化成本源头

对成本源头的优化能起到事半功倍的效果。需要优化的源头包括执行机构、分配制度和内部的运营规则等。

2. 改革计划管理

企业需要对长期执行的成本管理体系进行改革，推行成本标准化，通过研究各项作业标准成本，对企业业务发展与经营管理活动施行标准成本管理。

3. 推行成本责任制

按业务部门划分成本责任中心。按照责、权、利相对等、相结合的原则，将各类成本分解并落实到相应的部门和事项，进行成本业绩考核。

4. 核算体系改革

对成本会计体系进行改革，施行成本分类核算，即按照产品、部门、管理事项、客户群等进行成本核算，丰富成本核算的决策信息，强化成本核算的决策性。

5. 建立成本预警制度

强化成本预测和分析，建立灵敏的预警系统，利用成本信息引导管理运营，使成本与企业经营活动密切结合、相互支持和制约。

6. 建立成本考核制度

在完善经营管理责任考核的基础上，施行业务考核制度，对成本责任执行结果进行考核，充分调动全体员工成本管理的积极性。

7.1.2　财务思维之人力资源成本管理框架

图 7.1-1 所示是笔者原创的人力资源成本管理框架。该图体现了企业人力资源成本管理的总体思维，除了“八大板斧”之外，该框架还包括以下内容。

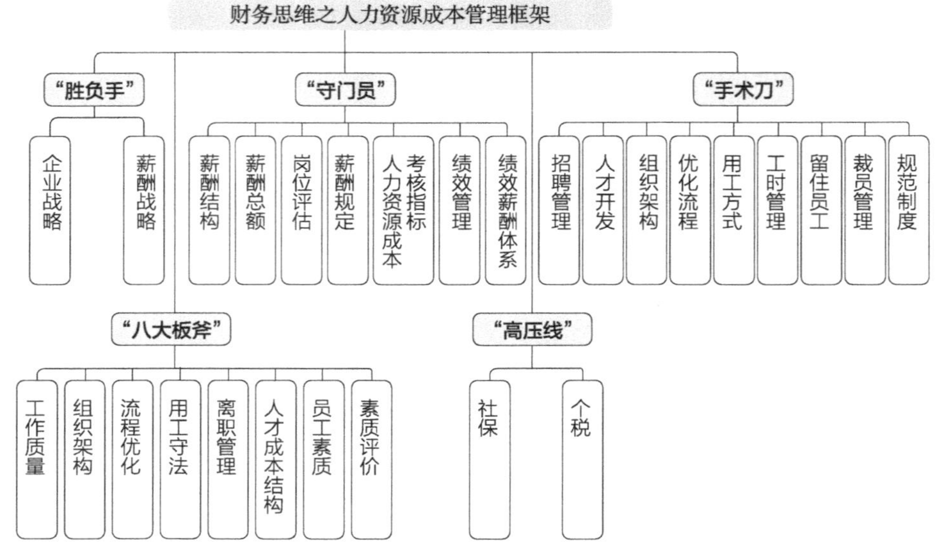

图 7.1-1　人力资源成本管理框架

1. “胜负手”

现代企业中，人力资源成本管理的“胜负手”即成败根基，是企业战略与薪酬战略。其中，企业战略是人力资源成本管理的出发点和最终目标，只有围绕企业的战略目标编制和执行人力资源成本管理计划，其内容才能贴合实际。而人力资源成本的有效管理，目的也在于实现企业的战略目标。薪酬战略则是人力资源成本管理的重要组成部分，该项战略的效果在很大程度上决定人力资源成本管理结果的整体走向。

2. “守门员”

作为人力资源全面成本管理的“守门员”，薪酬结构的设定、薪酬总额的限定、岗位评估、薪酬规定、人力资源成本考核指标的设定、绩效管理和绩效薪酬体系的搭建等一系列工作，确保了人力资源成本管理的最低效果。做好这些工作，企业才能“守”住人力资源成本管理的底线，确保企业战略计划的正常运行。

3. “手术刀”

“手术刀”是指企业通过人力资源成本管理的具体措施，整改企业现存的问题、革除弊端。其中包括了招聘管理与人才开发的新方法、组织架构和流程的优化、用工方式与工时管理的改变，也包括了对留员和裁员手段的革新。这些革新的措施，都应形成具体的规章制度，在企业内加以推广执行，确保改变企业原有的管理经营方式，产生更大的效益。

4. “高压线”

社保和个税是企业人力资源全面成本管理体系中法律风险最高的部分。无论企业选择怎样的管理方法，都必须遵守社保和个税的相关法律法规，避免因违反法律法规而带来的风险。

7.2　战略决策是人力资源成本管理的“胜负手”

将战略决策作为人力资源成本管理的“胜负手”，企业需要对战略目标进行积极调整和表述，使其确实地成为人力资源成本管理的战略依据。同传统的人力资源成本管理相比，遵循了战略决策的人力资源成本管理有着更先进、更科学的全新指导作用。

7.2.1　第 1 招：利用企业战略目标降低人力资源成本的方法

传统的人力资源成本管理指导思想下，人力资源管理部门的工作重点在于尽量降低人力资源成本、减少人力资源经费。实际管理工作中，往往会出现轻视人力资源的现象。

与此相反，利用企业战略目标来降低人力资源成本，需要将全面成本管理思想引入人力资源成本管理工作。这一思想将人力资源管理部门看作企业的业务部门，突出其服务的“客户”和自身的“产品”。具体而言，人力资源管理部门将与其工作发生关联的所有对象均视为“客户”，其中既有企业内部的决策者、业务部门的管理者，也有普通员工，同样包括企业的客户和面对的市场。该部门提供的“产品”，也因为这些“客户”的不同而有所不同。

与传统人力资源成本管理相比，遵循了战略决策的人力资源成本管理利用企业战略目标降低人力资源成本，是全新的模式和理念，具有以下显著特征。

1. 战略性

人力资源成本管理和企业战略目标紧密结合。人力资源的成本管理是以客户服务为战略导向的，是为帮助企业获得竞争优势这一战略目标而推进的，包含了全体员工参与的战略范围，在战略措施上运用了系统化、科学化的管理手段。

2. 匹配性

利用企业战略目标降低人力资源成本，还需要企业通过整合来保持战略目标和人力资源成本管理思想的一致性。经过企业战略目标指导的人力资源成本管理思想，在纵向上与企业战略目标相匹配，在横向上体现为整个人力资源成本管理系统内各要素之间的相互匹配。这种匹配性使人力资源成本管理更强调将人力资源个人目标和企业战略目标结合在一起，也让人力资源管理部门的工作目标更具备长期性和整体性。

3. 目的性

企业战略目标指导下的人力资源成本管理具有明显的目的性，即达到改善企业经营业绩和发展的结果。为此，企业内一切人力资源管理措施都必须配合企业的整体竞争形势，系统地在相互支持中实施，全面提高企业竞争力，完成企业整体战略目标。

4. 灵活性

企业战略目标指导下的人力资源成本管理，在思维和操作方法上具有更高的灵活性。尤其是当企业面临复杂多变的环境时，更需要管理上的灵活性来适应不断变化的内外需求。

总之，利用企业战略目标降低人力资源成本，是基于将人力资源作为企业战略性资源和竞争优势而设定的方法，其本质集中体现在人力资源成本管理的战略规划中。

案例：利用地域优势的人力资源成本战略

曾经的手机行业巨头诺基亚利用战略转移来寻找地域优势，以降低人力资源成本。当时，诺基亚最大的支出来自人力资源成本。在北京，由于市场和政策因素，降低成本的空间非常小。同时，企业已经给出符合市场实际情况的薪酬价格，为维护员工队伍的稳定性，也不能将薪酬待遇降低到同地域同行业平均水平线之下。相比而言，当时东莞的人力资源成本比北京的低很多，缺点是员工流动性大、平均技能水平较低。

针对这种情况，诺基亚进行了战略转移，将高端手机放在北京生产，这些型号手机的生产需要比较复杂的工艺和较高的调试技能；中低端手机放在东莞生产，其生产工艺简单而容易控制，需要大量生产来保证市场份额。这次战略转移，诺基亚有效降低了人力资源成本，同时也确保了企业竞争力，一定程度上实现了当时的战略目标。

在同一时间节点上，人力资源成本水平差异在各个地域之间广泛存在，这导致不同行业、不同企业、不同产品在各个不同地域有着不同的人力资源成本组成。企业应将人力资源成本放在整体战略规划中考虑，充分利用地域优势有效降低人力资源成本。主要的成功做法可以分为以下 4 类。

1. 实施战略转移

利用地域优势，执行成本领先战略，进而降低人力资源成本，是诸多企业运营实践后得出的经验。

2. 进行战略提升

提高企业创新能力、加速产业转型升级，利用战略提升来降低人力资源成本。例如富士康在撤离深圳之后，积极布局天津、重庆、廊坊、郑州等地，既实现了产业结构升级的大战略，也降低了人力资源成本。

3. 实施战略扩张

通过不断扩大产能的“做加法”来摊薄人力资源成本，提高人力资源成本利润率。

4. 实施战略紧缩

通过降低企业的生产规模，减慢发展步伐；削减员工数量，停止招聘、调薪节约开支和费用，降低人力资源成本。具体包括剥离低利润、低市场份额的业务，降低沉没成本和损失；精细化管理，提升竞争力等。

案例：战略目标实现失败与人力资源成本的关系

企业战略目标对人力资源成本的影响是多元的。一方面，成功实现企业战略目标能有效降低人力资源成本，提升其利用效率。另一方面，企业战略目标定位或实现失败，也会给人力资源成本管理带来负面影响。尤其是企业决策者和管理者如果未能真正认识到人力资源成本管理的重要性，就会在编制企业战略目标时，不能合理分配人力资源成本管理资源，导致整体战略目标和人力资源成本管理方案脱节，给企业造成严重威胁。

国外一家高科技企业 L 集团，并购了某国 I 企业的个人计算机部门。不久之后，L 集团却出现了巨额亏损，面临着战略目标实现失败的风险。在这一转变背后，隐藏了人力资源成本管理的深层次问题。

L 集团的人力资源成本管理，在并购 I 企业个人计算机部门后遭遇了不小的挫折。并购之前，L 集团专门委托了国际咨询企业，编制了并购之后人力资源成本管理的规划，该国际咨询企业的建议是，只要迅速提高派往 I 企业的高管的薪酬水平，实现与国际接轨，就能解决并购后的管理问题。该国际咨询企业更进一步提出，要压低 I 企业原有中层和普通员工的薪酬和福利，来保证人力资源成本的管理效果，确保人力资源成本水平不提高，进而保证盈利水平。

在并购之后，L 集团全面接受了这一建议，让高管普遍提薪达到国际水平，而中层和普通员工的薪酬却没有任何变化。

这样的人力资源薪酬结构，迅速导致企业的战略目标实现进程出现问题。为推动并购之后的双方整合，L 集团派出了数十名外派员工。然而，这些外派员工的薪酬却并不高，他们的心态自然很不平衡，再加上严酷的工作任务挑战、被并购企业员工的不合作，又缺乏 L 集团本部的支持，这些员工很快选择了出走，纷纷离开 L 集团，加盟其他企业。

分析这一案例可见，L 集团并购战略目标与人力资源成本管理的失败是互相牵扯的。并购战略目标的定位模糊，导致人力资源成本管理策略不当，而人力资源成本管理策略失衡，又进一步加重并购战略目标的问题。

在更多类似的案例中，由于企业并购、扩张等战略目标的错误，企业在随后的重组和优化过程中因撤并重复机构、重新设定和梳理组织机构、精简部分职位等行动，产生大量的过剩人力资源。这些人力资源的安置有可能变成人力资源成本管理的问题甚至危机。同样，当企业战略目标定位或决策错误，导致经营绩效不佳、市场萎缩、前景黯淡时，在众多矛盾中，人力资源成本问题也会变得更显著。在危机中，企业内人心浮动，优秀者可能会大批离开，而普通甚至能力差的人却迟迟不愿离开，使得人力资源成本效率进一步降低，企业战略失败的阴影更大。

尤其值得注意的是，当企业编制的过高战略目标失败后，在过高战略目标指导下引进的大量员工会导致相当严重的人力资源过剩危机。曾经辉煌一时的保健品行业中，某些企业曾按照过高的战略目标来设置组织架构、配置人力资源。然而，在实际完成情况和目标差距较大时，企业内各级组织平台人浮于事，造成人力资源成本管理的危机。类似的错误战略，既影响了企业形象，也是决策者与管理者不负责任的表现。

7.2.2 第 2 招：如何选择适合企业的薪酬战略

薪酬是联系企业内部关系的重要桥梁。企业的薪酬战略会影响人力资源成本的管理效率。

为更好地管理人力资源成本，企业薪酬战略应着眼于解决三大宏观问题。这三大问题包括薪酬战略如何保持与企业战略目标的一致性，薪酬战略如何满足企业发展中的人力资源需求，薪酬战略如何与企业的人力资源管理文化融合与衔接。

在管理实践中，当发展速度较快时，企业需要在薪酬战略中加强与短期业绩有关的激励，促进人力资源提高目标，形成更大的激励力度，加快企业发展速度。

当企业发展到成熟期，发展速度放缓后，企业则应通过有竞争力的薪酬战略，吸引并留住核心员工，确保业绩的稳定。

企业进入稳定期和衰退期之后，企业薪酬战略则应着眼于确保人力资源薪酬的稳定，确保对员工流失率的控制。表 7.2–1 所示为企业在不同发展阶段的薪酬战略特点对比。

表 7.2–1 企业在不同发展阶段的薪酬战略特点对比

企业发展阶段	适宜采用的薪酬战略			
	基本薪酬	业绩薪酬	福利薪酬	股票或红利薪酬
初创期	低	高	低	无
成长期	有竞争力	高	低	全体员工

续表

企业发展阶段	适宜采用的薪酬战略			
	基本薪酬	业绩薪酬	福利薪酬	股票或红利薪酬
成熟期	有竞争力	有竞争力	有竞争力	核心人才
稳定期	高	低	高	核心人才
衰退期	高	无	高	核心人才

为决定采用何种薪酬战略，企业还应积极使用以下方法。

1. 薪酬战略

企业根据企业战略对自己的薪酬支付水平进行定位，通常采用 3 种基本的薪酬战略。

① 领先战略：支付的薪酬水平高于市场平均水平。

② 跟随战略：支付的薪酬水平等同于市场平均水平。

③ 滞后战略：支付的薪酬水平低于市场平均水平。

2. 结合企业的自身情况，确定薪酬战略

表 7.2-2 所示为企业薪酬战略的适用条件。

表 7.2-2　企业薪酬战略的适用条件

薪酬战略	适用条件
领先战略	① 处于垄断地位 ② 投资回报率较高的企业 ③ 人力资源成本在企业总成本所占比例较低的企业 ④ 薪酬支出在总成本支出中不会处于敏感地位
跟随战略	① 确保己方人力资源成本与竞争对手的基本一致，不至于产品或经营状况在市场上陷于不利地位 ② 希望己方有一定的吸引和保留员工的能力，不至于在人力资源市场上输给竞争对手

续表

薪酬战略	适用条件
滞后战略	① 企业处于竞争性行业，边际利润比较低，企业投资回报率较低或承担不起较高人力资源成本压力等 ② 以牺牲员工当前薪酬为代价，加速企业扩张，这种情况下对员工有承诺，才能凝聚员工

3. 从薪酬战略出发，框定薪酬总体水平

表 7.2-3 展示了薪酬战略与薪酬水平的对应关系。

表 7.2-3　薪酬战略与薪酬水平的对应关系

薪酬战略	薪酬水平预算区间
领先战略	市场人均薪酬 ×（1.1 ~ 1.3）
跟随战略	市场人均薪酬 ×1.0
滞后战略	市场人均薪酬 ×0.9 以下
综合战略	市场人均薪酬 ×（0.9 ~ 1.2）

7.2.3　利用薪酬战略管理人力资源成本的方法

利用薪酬战略管理人力资源成本，可以为企业实现战略目标提供人力资源保障，为此企业必须解决对哪些员工支付多少薪酬的问题。

1. 有效性

确保薪酬战略的执行效果，企业决策者和管理者需要从 5 个方面去考量所选择的薪酬战略是否真正有效，其内容如下。

① 薪酬战略是否符合企业战略和人力资源管理要求。

② 薪酬战略是否具有竞争性。

③ 薪酬战略对内是否具有公平性。

④ 薪酬战略是否能降低成本。

⑤ 薪酬战略的执行是否有足够高的效率。

只有真正解决上述 5 个问题，企业的薪酬战略才能与战略目标相匹配和一致，起到推动实现战略目标、提高人力资源成本管理效果的作用。

2. 方法性

利用薪酬战略管理人力资源成本，可以采用以下 3 种方法。

① 将岗位的战略目标责任与薪酬战略相结合，可采用以下薪酬结构模式。

企业管理员工 70% 的收入与企业战略目标挂钩。

企业中层管理员工 50% 的收入与企业战略目标挂钩。

② 将战略目标特点与薪酬结构相结合。

如企业战略目标强调成本控制、标准流程和资历，应采用等级薪酬结构。

如企业战略目标强调创新、迅速反应和绩效导向，应采用宽带薪酬结构。

③ 将战略目标推进重点与薪酬激励对象相结合。

如企业战略目标推进重点在于提升产品品质，则薪酬激励对象重点应为研发设定员工、品管员工和熟练员工。

如企业战略目标推进重点是提高某类产品的市场份额，应该将对销售员工的激励作为薪酬战略重点。

7.3　变动薪酬体系是人力资源成本管理的“守门员”

绩效是员工完成任务情况的衡量标准。绩效能通过有效数据准确反映员工在规定时间内是否按要求保质、保量完成了工作。围绕员工的绩效水平，变动薪酬体系能够决定员工薪酬的高低，是行之有效的人力资源成本管理制度。

建立和推行科学、公平的变动薪酬体系，对企业建立良好、健康运营的人力资源成本管理体系，提高企业在市场上的竞争力，实现企业人力资源队伍的高素质化，有着十分重要的意义。

7.3.1　第 3 招：利用薪酬结构管理人力资源成本的方法

薪酬管理是人力资源成本管理的难点，薪酬结构则是薪酬管理十分重要的工具。薪酬结构设定合理，企业的人力资源成本管理就相对公平，企业内就不容易因为薪酬问题而出现不满情绪。反之，薪酬结构设定不合理，人力资源成本支出加大，而企业整体工作效率却并没有随之提高，这显然对长远发展不利。

案例：某企业的薪酬结构

人力资源成本管理是现代企业成本管理体系中的主要组成部分。这一管理的主要目的就是为企业创造价值，帮员工创造业绩。薪酬结构设定不合理，人力资源成本管理的效果就会乏善可陈。原因在于，一旦员工身处不合理的薪酬结构，他们就会对企业是否赚钱变得漠不关心，因为无论企业赚了多少钱，员工都认为自己得到的回报并不合理。

G 企业在 2018 年赚到了 5 倍于前一年净利润的净利润。然而，该企业的财务总监王总，并没有对此表现出兴奋。其他很多员工也不关心企业的经营业绩。这一奇怪现象来源于 G 企业的薪酬结构。

G 企业有员工 1 000 多人，他们大部分为生产员工，占比超过 50%。该企业薪酬结构内，存在几种不同的薪酬组成类型。企业的决策者为责任工资制即年薪制，普通管理员工和技术员工为岗位绩效工资制，销售员工为业绩提成制，生产员工为计件工资制。其中，责任工资制从 4 年前开始实行，和各部门的经营效益与年度绩效挂钩。管理员工、销售员工的固定薪酬比较低，多年来实际变动幅度很小。同时，企业每年会根据当地最低工资标准、社会经济状况、当年企业利润和未来预期等因素，对各类岗位人力资源薪酬进行调整，每次调整都会适当上调薪酬，增加部分都加入浮动工资，或者通过一定形式的补贴发放。

即便如此，G 企业人力资源离职率始终居高不下，尤其是工作 3 年左右的员工离职更多。人力资源管理部门的调查结果显示，这些员工觉得自从进入企业之后，基本就没涨过薪酬。但人力资源管理部门的数据统计却说明企业人力资源薪酬的年均增幅在 4% 左右，工作 3 年的员工，薪酬多少都应该有所上涨。这样的矛盾是如何产生的呢？

G 企业的人力资源管理部门进一步统计发现，人力资源薪酬结构中，不包含法定福利的额外福利项目大概有 20 多项，其中，年功工资、岗位工资、季度绩效工资、年度奖金、提成工资这些项目的薪酬，内容非常明确，有着稳定的计算规则和依据。然而，其他的福利项目，情况就比较复杂。

① 在企业发展过程中因特殊情况设置了福利，后续无法取消。例如原先的生产岗位有高温补贴，办公室岗位没有。此后，由于企业更换办公地点、上班交通时间延长等，办公室岗位也增加了高温补贴。虽然后来办公条件获得改善，该补贴也难以取消，保留了下来。

② 薪酬结构不均衡。G 企业在创业之初，没有引入“宽带薪酬”概念，每个岗位只设定了单一的薪酬标准。此后，为便于与绩效挂钩，企业设置了变动薪酬。优秀者能获得的奖励项目越来越多，而业绩较差的人获得的奖励项目较少或没有。几年下来，人力资源薪酬结构中浮动部分越来越多。

③G 企业成立几年来，业绩始终在增长。为此，企业每年都或多或少在增加薪酬。由于岗位工资只有固定数额，缺乏调整空间，只好再增加新的项目来增加薪酬。

因此，G 企业人力资源薪酬中的浮动部分，远多于固定部分。尤其是生产和销售岗位，由于采用计件工资和业绩提成制，浮动部分的比例更高。由于离职的人力资源大多出自这两个岗位，所以他们总是感觉收入没有提高多少，这导致离职率居高不下，大量人力资源管理成本被用于招聘、培训，却没有真正产生绩效。

案例：这样的薪酬结构设定是否更合理

相比之下，H 服装企业的薪酬结构更合理。H 企业的薪酬结构相对较为复杂，但同时也比较全面而科学。H 企业的所有人力资源都有固定薪酬，但其高低会因为工作岗位的性质不同而有所区分。

例如，办公室文员的固定薪酬比其他普通员工的固定薪酬高；生产一线员工的薪酬组成则是“固定薪酬 + 计件薪酬”；销售员工的固定薪酬则介于前两者之间，薪酬组成方式是“固定薪酬 + 变动薪酬”。

该企业管理者的薪酬方式采用了同职不同薪的制度。对最繁忙、贡献最多的销售部门与财务部门的经理，给予了较为丰厚的薪酬。而对工作压力相对较小的其他部门经理，则以同行业平均薪酬水平为标准设定薪酬。

此外，H 企业年底变动薪酬的发放也并不相同。即使身处同样的岗位，员工也会根据贡献不同，拿到不同的变动薪酬。

H 服装企业的薪酬结构设定显然更合理。这种薪酬结构既遵循了公平公正的原则，也更好地激发了人力资源的工作积极性，确保人力资源成本产生最大的作用。

7.3.2 第 4 招：利用薪酬总额预算管理人力资源成本的方法

薪酬总额预算可以对人力资源成本的数字底线形成强大的约束力，扮演坚强的“守门员”。

利用薪酬总额预算对人力资源成本进行管理，主要包括以下方法。

1. 从编制薪酬预算开始控制和增减人力资源成本总额

编制薪酬预算前的具体测算步骤如图 7.3-1 所示。

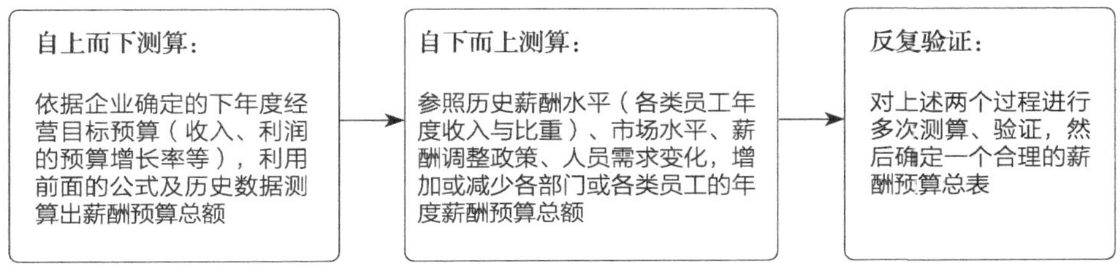

图 7.3-1　编制薪酬预算前的具体测算步骤

2. 在预算执行过程中管理人力资源成本，建立薪酬总额管理控制体系

① 对比分析实际薪酬总额与预算总额。确定薪酬预算总额后，在日常发放管理时，要跟踪薪酬的实际支出与预算之间的差异。通过对月度、年度的预算与实际支出情况的对比，分析引起预算偏差的原因，及时掌握人力资源成本和薪酬成本的动态变化。

② 弹性控制薪酬总额的增长变化。例如，实行工效挂钩，利用薪酬总额与营收（销售额）、人均薪酬与人均销售额的变动幅度，把薪酬总额及人均薪酬水平控制在投入产出水平许可的范围内。遵循原则有以下 4 种。

a.“两低于”原则。薪酬总额增长低于销售额的增长，人均薪酬增长低于人均销售额的增长。

b. 平均及最高、最低增长原则（如平均加薪 7%，最低加薪 4%，最高加薪 10%）。

c. 绩效回报原则（不同员工的加薪幅度不同）。

d. 预算强制分布原则（如批准平均增加 5% 的业绩工资预算，再与绩效考核结果挂钩实行强制分布）。

③ 结合行业数据对薪酬总额水平进行比率控制。

将企业的劳动分配率、人事费用率、总成本人力资源成本含量与行业平均水平相比较，衡量企业与行业水平的偏差程度。上述 3 项指标的比率应当低于行业平均水平，且不能为负值，计算出的偏差（P）应符合这个条件：$0 \leqslant P \leqslant 1$。符合这一条件就说明薪酬总额比率控制得较好，反之则表明极有可能失控了。

3. 对薪酬预算总额的执行结果进行管理与考核

① 对各业务部门执行严格的总额预算与管理。

确定企业及各业务部门薪酬总额后，或控制岗位编制，或给予部门内部用人自主权（如增人增效不增资、减员增效不减资），实现薪酬总额的有效控制。也可以把薪酬预算业绩纳入对业务部门管理者的绩效考核。

② 把握薪酬总额控制的年度结算期限，当年发生的费用不留到下一年度。

案例：薪酬预算是人力资源成本控制的“尚方宝剑”

薪酬预算是一项较为复杂的工程，它通过成本收益分析控制企业成本支出，同时为企业评估人力资源成本控制的水平提供必要的基础。

作为控制人力资源成本的“尚方宝剑”，薪酬预算的难点不在于如何编制预算，而在于如何看待与分析预算所反映出的组织架构与薪酬设定现状。薪酬预算影响权力的分配，是人力资源部门与财务部门、运营部门职能的结合。因此，薪酬预算作为沟通工具，提供了调和企业内不同业务部门冲突的手段。

M 企业经过十余年创业发展，在 2016 年已成为将技术投融资、项目建设和托管融为一体的综合性专业工程企业。随着企业不断成长，各层级都出现了困惑和问题。决策者认为，各个部门总是说人不够，经常申请要招聘；负责人力资源的办公室则拿不出好的建议，总是在“压”申请，实在压不住就将申请“甩”给决策者，请他们决定。结果，营销部门虽然业绩不错，但财务部门到年底却依然反映看不到预期利润，薪酬成本居高不下，让员工抱怨收入没办法水涨船高。

经过专业团队评估和建议，M 企业开始采取薪酬总额控制的预算管理模式，采用自上而下和自下而上相结合的薪酬预算体系，进而引入新的人力资源成本管理模式。

经过对年度薪酬总额的确定，在进行日常薪酬发放管理时，该企业根据不同人力资源的分类定级，采用月度相对总量控制方法和年度决算方法进行控制。此外，为鼓励各个业务部门管理者充分挖掘现有人力资源潜力，提高流程效率、优化岗位设置，避免人力资源队伍过快膨胀，在预算控制过程中强调了“加人不加预算，减人不减预算”的原则，将人力资源成本责任直接转移到各个业务部门。

在明确薪酬预算之后，人力资源成本被严格控制，M 企业各个业务部门管理者充分感受到人力资源成本和企业总效益的关系。同时，人力资源成本的控制压力被有效分解并传递。这样，M 企业原有的相关问题得到了解决，薪酬预算也成为推动企业提升业绩的动力。

总体来看，薪酬预算必须灵活反映环境的变化，也应该能满足管理员工的决策需要。与静止的薪酬预算相比，灵活的薪酬预算更能适应企业的实际需要。灵活的薪酬预算更强调准确区分固定成本和浮动成本的重要性。

薪酬预算的重点是固定薪酬，虽然它也包括绩效和晋升方面的信息，但预算关注的重点是固定薪酬的整体而不是局部。在一些企业，倾向于将薪酬预算重点放在监督和控制绩效增长方面，这种做法有很大的局限性。

例如，在高流动导致高薪员工的企业以及高速增长的企业内，新雇用人力资源人数的增多和晋升现象频发，可能比绩效增长带来的薪酬增长效果更明显。

类似情况下，在进行薪酬预算时，应该在警惕绩效和晋升的同时，重点关注薪酬费用的整体状况。

7.3.3 第 5 招：利用岗位评估与定薪定级管理人力资源成本的方法

利用岗位评估与定薪定级管理人力资源成本的方法主要用于宽带薪酬模式。这是因为宽带薪酬模式在操作过程中，定薪和调薪的灵活性比较大，可能会使人力资源成本大幅度上升。为有效控制人力资源成本，抑制宽带薪酬模式的缺点，企业在积极建立宽带薪酬体系的同时，必须利用岗位评估与定薪定级构建相应的任职资格体系，明确薪酬评级标准及办法，并与能力提升和绩效标准高度结合。

1. 岗位评估法

量化岗位评估能确定岗位的固定薪酬。这一措施的好处在于能让企业内所有人清楚、全面地理解固定薪酬的差距，达到公平、公开、公正的目的。尤其是在完成岗位评估后，可以让企业内不同业务部门互相了解各自的岗位和工作职责，形成明确的可比较关系。

岗位评估的程序如下。

（1）准备阶段

列出待评价的岗位名称目录，编制和完善岗位说明书，编制岗位因素表并进行调整。随后编制打分表，调整统计软件，组建专家评委和统计组。

（2）评价阶段

① 人力资源管理部门分析岗位因素、评价方法、程序。

② 人力资源管理部门讲解待评价岗位的说明书。

③ 专家评委对岗位因素进行评分，统计组对评价结果进行数据处理。

④ 讨论已经评价的岗位的数据处理结果。

⑤ 对离散度大的部分岗位重新进行评价。

⑥ 按照评价结果对岗位进行排序，并撰写岗位评价报告。

表 7.3-1 所示是岗位评价过程中可以参考使用的岗位价值评价。该表直观地列出了影响岗位价值的七大主要因素的权重和分值。

表 7.3-1　岗位价值评价

序号	岗位价值系统因素	权重A	分值A	系统子因素	权重B	分值B
1	对企业的影响	40%	400	① 基本影响（收入、成本、质量）	60%	240
				② 成长促进	40%	160
2	解决问题	21%	210	① 复杂性	50%	105
				② 创造性	50%	105
3	责任范围	10%	100	① 工作内容的广度	40%	40
				② 工作的独立性	40%	40
				③ 知识的广度	20%	20
4	监督	9%	90	① 层次类别	40%	36
				② 人数	30%	27
				③ 下属素质	30%	27
5	知识经验	9%	90	① 知识	40%	36
				② 经验	60%	54
6	沟通	6%	60	① 沟通频率	30%	18
				② 沟通技巧	40%	24
				③ 内外因素	30%	18
7	环境风险	5%	50	① 环境条件	100%	50
				② 工作风险		
合计	—	100%	1 000	—	—	1 000

2. 定薪定级法

对岗位和员工的定薪定级是确定整个企业薪酬如何分配的基础工作。通过定薪定级，企业能确定岗位和员工的薪酬级别，框定薪酬标准，使员工和岗位相互匹配。这种体系下，每个人的薪酬收入都围绕级别变动而不发生偏离。

定级定薪的原则可以概括为“以岗定级，以级定薪，人岗匹配，易岗易薪。”该原则可确保企业处于内部运营成本较低的状态。

（1）以岗定级

每个岗位应对应一个职级，职级作为该岗位对企业贡献的价值评估标准。为此，企业应做好以下两项工作。

首先，对各类岗位确定序列，包括研发岗位序列、市场岗位序列等。

其次，对岗位序列进行评估，其中岗位肩负的责任是评估重点。例如岗位所控制的资源、产出，岗位面对的客户、岗位工作环境的复杂程度等。同时，还应参考该岗位上的员工需要具备何种知识、技能及经验等。

综合上述衡量结果，使用一个职级数字来对岗位价值进行确定，这样，就能形成岗位和职级的对应关系。

（2）以级定薪

在宽带薪酬体系中，每个级别从最低到最高，都有一定幅度的“带宽”。每个管理者都有权力在该范围内，对下属根据绩效来调整薪酬。对同一级别的下属，可依据绩效表现，在企业例行的薪酬调整中（或下属做出优秀业绩时），由管理者提出调薪申请。这样，员工即使不升职，只要持续对企业做出贡献，绩效足够好，工资也同样可以获得大幅提升。

（3）人岗匹配

想要让定薪定级法真正发挥作用，就要确保员工与其岗位所要求责任的匹配，即确保员工的绩效达到岗位目标、个体行为符合岗位职责，包括知识、技能、素质、经验等基本条件符合岗位要求。在确定人岗匹配后，再根据匹配程度，确定员工的职级和薪酬。

（4）易岗易薪

易岗易薪主要是指针对岗位所发生的变化调整薪酬。

在晋升时，如果员工的薪酬达到或超过了新职级薪酬的最低值，则其薪酬可以不变或提升。如果其薪酬尚未达到新职级薪酬的最低值，通常应调整到新职级薪酬的区间下限，具体数额可取决于员工的绩效。

同样，在降级时也应根据员工的绩效情况，在新职级的对应薪酬区间内调整。如降级前薪酬高于区间内职级薪酬上限，就应降到新职级的工资上限或以下。

7.3.4　第 6 招：利用调薪规定管理人力资源成本的方法

利用调薪规定来管理人力资源成本是企业常用的方法，其中主要方法种类如图 7.3-2 所示。

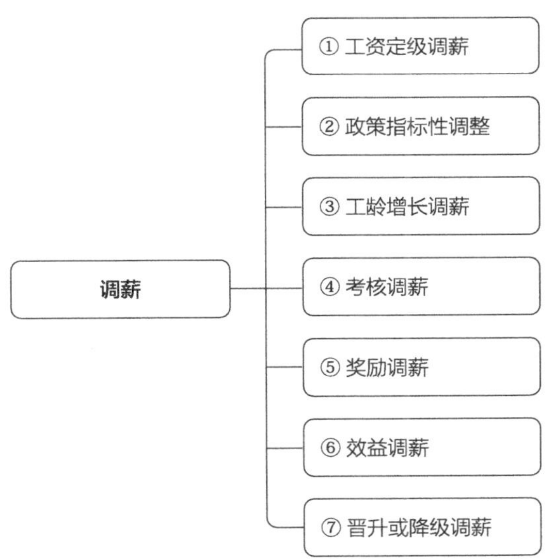

图 7.3-2　企业调薪的主要方法种类

无论采用何种方法，调薪必须有明确原因，应避免在缺乏理由和依据的情况下调薪。同时，企业还应设置明确的调薪管理规定，严格按照规定内容执行调薪，即使可能存在特殊情况，也应提前设立报批程序。

在调薪之前，企业应明确以下内容。

1. 调薪依据

根据调薪对象的多少，可分为普调和个体调薪两种。其中，普调是根据企业经营情况、物价变动等情况进行集体调薪。一般情况下，企业集体薪酬水平的增长幅度不会高于利润增长幅度。

相对于普调，个体调薪主要考虑以下 3 方面依据因素。

（1）岗位变动

若员工岗位发生变动，而变动前后薪酬等级不同，即应进行相应调整。

需要注意的是，当企业采用宽带薪酬体系时，不同薪酬等级内有多个档次，此时就应重新进行匹配度评估。如果缺乏标准，可以按照原有薪酬标准就近套转，然后再根据所在岗位的具体绩效进行调整。

（2）技能提升

当员工（主要是专业技术员工）自身技能水平提升，到达更高等级时，通常会进行调薪。当然，企业内其他员工，也能根据个人技能水平提升情况，获得薪酬调整的机会。

（3）绩效调薪

根据员工在一段时间内的绩效水平表现来调整薪酬。由于绩效考核结果可能会存在某些外在因素，所以绩效调薪时，需要设定应有的附加条件。例如，采取强制分布的做法，根据业务部门的绩效等级，确定业务部门内能调薪的员工比例，具体做法如表 7.3-2 所示。

表 7.3-2　员工绩效等级分布表

部门年度绩效等级	员工绩效等级分布比例				
	S	A	B	C	D
S	20% 以下	30% 以下			

续表

部门年度绩效等级	员工绩效等级分布比例				
	S	A	B	C	D
A	15% 以下	20% 以下			
B	10% 以下	15% 以下			
C	0	0			
D	0	0			20% 以上

2. 评估依据

上述调薪方式需要企业实际上已建立起相关配套体系，包括职位级别标准、任职资格标准和绩效管理标准等。然而，不少企业尚未建立对应的体系，此时就应综合参考员工的能力水平、素质与态度。

在能力水平评估方面，人力资源管理部门应根据员工对岗位各项职责的完成情况、实际贡献和职责领域的变动情况，采取关键事件法进行评价。

在素质与态度评估方面，可以选择企业内通用的核心素质要求，如执行力、协作力和积极性等，采取关键事件法进行评价。

根据上述评估结果，人力资源管理部门可以将员工划分为不同调薪类别，以此确定调薪幅度和等级。

3. 调薪标准

如企业尚未建立明确薪酬等级，可以采取以下方式确定调薪标准。

（1）固定数额

按照固定数额调薪，如所有调薪员工全部上调 500 元薪酬。这种方式下，不同等级员工原有的总体薪酬水平不同，会产生不同的感知度。

（2）固定比例

也可根据固定比例调薪，如所有员工的薪酬都按照增加 5% 的标准上调。由于基数差异，原有薪酬水平较高的员工可能会增加很多，并导致薪酬水平迅速拉开较大差距，不利于保证内部的公平性。因此，可考虑将部门薪酬等级的中位值作为基准，按照相同比例进行加薪。

企业调薪时，还应兼顾企业薪酬水平的对外竞争力，据此确定调薪幅度和频率。在其他条件相同的情况下，员工或业务部门的绩效等级越高，调薪幅度越大；外部竞争力越强，调薪幅度越小，调薪周期越长。这种调薪方式充分考虑到多种因素，可以确保企业薪酬水平的外部竞争力和内部公平性。

当然，任何调薪行为都应确保激励效果，促进人力资源成本的高效管理。

案例：某企业的调薪方案

某企业人力资源管理部门提出的调薪方案如下。

1. 调薪的目的

①规范企业员工的调薪制度，提高员工工作的积极性、责任感，不断提高企业活力。

②建立企业员工的调薪通道，激励员工不断提高业绩，以端正的工作态度、卓越的工作技能推动企业的发展。

2. 调薪的原则

①调薪必须坚持公平、公正的原则。

②调薪必须坚持以岗位任职资格为准则，杜绝论资排辈。

3. 调薪的渠道

①各级部门主管对下属员工的工作除了监督之外，还应给予更多的支持和技术指导，对具有调薪资格的员工，应积极给予调薪申请。

②员工自身认为具有调薪资格方可向企业人力资源部提出调薪申请。

4. 调薪的资格

员工必须具备以下条件才具有调薪的资格。

① 企业员工必须在企业工作半年或一年以上。

② 员工在任职期间工作努力，工作业绩优异，工作技能提高，工作责任感强，工作态度端正，符合或超过现岗位任职要求。

③ 企业员工必须在最近半年或一年内的考核中成绩为较好以上等级。

5. 调薪的依据

① 岗位价值：岗位本身对企业的价值，一般体现在岗位价值评估的结果上。

② 绩效价值：员工在岗位上所创造的实际价值，即取得的绩效成果，一般可以通过绩效考核结果来确定。

③ 个人价值：员工的能力、熟练程度和素质对工作的影响，一般可以体现在素质能力评估和技术等级评定上。

④ 稀缺价值：员工的能力在市场上的稀缺程度。

6. 调薪的时间

① 调薪范围：自入职起在企业工作满半年及一年的员工。

② 调薪时间：员工工作每满半年及一年的前15天申请走流程。

③ 调薪生效日期：员工工作每满半年及一年的第2天生效。

7. 调薪的标准

① 员工每年有两次调整薪酬的机会。

② 调整幅度通常为 −15% ~ 45%，根据员工的表现和业绩，由主管负责人在授权范围内调整。有特殊贡献或超出此范围的，由直属决策者向企业管理员工申请授权，获得同意后方可实施。薪酬到达级别上限即

停止加薪。

③ 调薪公式为：（岗位价值 + 个人价值 + 稀缺价值）× 绩效价值 × 100%，即 $R=(P+PL+S)\times Pe\times 100\%$。

④ 各高薪因素等级分布如表 7.3–3 所示。

表 7.3–3　各高薪因素等级分布

维度	A	B	C	D	E
岗位价值（P）	1.0	2.0	3.0	4.0	5.0
个人价值（PL）	1.0	2.0	3.0	4.0	5.0
稀缺价值（S）	1.0	2.0	3.0	4.0	5.0
绩效价值（Pe）	1.0	2.0	3.0	4.0	5.0

注：① 本方案由人力资源部起草、修订，诠释亦然，人力资源部拥有最终解释权。

② 本方案将以最新版本为准，修订或改动将走审批程序。

③ 本方案适用于 ×× 企业所有项目。

7.3.5　第 7 招：量化人力资源成本考核指标，每人都有责任

在未完成考核激励机制之前，任何管理模式都只是纸上谈兵，人力资源成本管理也不例外。只有将人力资源成本考核指标量化分解到每个部门、每个员工，进行严格的考核激励，形成“人人头上有指标”的局面，才能让责任得到有效落实，计划得到有力执行。

案例：人力资源成本管理是谁的责任

企业为从整体上对人力资源成本进行有效控制，提高人力资源的投资效益，当然会将人力资源管理部门作为责任中心，并通过对该部门的

业绩考核，考查人力资源成本的管理情况。

但是，人力资源成本管理并不是人力资源管理部门的内部责任，而是企业内每个部门、每个员工的责任。因此，在人力资源成本管理的各个环节，企业都应最大限度调动员工积极性，强化管理者的责任意识。

例如，可以将人力资源成本管理的相关工作纳入各个业务部门管理者的岗位说明书，强化其人力资源成本意识，由此在企业内形成人力资源费用预算的管理文化，强化相应的价值观念。

从岗位角色上看，人力资源成本管理的主要责任者是业务部门的管理者。他们掌握着下属员工是否胜任的情况，负责具体实施激励政策、提高劳动生产率等。此外，人力资源管理部门编制的薪酬政策、绩效管理规定、福利方案等，不仅需要来自上级的认可，想要成功执行，也需要其他部门、下级部门的实践支持。

因此，企业中所有管理员工，都必须将人力资源成本管理看作自己的重要责任，只有这样才能让企业获得人力资源管理的高效率，提升企业整体竞争力。

为让业务部门明确人力资源成本管理履责是否到位，可以利用人力资源成本考核指标来管理人力资源成本。不妨以对人力资源管理部门的考核为例，分析如何使用这一工具。

人力资源管理部门的工作任务关系到每个部门，涉及整个企业的人力资源成本（工资、福利和招聘、培训、服务、发展、激励、离职等成本费用），其中也包括人力资源管理部门自身的成本考核。因此，需要从以下财务类指标中选择合适的指标，作为人力资源管理部门成本考核的评价标准。表 7.3-4 所示为人力资源成本考核指标。

表 7.3-4　人力资源成本考核指标

序号	绩效指标名称	定义	数据评价
1	人力资源成本控制目标达成率	人力资源成本占总成本比率：实际达成结果 ÷ 预算控制目标	人力资源成本占总成本比率如小于 5% 得满分，大于 20% 不得分，5% ～ 20% 按线性关系计算
2	人均部门管理费用节约率	本期人均部门费用额 ÷ 上期人均部门费用额	小于 90% 得满分，大于 100% 不得分，90% ～ 100% 按线性关系计算

1. 人力资源成本占总成本比率

考核对象为人力资源管理部门经理，考核人为企业财务经理、总经理。

考核指标规定如下。

① 人力资源管理部门对整体人力资源成本把控严格，经财务核算，考核期内人力资源成本占总成本的 5% 以下，为优秀等级。

② 能对人力资源成本加以合理控制，经财务核算，考核期内人力资源成本占总成本的 5% ～ 10%，为良好等级。

③ 人力资源成本管理出现少许失控情况，但挽回及时，经财务核算，考核期内人力资源成本占总成本的 10% ～ 20%，为合格等级。

④ 人力资源成本管理严重失控，经财务核算，考核期内人力资源成本占总成本的 20% 以上，使企业蒙受较大的人力资源成本损失并承担较大的人事风险，为不合格等级。

2. 人均部门管理费用节约率

考核对象为人力资源管理部门经理，考核人为企业财务经理、总经理。

考核指标规定如下。

① 人力资源管理部门对人均部门管理费用成本把控严格，经财务核算，考核期内人均部门管理费用节约率在 90% 以下，为优秀等级。

② 能对人均部门管理费用成本进行合理控制，经财务核算，考核期内人均部门管理费用节约率在 90% ～ 97%，为良好等级。

③ 人力资源成本管理出现少许失控情况，但挽回及时，经财务核算，考核期内人均部门管理费用节约率为 97% ～ 100%，为合格等级。

④ 人力资源成本管理严重失控，经财务核算，考核期内人均部门管理费用节约率超过 100%，为不合格等级。

3. 各部门人力资源成本考核指标

除上述两大通用指标外，企业还应结合各部门业务特点，将其业务中与人力资源成本有关的绩效指标纳入绩效考核范围，并与各部门主要管理者的个人薪酬联系起来，督促他们积极减员增效，通过提升人均产出或降低人均成本浪费，进一步减少部门的人力资源成本。

7.3.6 第 8 招：加强绩效管理、提升人力资源成本管理效率的方法

为加强绩效管理、提升人力资源成本管理效率，在企业中建立和运行绩效指标体系显得非常重要。绩效指标体系能为人力资源成本管理明确评估标准，并确保考核指标得到更加细致的运用。

绩效指标体系包括企业、部门和员工 3 级。其中，企业级的绩效指标是企业的战略目标体现，部门及员工级的绩效指标则是企业关键业绩指标的分解，也是部门及员工目标完成情况的评价指标。

图 7.3-3 所示为企业级的人力资源成本绩效指标体系，源自企业战略规划体系，受到企业战略目标、战略驱动因素和业务规划因素的指导。其中，战略驱动因素直接决定绩效指标与部门职责，并以部门级关键绩效指标（Key Performance Indicator，KPI）的方式决定中层管理者的考核结果。业务规划因素则通过影响部门年度计划目标，从而影响部门和中层管理者的 KPI 考核结果。

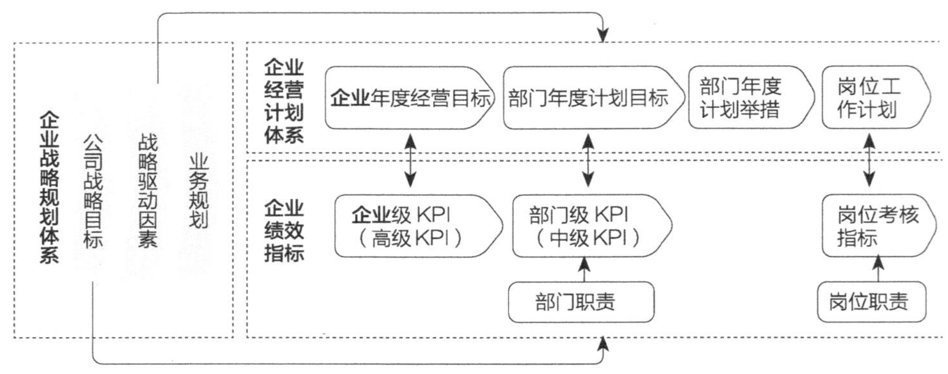

图 7.3-3　企业绩效管理指标体系

企业绩效管理指标体系不仅用于人力资源成本管理，而且其对人力资源成本管理的正面作用非常显著。企业绩效管理指标体系在整个企业运营中承担了中枢和关键的作用，通过对部门和员工绩效的检测，对其业绩、能力做出判断，对个人任职资格加以评断，对员工能力培训提供重要意见，对岗位薪酬与激励提供依据，由此最终提高人力资源成本的管理效率。

需要注意的是，企业绩效管理指标体系与绩效考核指标体系并非一回事。绩效考核只是企业绩效管理的一部分，完整的企业绩效管理指标体系包括 5 个部分，分别是绩效循环指标体系、潜能评价指标体系、行为标准与规范指标体系、绩效考核指标体系和绩效改进指标体系。这 5 个体系相互交错，协同发挥作用，共同构成完整的企业绩效管理指标体系。

在该体系中，企业绩效管理指标体系确定了绩效考核与人力资源成本管理的方向，每个细分的绩效指标均代表了考核与管理的内容，而为指标设置一定的目标值，就成为各个部门和企业整体的工作目标。因此，企业绩效管理指标的设置，是人力资源成本管理的基础。

7.3.7　第 9 招：利用“绩效 + 薪酬”管理体系管理人力资源成本的方法

利用薪酬管理体系、绩效管理体系等，企业能确定管理人力资源成本的有效途径。在实践中，如果成功搭建“绩效 + 薪酬”管理体系，将薪酬与绩效两者对接起来，建立完整的变动薪酬管理体系，则能更有效地管理人力资源成本。

例如，结合绩效管理，主动改变薪酬结构就能有效降低人力资源成本。以某企业的基础服务工作岗位为例，客服岗位年度总薪酬约为 7 万元，其中 2 000 元左右为福利性薪酬，年末奖金和绩效奖金占 20%。该岗位每月发放薪酬 4 600 元，年末奖金和绩效奖金共计 13 600 元左右。如果企业未能将绩效与薪酬管理综合考虑，将年末奖金和绩效奖金比重调整为 30%，意味着其总额会上升到 23 500 元，那该岗位员工的收入就会被延迟发放。相比于按月发薪，员工的部分现金性收入会等到年末才能获得，这显然并不利于提升客服岗位的绩效和提升人力资源成本管理的效率。

实际上，对类似的稳定岗位而言，在薪酬结构中调整、提高年度奖金和年度绩效，并没有太多的激励意义。对产品附加值并不高的基础型员工而言，20% ~ 30% 的变动薪酬已经有很大的吸引力。这一案例说明了薪酬结构与薪酬发放方式在“绩效 + 薪酬”管理体系中具有的重要性。

为打造全面的“绩效 + 薪酬”管理体系，企业可以考虑采用以下方法。

① 将绩效考核、变动薪酬和调薪规定三者相结合，控制人力资源成本。例如对绩效不良的员工，除降低其变动薪酬外，在季度或年度调薪时，也会控制调薪幅度或不调薪。

② 将绩效考核结果与变动薪酬分配规定结合起来，控制变动薪酬的发放额度。尤其是绩效在 C（一般）以下的员工，通常变动薪酬应不予全额发放。例如，绩效为 D 的员工，按 0.5 的系数发放；绩效为 E 的员工，则不予发放等。

③ 为有效控制人力资源成本上升，绩效考核体系包含的奖励与激励方式，除了应与薪酬发放和调整挂钩，还应纳入更多的激励方式，如职位晋升、培训机会、奖励表扬、荣誉称号、重要性工作、岗位调整、参与目标设定等。这些激励方式能让“绩效 + 薪酬”管理体系发挥更全面的管理作用。

案例：变动薪酬体系带来双赢效果

某企业为解决员工在工作中缺乏合作的问题，提高人力资源成本的利用效率，在设定个人变动薪酬体系时，将部门和个人绩效考核结果作为主要标准。

1. 人力资源薪酬与部门绩效考核挂钩

个人薪酬不仅取决于自己的工作能力和绩效，也取决于其所在部门的整体工作绩效，同样取决于企业内其他部门对该部门的评价。因此，每个部门内所有员工都必须相互积极合作，共同完成工作，否则部门整体工作绩效不理想，个人薪酬也会受到影响。

2. 人力资源薪酬与个人绩效考核挂钩

个人薪酬与绩效考核所得分数紧密关联。其中，个人月变动薪酬的计算公式为个人月变动薪酬基数 × 当月综合绩效系数，而个人月变动薪酬基数的计算公式则是岗位薪酬 × 个人变动薪酬计提比例。

个人变动薪酬计提比例应结合其所在部门和岗位的级别来确定。该企业业务部门个人变动薪酬计提比例为 70%，部门管理者个人变动薪酬计提比例为 50%，职能部门个人变动薪酬计提比例为 30%。

当月综合绩效系数为个人当月绩效系数 × 部门当月绩效系数。其中，部门和个人达到“优秀”，绩效系数为 1.1，“良好”为 1.0，“有待提高”为 0.9，“不合格”为 0.8。

采取了基于绩效的薪酬体系后，该企业实际上缩小了原有薪酬结构中的固定薪酬部分，提高了变动薪酬比例。员工的固定薪酬虽然有所减少，但只要付出应有的努力，就能根据具体绩效目标的实现，获得更高的奖励性薪酬。对企业而言，减少了人力资源成本费用，获得了更大的成果，而优秀者也能因此得到更好的激励。

7.4　管理改善是人力资源成本管理的“手术刀”

任何企业中，管理的最终对象都是“人”。因此，当企业的管理得到改善，人力资源成本管理水平也将必然得到提高。通过管理改善的“手术刀”，企业能更适应内外环境的变化，人力资源的成本也因此能为企业带来更多收益。

7.4.1　第 10 招：优化招聘管理的 3 个环节就能减少人力资源成本浪费

企业招聘到合适的员工并不容易，有时，人力资源管理部门需要从成百上千份的简历中筛选出一名合适的候选人。但这远不是“故事”的结束，吸引、入职、试用期的每个环节都有可能发生意料之外的事情。几乎每个人力资源管理部门至少都遇到过一两个“煮熟的鸭子飞了”的故事。

招聘失败对人力资源成本带来的浪费相当惊人，但很少有人能真正发掘其深层次原因并加以解决。实际上，优化招聘管理流程中的 3 个环节，就能在很大程度上避免发生类似情况。大多数企业都应该先停下来思考招聘问题、人力资源成本居高不下的根源所在，随后再造招聘管理流程，从体制上控制招聘失败的风险。

在招聘流程中，有三大环节最为重要。

① 吸引，即对人才吸引和申请的过程。

② 招聘，企业招聘甄选的过程。

③ 适职，员工入职到胜任职位的过程。

一个好的招聘管理流程，应该是吸引、招聘和适职三大环节的紧密连接。三大环节中的负责者应各自明确应承担的任务、肩负的责任，拥有的支配企业内相应资源的权力，并清楚了解企业对人力资源的定义、人才的评估标准、选人用人的理念等。当企业能确保上述因素清晰、透明时，就能进一步优化招聘管理流程。

因此，如果企业目前招聘效率低下、浪费人力资源成本现象严重，人力资源管理部门就应积极考虑招聘管理流程是否存在问题，并着手优化或再造整个招聘管理流程。同时，应积极把握流程中的关键元素，结合企业实际情况灵活运用，设定行之有效的招聘管理流程。

招聘管理的可优化关键元素如图 7.4-1 所示。

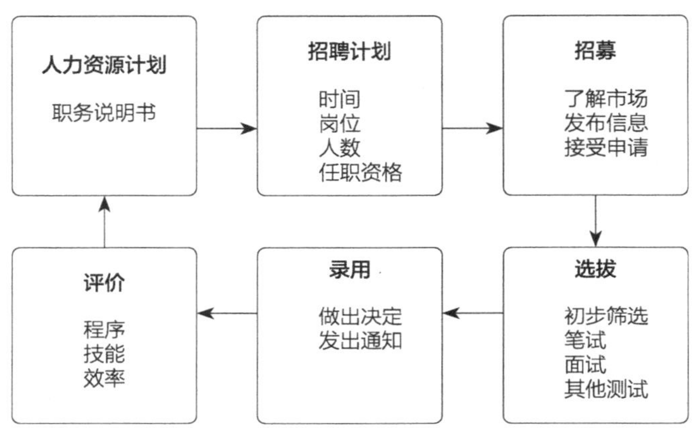

图 7.4-1　招聘管理的可优化关键元素

案例：招聘经理的两次预算对比

何经理是某互联网企业人力资源部门招聘负责人，他在检查预算时发现，近年来该企业在校园招聘渠道中花费的成本越来越高，但真正为企业提供的人力资源却远远不够。

表面上，由于该企业在行业具有了一定名声，派去学校的招聘员工总是显得极有信心，他们觉得只要去校园招聘，就一定能“带”一群人过来。然而，招聘经理清楚，这种现象并不正常。例如，企业原本预计招聘 10 人，每人的成本为 1 000 元，其成功可能只需要 10 000 元。但在校招时，招聘员工动辄“带”二三十人来到企业，花费 20 000 元以上的招聘和培训成本，最终留下的不到 10 人，所谓的校招成本结果成为“无效成本”。

何经理认为，必须优化企业的校招管理环节。

首先，要做到精准选人。招聘员工应通过校方、同学甚至是学生家长了解求职学生的基本情况，即便得到的所有信息都是正面的，但只要一线招聘员工真正耐心和专业，也能从看似雷同的信息中获取学生的成长经历，了解他们的个性，再从各个方面论证其是否符合企业需要招聘的岗位条件。因此，在校招开始之前，招聘员工就应清楚企业到底需要怎样的人，招到的人放到哪些部门、做什么工作。他们必须深刻理解这些目标，这样才能正确地进行校招面试。

在确保招聘员工做到这点之后，何经理开始修改面试过程。他将校招面试改为集体形式，一般为 5 ~ 10 人，让所有应聘者一起谈论同个话题。在考察过程中，面试者关注的并不全是求职者说什么，而是观察其参与过程，从其语言、表情、动作等方面，判断其能力和个性。

此外，何经理还为该企业人力资源部门引入了专用测试工具。例如，他设定了一些面试题，让求职的学生作答，并观察作答过程中对方的情绪、对时间的把握等，借以判断答题者的智商、情商，对事物的判断和管理能力。

同时，何经理还安排了长远的计划。他物色了几个学校，与其中重要的专业学院建立了一定的联系，委托教师和辅导员提前帮忙物色符合要求的人才。他相信，这样能节约未来招聘的差旅费和宣传费。对那些不熟悉的学校，则提前一个月与其取得联系，让校方提供推荐名单，并针对名单上的学生进行必要的背景调查。经过下属的提议，他还决定引入网络视频招聘和面试，通过学生们熟悉的视频方式来考察他们。

经过上述管理方式的优化，到第二年校招，何经理兴奋地发现，招聘预算较前一年有效下降了 20%。

7.4.2 第 11 招：自己开发人才降低人力资源成本的方法

有人说："不自己培养人才的企业，必将失败。"在生产经营中自主培养人才，让更多的员工成才，不仅能减少重复招聘带来的人力资源成本，还能让企业取得发展和成功的保障。

企业从内部开发人力资源，首先应确保各项培训要素能与人力资源管理体系紧密联系。在此基础上，企业还应根据目前和长期的需要，对员工进行开发与培养，编制不同的培训计划，采用不同的培训方法，促使他们尽早成才。

在拟订企业总体培训计划时，人力资源管理部门应综合考虑，避免培训项目与对象的冲突，确保培训时间衔接，以便和企业发展相适应。

通过编制人力资源发展的预算，为企业人力资源发展目标设定必要的保障条件，并进一步落实为人力资源发展和培养方案，如图 7.4-2 所示。这两大方案的执行，需要落实培训方法开发与应用、培训课程体系规则与开发、培训讲师开发与培养方案、考核与晋升、薪酬与激励措施等。尤其是在培训组织方面，人力资源管理部门还要通过培训管理要点和培训工作计划等工具来保证培训的效果。

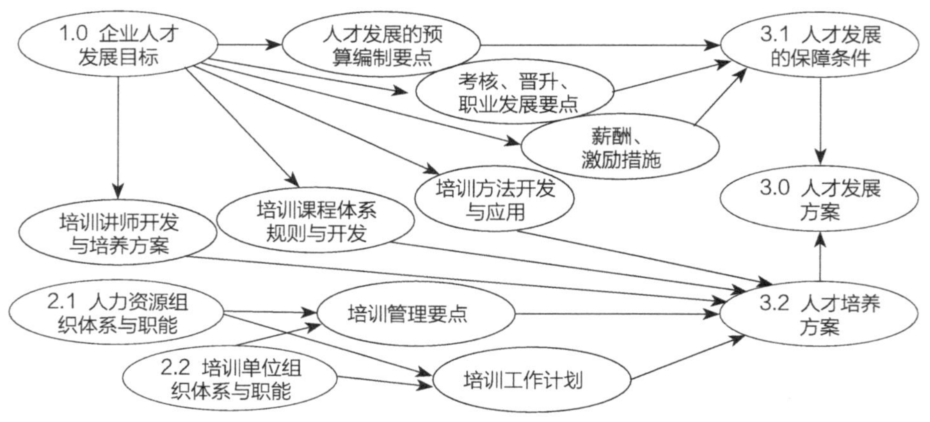

图 7.4-2 企业人力资源内部开发各要素与人力资源管理体系

7.4.3　第 12 招：优化企业架构与员工定编节省人力资源的方法

企业员工数量的增长，必然会使人力资源成本上升，只有业绩不断上升，才能冲抵新增的人力资源成本。否则，企业很容易出现成本上升、业绩下降、机构臃肿、管理权责混乱、人浮于事等负面现象。即使没有遭遇这些问题，当企业面对变化的经营环境，需要进行战略规划和经营业务调整时，也会遭遇优化结构与节省人力资源的重重困难。

为控制员工的数量，企业有必要积极优化企业架构与核定编制，通过科学的控制方法，提高人力成本的贡献率，节省人力资源。

1. 优化企业架构

优化企业架构是从企业的整体结构分析其对人力资源成本管理的价值，主要包括两大方面。

第一，审查企业架构是否应调整、整合或简化。

第二，在审查的基础上，调整企业架构，适当扩大管理幅度，提高管理效率。

2. 重新核定编制

在优化企业架构的过程中，应重点审视和核定现有编制，主要步骤如下。

第一，收集过去和现在的编制数据。

第二，结合营业收入、员工数量、人均生产、人均销售、人均成本等数据，测算和预计年度人力资源的成本。

第三，根据成本预测结果，重新计算编制数量，确定调整原则与目标。

第四，结合目标，测算企业内各部门的编制，与各个部门进行沟通、确认。

第五，正式下达企业和各部门的人力资源成本预算与编制。

3. 降低人力资源成本

在重新核定编制之后，进一步调整和执行编制，实现降低人力资源成本的目标。

由人力资源管理部门和各业务部门共同承担人力资源成本控制指标，确保责任能划分到人。

根据业务变化，进一步调整编制和预算。

在企业内各部门定岗、定编、定员之后，再编制加薪或降薪的计划并予以执行。

实际操作中，也可利用人力资源成本投入产出比这一数据，控制和调整组织结构和员工编制。具体做法是，先计算出有明确经营业绩指标的部门数量和员工编制，然后通过分析各部门员工的比例关系，预测没有经营业绩指标的部门数量和员工编制。表 7.4-1 所示为某企业部门员工编制调整情况。

表 7.4-1　某企业部门员工编制调整情况

某企业	职能部门		销售部门		技术部门		维护部门		客服部门		合计	
	人数	比例	人数	比例	人数	比例	人数	比例	人数	比例	人数	比例
A部门	8	16%	13	26%	3	6%	12	24%	14	28%	50	100%
B部门	24	16%	39	26%	46	31%	24	16%	16	11%	149	100%
C部门	10	15%	23	35%	11	17%	10	15%	11	17%	65	100%

注：由于保留小数点位数，数据存在一定误差。

案例：某企业为什么季度会前调整企业架构与人力资源编制

Z 企业的组织架构为总经理—副总经理—办公室—各级业务部门，其中业务部门包括技术质量部、生产设备部、营销部、财务部等。

员工配置情况为：副总经理 2 人；办公室共 22 人，其中 1 名主任，3 名文秘，18 名文员；技术质量部共 21 人，其中技术员二 14 人，质量员工 7 人；生产设备部共 160 人，其中部长 1 人，工段长 2 人，1 名计划员，1 名调度员，7 名班组长以及 9 名叉车工，其他均为普通生产员工；营销部共 70 人，包括物流、库房、采购、销售等人员；财务部有 4 名员工。

在新季度到来之前，Z 企业的陈总忧心忡忡。他发现，虽然企业看起来运转正常，员工在各自的工作岗位上也算认真工作，但企业的人力资源成本却不断增加，企业的业绩却没有实质性突破，导致企业的利润开始下滑。

为解决这一问题，陈总找到了人力资源专家。他提问道："我们想要提升成本竞争优势，企业的产品主要在二、三线市场销售，必须要通过压低人力资源成本来获得更大的竞争力。"

专家解释说："目前，贵企业在经历了快速增长后，开始走向对综合竞争能力的提升之道。你们决定编制成本优势竞争的战略目标，来提升综合竞争力，这是理所应当的。"

陈总说："可是，企业的利润现在越来越少，为什么我们的成本并没有少，业绩却总在原地踏步？"

专家说："别着急，企业现在并不是没有人才，而是企业架构存在问题。正是这个问题导致了人力资源成本过高，削弱了总成本竞争优势，自然也就难以实现原有的利润指标。"

陈总不解地问："现在的企业架构，是从企业建立开始就运行的，难道一直都有什么问题？"

专家说："企业架构过去没有问题，不代表现在就没有问题，更不代表其就能适应今后的发展。举个例子，贵企业是从国有企业改制而来的，十几年前，国有企业的办公室几乎能完成所有工作，包括人力资源管理、后勤、财务等，所以一直沿用到现在。但今天还能这样吗？答案明显是否定的。同样，贵企业将物流职能放在营销部门，这在过去也适用，但面对新的项目、客户和竞争对手，这样的企业架构是否同样合适？实际上，这恰恰大大降低了人力资源成本的价值和效率。”

陈总恍然大悟：“老师，经过您这样一分析，我发现我们企业的架构确实存在问题，到了该更换的时候了！”

专家说：“是的，所以我建议，企业想要降低人力资源成本，也需要考虑主动进行企业架构调整，整合业务资源相同或者相近的部门，或者突出核心业务，这样才能提升总成本的优势。”

Z 企业在新季度来临前，顺利更换了企业架构，调整了员工编制，迅速降低了人力资源成本，提高了利润。

7.4.4 第 13 招：优化流程、减少无效人力资源成本的方法

在管理界，有一个广为流传的“不拉马的士兵”的故事。

据说，在 1939 年，一位年轻的炮兵军官上任伊始，到下属部队视察，他在几个部队里发现了同样的情况：每个炮位上，都有一名士兵站在大炮炮管旁，自始至终纹丝不动。

军官感到不解，于是询问士兵，士兵说，这是操练条例的要求。于是军官反复查阅相关条例文本，发现这是多年前非机械化时代编制的流程规则。那时，大炮都是由马车运载到前线的，站在炮管边的士兵原本是负责拉住马的缰绳，避免因为马的跳动而影响瞄准的精度。随着大炮的自动化和机械化程度提高，流程上并不需要这样的角色，但却没有及时调整操练条例，出现了人力资源成本的浪费。

企业需要吸取“不拉马的士兵”这一教训，寻求减少无效人力资源成本的方法，尤其不应忽视业务流程中的类似问题。

在企业生产经营中，各项活动都必须创造价值，这些相互关联的活动，构

成了创造价值的动态过程，即价值链。对价值链上的各项经营活动流程进行协调和最优安排，能减少无效人力资源成本，为企业带来更充分的竞争优势。因此，如何优化流程、如何最大化利用现有的人力资源，是企业必须关注的重要问题。

案例：L 企业优化流程降低人力资源成本的实例

为降低人力资源成本，优化流程时应侧重表 7.4-2 中的内容。

表 7.4-2　优化业务流程的内容

优化方向	优化对象
清除	过量生产、等待时间、运输、库存、缺失或失误、重复、检验
简化	表格、程序、沟通、技术、流程、问题区域
整合	工作、团队、客户、供应商
自动化	污染、难度、危险性大的活动，乏味工作、数据工作等

L 企业对其仓储配送业务的流程优化，体现了该企业如何对人力资源成本的效率加以提升。

在该企业的传统业务流程中，大都是先等待客户下达订单，再进行发运配送，这种流程虽然使用多年，但随着企业经营规模的扩大，客户在销售旺季时下单，往往会因为人力资源不足而导致高库存无法及时运输的现象。这使客户损失销售机会，降低了对企业的满意度。但是，如果为应付销售旺季而大量招聘，则又往往因为难以预测货物在终端的销售速度，而导致人浮于事，产生人力资源浪费的情况。

随着 L 企业对组织结构的改革——建立了分拨中心、配送中心等部门，进一步实现主动、持续地补货发货，企业优化了原有的仓储配送业务流程。

考虑到供应链流程烦冗的缺陷，L 企业采用了流程整合的方式解决。他们取消了一级批发商的库存，由负责仓储的部门直接将商品配送给二级批发商。业务流程变化之下，物流部门的信息系统也做出了相应调整——将其与供应商和二级批发商的信息系统对接，实现信息传递。

为推动流程优化，L 企业的物流部门调整了岗位安排，增加了对二级批发商客户库存情况收集与分析的岗位，减少了原有对一级批发商的服务岗位。同时，企业还进一步重新设定工厂、仓库、配送中心、批发商之间的业务流程关系。

通过对上述流程的优化，L 企业解决了物流业务方面人力资源浪费的现象，提高了物流业务的效率。

7.4.5 第 14 招：用工方式组合使用以节约人力资源成本的操作方式

企业的经营目标是尽量降低成本，确保利润最大化。利润最大化必须建立在员工的优秀素质基础上，高素质的员工又意味着较高的人力资源成本。如何协调这样的矛盾呢？最好的解决办法就是优化人力资源配置，科学组合用工。

企业对人力资源的“选、用、育、留”过程中，如果只是将员工招进来随意安置，而不考虑如何合理配置，就必然会对人力资源成本造成浪费。只有对用工方式进行有效的优化组合，才能更好地发挥员工的能力，形成配置合理、氛围良好的企业团队，并带来更高的效率与回报。

目前，许多企业习惯于常态用工模式，即采用标准工时制、工作时间相对固定（标准模式下为每天工作 8 小时，每周工作 40 ~ 48 小时）的用工模式。但事实上，仅采用这一模式，会导致企业使用人力资源受到极大限制，无法真正节约人力资源成本。

例如，企业在招聘时盲目提高或降低录用标准，导致人岗不配套、人力资源短缺与浪费并存。引不进、留不住、学非所用、用非所长，造成人力资源的闲置与浪费。高素质人才被放在低价值岗位上使用，或者让“小牛拉大车”，造成用工成本上升和人力资源浪费，或者因工作失误给企业带来损失。

为解决这些问题，企业应优化配置。在招聘和使用人才的过程中知人善用、适人适岗。通过调配、晋升、降职、轮换、解雇等手段动态优化配置，做到事适其人、人尽其才、才尽其用、人事相配，减少浪费。同时，还应采用多种人力资源配置方案和用工方式，减少人力资源浪费。

在此过程中，企业可以出于节约人力资源成本的目的，引入特殊用工模式。常见的特殊用工模式如下。

① 不定时工作制，即没有明确工作时间的用工模式。这一模式适用于工作成果无法用工作时间衡量的岗位，如外勤销售岗位、勘查岗位等。

② 综合工时制，即以周、月等为周期，综合计算工作时间的用工模式。通常每周工作不超过 40 小时，每月工作不超过 174 小时。该模式适用于工作特殊、需要机动作业的岗位，如司机、保安和保洁员等。

③ 非全日工作制，即每天工作不超过 4 小时，每周工作不超过 24 小时的用工模式。该模式适用于单日工作量不大、工作时间较短的岗位，如快餐厅的“小时工”等。

④ 劳务派遣用工，即由劳务公司派出员工，到实际用工单位从事相关岗位工作的用工模式。该模式适用于对技术要求不高的基础性工作岗位，如保安、保洁、司机和文档作业员。

⑤ 劳务外包用工，即由劳务公司派出员工，到实际用工单位完成一定任务或项目的用工模式。该模式适用于工作周期较短、技术要求较高的工作项目，如 IT 产品研发项目等。

⑥ 退休返聘用工，即企业续用达到退休年龄、办理完退休手续员工的用工模式。该模式适用于具有稀缺性并能为企业带来较大价值的退休员工，如体检医生、特殊险种的核保理赔员等。

常见的企业特殊用工形式汇总如表 7.4-3 所示。

表 7.4-3　企业特殊用工形式汇总

项目	合同工	项目工	外包工	小时工	终身工
合同期限	双方约定	宽泛约定	两年以上	不设期限	无期限
试用期	1 ~ 6 个月	无	1 ~ 6 个月	无	1 ~ 6 个月
解除条件	解除、终止、裁员	解除、终止、裁员	退回、裁员	随意	终止、解除
经济补偿	1 年 1 个月	1 年 1 个月	1 年 1 个月	无	1 年 1 个月
灵活度	欠缺	适中	较好	最好	最差
一般适用	一般岗位	短期岗位	灵活岗位	非劳动关系岗位	核心岗位

案例：科学组合用工的 3 个层面

企业的科学组合用工方法，可以分为以下 3 个层面。

1. 技能熟练程度组合

根据同一岗位上员工技能熟练程度的高低，优化组合人力资源，合理配置人力资源。这一方式在提供同类产品或服务的企业集团或连锁形式的企业中最为常见。

某集团在广州和东莞有两个生产同类产品的工厂，分别为 A 厂和 B 厂，其生产部门员工各为 1 000 名和 600 名。

当集团在 B 厂扩大生产时，需要增加生产员工 300 人。此时，就应考虑从 A 厂调动部分熟练员工进入 B 厂，并招聘新员工，通过熟练员工和新员工的组合，形成最科学的技术熟练度组合。

2. 人力资源结构组合

企业可以从知识层次、管理能力、技术能力和年龄结构等角度，进行多维度分析，建立最适用的人力资源结构模型，以指导企业的用工方式。

人力资源结构组合目前有以下常见模型。

① 哑铃型。低层次劳动员工和高层次知识人才占据了两端，技术员工即中高级蓝领员工奇缺。事实上，制造业的人力资源市场上，高级钳工比研究生更稀缺。

② 橄榄型。在某些企业中，低层次劳动员工和高层次人才较少，中高级技术工人占据了人力资源的大部分。

显然，上述两种人力资源结构组合模型都并不科学。为此，企业应根据自身情况，努力将之引导建设为金字塔型，即低层次劳动员工最多、中高级技术人才次之、高层次人才较少的人力资源结构组合。

表 7.4-4 显示了 3 种人力资源结构组合模型对企业带来的影响。

表 7.4-4　人力资源结构组合模型的影响

人才结构	对企业员工任用的影响 （知识层次、技能水平、管理水平等）	对企业人力成本的影响 （相对而言）
哑铃型	中坚骨干人才缺乏，影响技能水平、管理水平的发挥，影响效率、质量、成本，对制造行业企业影响极大	人力成本不合理
橄榄型	劳动力短缺，中坚骨干人才扎堆	人力成本高
金字塔型	高、中、低人力资源配置合理	人力成本合理

在制造行业，要防止出现“哑铃型”人才配置，该结构可能导致技能型人才缺乏；在 IT 行业，要防止出现“橄榄型”人才配置，该结构可能导致人力成本居高不下。

3．雇佣或计酬方式组合

从灵活用工方式角度来看，采用不同雇佣方式或计酬方式的组合，可以降低人力资源成本和管理费用。

例如，同样是计件雇佣方式，可以采取正式工计件方式和临时工计件方式；对计时雇佣方式，则可以采取正式工计时方式和临时工计时方式，其中临时工计时方式又能分为小时工、实习工和暑期工等方式。

在全职雇佣方式之外，还可以采取兼职方式，如兼职咨询顾问和兼职岗位等。兼职最典型的雇佣方式是用工外包，如人事代理、服务外包、临时租赁等。表 7.4–5 所示为用工组合方式比较，通过该表可一眼看出各自的优劣。

表 7.4–5　用工组合方式比较

用工关系	工资报酬	加班费	社保 / 公积金	裁员风险	企业忠诚度
劳动关系	较低	高	交	高	高
雇佣关系	较高	无	不交	无	较低
承揽关系	高	无	不交	无	较低
劳务派遣	较低	无	不交	无	很低

案例：华为为什么使用软件开发外包服务

在 IT 界，外包已经成为很多企业广泛采用的人力资源管理模式，也因此产生了众多外包公司，其中主要分为人力外包和项目外包两大类型。

以华为为例，华为作为业界的标杆企业，有很多项目是同时进行的。对其中一些次要或非核心的软件开发项目，如果华为自行招聘人员并进行管理，就会付出较高的成本，如员工的社保、公积金等。因此，华为决定将这部分次要的项目外包出去，交给其他软件开发企业开发，只需要直接付款给对方，“购买”足够的人力资源即可。

正因如此，在深圳出现了不少软件开发外包企业。这些外包企业主要为华为、腾讯、中兴的项目提供人力资源。

例如，华为即将开始一个非核心项目，大约需要增加5名IT员工，开发周期为4个月左右。华为经过考量，选择将这些工作发包给外包企业A。A企业则随即开始招聘工作员工，当工作员工通过两家公司面试之后，才能入职。此时，员工入职的是A企业而并非华为，与华为也没有任何人事关系。因此，虽然员工每天的工作都是为华为开发软件项目，但华为却并不需要为其支付正式员工的人力资源成本。

实际上，不只是华为会使用开发外包服务。腾讯的员工同样由正式员工、外聘员工和外包员工组成。其中，外聘员工与人力资源服务公司签署劳动合同，但相关的福利待遇与正式员工一样。同样，顺丰推出了顺丰伙伴计划，让更多的人成为伙伴加盟商的员工。小米也通过人力资源外包解决了短时间急需大量员工的问题。

外包服务对处于各个发展阶段的企业人力资源管理工作，都有其重要作用。

当企业处于创业阶段，资金有限、人手不足，此时将员工入离职管理、社保缴纳、薪酬发放进行外包，能确保业务处理的专业性和规范性。

当企业进入发展阶段，需要高效、快速地网罗最合适的人力资源。此时，企业管理者的精力应集中在招聘方面，其他人力资源管理业务也可外包出去。

当企业进入扩张阶段，企业应该聚焦于人力资源战略管理，其他有关的行政性事务也都能外包出去。

当企业进入衰退阶段，企业可以利用外包公司来裁员或进行转移，减少用工成本。

7.4.6 第 15 招：加强工时管理、降低无效成本的方法

在以项目为核心业务的企业中，工时管理是非常重要的人力资源管理手段。如何利用有效的工时管理方法为企业创造最大价值和利润，是人力资源管理部门必须面对的问题。

工时管理是考核员工工作效率、提高员工工作积极性的重要方法。科学的工时管理能为人力资源管理的考勤、绩效考核提供客观、公正的依据，有利于合理利用人力资源，最终降低人力资源成本。

通过工时管理，企业能掌握每位员工的工作压力程度，为业务部门、项目、岗位上的人力资源合理分配提供有效的数据基础。同时，员工工时管理又能体现企业人力资源是否被充分高效利用，诸如工时记录、工时统计、工时核算、工时计划和工时表预览等，都是人力资源成本管理的基础工具和核心内容。通过这些，企业和部门的管理员工能随时查看员工的工时填报情况、工时利用情况、加班、休假以及工时计划的详情，便于进行费用跟踪、工时核算和人力资源成本核算。

在工时管理中，尤其应注意非常态工作情形的工资支付。

1. 多做多得

如不同用工形式或工时制度下的加班或值班，应根据员工实际加班、值班的时间长度支付薪酬费用。

2. 少做少得

少做包括违反劳动纪律和法律允许的情形。前者包括迟到、早退和旷工等，后者包括事假、病假、孕假和哺乳假等。根据性质不同，企业应根据聘用合同的约定事项，扣减不同的薪酬费用。

3. 不做也得

根据国家法律法规规定，员工拥有法定的“不做也得”的工时，对这些员工不工作的工时，企业不得减少人力资源薪酬费用，例如婚假、丧假、产假、

公休假、探亲假、年假、陪产假、节育假和工伤假等。

4. 离职应得

在企业主动提出与员工终止和解除劳动关系的各种情况下，企业应给予员工应有的离职应得薪酬。

由于特殊工时制度涉及员工不同的工作时间和计算周期，其工资支付相当复杂。企业针对上述 4 种非常态工时情形，应准确理解政策、掌握公式、优化制度、精确计薪，确保企业在合法合规的条件下提高人力资源成本的使用效率，尽量减少无效成本。当企业经营情况发生变化，某些岗位不再需要使用特殊工时制度，此时也应及时予以调整，毕竟特殊工时制度并不适用于每个员工，也可能加大企业对人力资源的管理难度，所以必须及时变通。

案例：某企业工时管理办法

在《对话 CEO 世界 500 强人力资源总监最佳管理实践》一书中，某著名企业的人力资源总监在面对采访时，有过对他所在企业工时管理办法的具体阐述。

访问者：加班是大家持续关注的话题，加班的情形在国内多数企业中都存在，也有不少单位给员工的工资较高，于是有加班但是没有加班工资。那么，您对企业的加班管理是如何看待的呢？

人力资源总监：现实中，很多企业都存在加班的情况，其中包含很多优秀的企业。企业在加班管理的过程中，除了考虑劳动法之外，还应当思考为什么需要员工加班、员工为什么加班。实际上，加班管理背后折射出来的是系统化管理问题。当然，在这个过程中，存在员工加班现象，企业应当按照国家法律规定支付加班工资，这是不存在任何争议的。企业加班管理属于工时管理的组成部分，企业里常见的岗位一般是计件岗位和计时岗位。计件岗位的工时管理和待遇管理相对简单，通俗地讲就是多劳多得；而计时岗位的工时管理和待遇管理，我们通常根据业务实际情况设定一个目标，通过目标管理的方式牵引员工工作。员工如在法定节假日、休息日加班，企业应按照国家规定的法定标准，支付加班工资或者安排员工调休，不能安排调休的则依法支付加班工资。

这段访谈体现了该企业人力资源管理员工面对工时管理的基础底线，在于确保合法合规性。实际上，员工工时管理并不是孤立的，也不只是企业对员工上班时间的管理。在实践中，企业经常会出现两难局面：安排员工休息势必增加员工数量，导致人力资源成本的上升；如果不增加员工数量，就会出现个人工时不断增加，员工满意度降低而流失率增加的情况，同样有可能导致人力资源成本的上升。

以连锁经营企业为例，不少企业因为预测工作不到位，经营中频繁出现商品进货、退货、调拨等行为，无形之中增加了员工的无效工时。而在这种情况下，片面要求员工加班，既会导致员工的身心健康受损，也会因拨付加班薪酬而增加人力资源成本。实际上，企业应着眼于管理的科学化，根据商品售卖规律，给门店定额配送，不仅能实现运营效率的提升，同时也能间接实现员工工时的有效管理，减少加班次数，为企业创造价值。

例如，某企业人力资源部门专门成立了一个数据分析组织，其主要工作就是分析和监督员工工时管理的实施效果。该组织通过对正常工时的生产效率与加班工时的生产效率，员工不加班以及加班所导致的流失率等数据进行分析，向企业管理者给出有关各部门工时管理的建议。这样既实现了人力资源成本效率的提升，也实现了管理效果的提升。

7.4.7　第 16 招：有效保留员工、降低离职成本的方法

在许多企业内，相对于对在职员工的严格管理，企业对员工离职的行为不够重视，这在很大程度上导致了员工离职对成本的更大伤害。实际上，员工离职不仅会对其岗位工作、前后流程、企业形象和负责客户造成影响，还可能带走企业的核心竞争力和机密，增加企业的招聘成本，影响现有员工队伍的士气，助长竞争对手，最终引起连锁反应。

为此，企业在对员工离职行为进行管理时，需要从以下方面着手。

1. 离职分类

离职可分为主动离职和被动离职两大类，其中主动离职包括辞职（竞争淘汰、人才流失）和退休两种，被动离职包括辞退和裁员。

2. 量化离职成本

一般而言，越重要的岗位，员工离职带来的成本损失就越大。越是优秀、工作时间越久的员工，离职带来的成本损失也同样越大。

面对潜在的风险，量化离职成本是加强离职管理的第一步。通常而言，员工离职成本为招聘成本、培训成本、机会成本和解约成本之和。表 7.4-6 所示为员工离职成本量化组成。

表 7.4-6　员工离职成本量化组成

项目	离职成本类型	离职成本占年度工资的比例
1	解约成本	10% ~ 60%
2	机会成本	−50% ~ 300%（也称为业绩差异成本）
3	招聘成本	10% ~ 40%
4	培训成本	20% ~ 80%
合计	主动离职成本	30% ~ 420%（2、3、4 项）
	被动离职成本	40% ~ 180%（1、3、4 项）

此外，离职成本也可以用简易方法计算，即按照主、被动离职分类，结合绩效因素计算。一般情况下，每名员工主动离职成本是其年薪的 200%，而被动离职成本为其年薪的 110%。

3. 降低离职成本

量化员工的离职成本是降低离职成本的第一步。人力资源管理员工应深入分析员工离职原因，积极配合其他部门，用企业文化、环境、制度、法律来留住员工，尽量降低离职率。

相关的方法如下。

① 提高招聘的有效性，减少招聘失误。多从企业内部选拔和晋升，降低招聘风险和可能产生的损失。

② 完善合同管理，积极利用离职赔偿协议。对未能按规定提前 30 天申请离职的员工，提供 1 个月的工资补偿。与提供重要培训的员工签订服务期限协议，减少培训成本。与核心员工签订竞业禁止协议，降低机会成本。

③ 建立知识管理系统，规避信息流失、断档，避免员工离职造成企业损失。例如，将重要的技术信息、客户信息、财务信息、人事信息和经营管理信息等纳入知识管理系统。

④ 关心员工的成长，为他们提供学习、培训和职业发展的机会。

⑤ 适时调整薪酬水平，与市场薪酬水平保持接轨。

⑥ 加强企业文化与团队建设，创造良好的工作环境与氛围，促使员工对企业产生归属感。

⑦ 改善管理员工的工作方式，维护上下级之间良好的工作关系，建立内部沟通机制，让员工对管理者产生认同感，降低管理失误的成本。

⑧ 依据核心员工和绩优员工的个性化需求，为其编制特别保留计划，如表 7.4–7 所示。

表 7.4-7　员工分类保留计划

绩效水平	不容易替代	容易替代
A 类 高绩效	性质：造成严重损失的流动 对策：保留或发展该员工，寻找继任者	性质：造成损失的流动 对策：保留或发展该员工
B 类 一般表现	性质：造成损失的流动 对策：保留并寻找继任者	性质：是否有利视流动成本而定 对策：保留
C 类 低绩效	性质：短期损失但长期有利的流动 对策：提高绩效或者辞退，尽快寻找替代者	性质：有利的流动 对策：提高绩效或辞退

⑨ 对主动提出离职的员工，应及时启动挽留程序，展开离职面谈。确定离职原因后，寻找针对性的解决办法，降低员工的离职率。

案例：名企和中小企业如何保留员工

在人力资源流动迅速的背景下，无论是名声卓著的大企业，还是创业跋涉的中小企业，都面临着如何保留员工的问题。企业只有提前布置措施、规划方案，才能防患于未然，在员工流失并导致人力资源成本浪费之前，尽量将损失控制在最小范围。

表 7.4-8 是某企业员工保留方案推广流程。通过该方案的设定和执行可见，该企业并不是单纯依靠晋升和加薪来保留员工，实际上，单纯依靠这种方式保留员工，既不可能持续见效，也不可能科学控制人力资源成本。因此，该企业通过满足员工基本需求，如休息需求（安排休假）、生理需求（小冰箱、微波炉、休息室和健康恳谈会等）和职业尊严需求（制服等），提高员工对企业的满意度。同时，企业还开展“家族”活动、认同鼓励文化，使员工能真正从内心认可并归属企业。

表 7.4-8　某企业员工保留方案推广流程

项目	推广计划内容	时间	负责人
满足员工基本需求	每位全职员工配备两套制服（店经理会议宣传）	每月	餐饮经理
	排班恳谈会	每月	排班经理
	全职员工每周至少排定一天休息，每个月至少两天整班	每月	排班经理
	每家店配置小冰箱、微波炉	还需要同上级领导申请（待沟通）	
	统一规划员工休息室版面	每年 7 月	人事部门
开展“家族”活动	建立“家族”系统资料	每年 12 月	餐厅经理
	餐厅推广“家族”活动	每年 12 月	人力资源部门
认同鼓励文化	目前执行中	每日	值班经理
员工沟通渠道	申诉渠道指引	每半年一次	人事部门
	离职员工调查	每月	人事部门
	服务组意见调查	每年一次	人事部门
员工发展规划	服务组人员评估	每季度	餐饮经理、副经理
	员工发展晋升渠道图及内部发展晋升流程	×× 年 × 月	人事部门

在沟通方面，该企业通过申诉渠道的建立和指引、对服务组意见的调查等方式，让在职员工有畅通的表达渠道，能积极表达自己的看法与意见。对离职员工的调查，则能确保收集到更客观的离职原因信息，并以此来调整企业的各项管理措施。

最后，该企业还结合自身的发展阶段，为员工的发展规划提供支持。例如，公布员工发展的晋升渠道图及内部发展晋升流程等，以及在每季度通过员工评估来支持晋升和发展。这些手段可让员工进一步看到个人在企业内的发展前景，提高留在企业内的积极性。

格力创始人董明珠也被看作“商界女王”，登上过福布斯中国最杰出商界女性排行榜的榜首。从基层成长起来的董明珠深谙企业留人的重要性，并从多方面去设定保留员工的制度框架和管理措施。

2013 年，在博鳌亚洲论坛上，董明珠透露，格力的每位员工都有一间 20 平方米的宿舍，假如员工结婚了则有一套 50 平方米的两居室，只要员工在格力，房子永不收回，退休也不会收回的，工作 3 年以上的工人极少离开格力。对此，她总结说：“我要给他们安全感，解决他们的后顾之忧。”

实际上，格力的工资水平一直高于行业的平均薪酬水平。从 20 世纪 90 年代开始，这家企业就为员工购买养老、医疗、失业、工伤和生育等保险，并提供免费上下班车、免费午餐、节假日慰问金、中晚班津贴、工龄津贴和特殊工种津贴等各种福利。

同时，格力真正将员工看作企业的资源，通过职业生涯规划和内部培训，建立了“能者上，庸者下”的晋升机制，并提供物质和精神方面的激励机制，努力为员工搭建个人事业发展舞台，保证企业内人尽其才、才尽其用。格力建设了自己的技术工程学院，让 90% 的一线员工都具有大专学历，能成为技能型人才。同时，格力还为专门从事技术和研发工作的一线员工开辟了平行于管理团队的薪酬体系和晋升标准，让技术研发员工能专心发挥特长，也同样享受高薪酬并获得尊重感。

董明珠说，只有让员工在企业的平台上获得尊严和自豪，他们才会自然而然地留下来。

7.4.8　第 17 招：规范人力资源管理制度、降低劳动争议成本的方法

没有任何一家企业喜欢面对劳动争议，然而，企业受到的劳动争议困扰却并未因此减少。实际上，想要降低劳动争议带来的成本浪费，离不开有效规范人力资源管理制度。

人力资源管理制度建设是现代企业制度建设的重要组成部分。企业通过编制、遵守和执行制度，依法管理员工、依法治理企业。人力资源管理制度具体包括签订、履行、变更和解除劳动合同，培训员工、考核和管理，提供工作岗位，组织生产经营，支付人力资源薪酬，为员工缴纳保险费用等环节。

下面是常用的人力资源管理制度与其对应的功能。

① 识别人才，应建立《人才素质测评手册》及其相关使用制度。

② 招聘人才，应建立《招聘工作手册》及其相关使用制度。

③ 培育人才，应建立《培训工作手册》，包括培训内容的规划和教材的汇编。

④ 使用人才，应建立《考核工作手册》，包含具体考核方案和业绩奖励办法。

⑤ 保留人才，应建立《薪酬方案》和《晋升规定》。

⑥ 根据企业和员工的特点，编制其他相关的人力资源管理制度。

企业只有编制了上述有关人力资源管理的一系列规章制度，才能做到制度管人、有规可依。否则，就很容易为企业带来巨大风险，形成制度与管理的漏洞，导致劳动争议动辄发生，规章制度也会如同一纸空文，对员工无法产生足够的法律约束力，无法发挥制度应有的作用，严重情况下还会导致企业承担民事赔偿责任。因此，人力资源管理制度的建立和风险方法是企业制度建设的重中之重。

从避免法律风险上来看，人力资源管理部门在编制或修订规章制度时，尤其应注意把握规章制度的合法性，避免管理与操作上的误区，降低劳动争议发生的可能性。

例如，入职和录用管理制度应避免录用条件存在就业歧视的情形。试用期管理制度应严格约定试用期期限，同时不得将试用期从劳动期限中剥离，也不能随意辞退员工。在劳动合同变更制度上，要避免随意调岗调薪，变更劳动合同应当经过双方协商一致等。

案例：本可以避免的经济补偿金

在企业的人力资源管理过程中，存在着诸多法律风险，想要规避风险，就要对每个重要环节加以优化，避免因出现赔付而带来的损失。

某企业的分公司下，有六七千亩原始森林。由于森林面积大、范围广，为防火防盗，招聘分公司周边 10 余名村民为护林员，他们主要负责制止和通报盗窃树木的行为、巡查防止发生森林火险等，分公司每月给予每人一定的护林费用。由于双方合作时间很长，村民一直未出具劳务发票，企业也没有提出签订任何协议。然而，随着法律意识的觉醒，有村民开始提起劳动仲裁，主张双方是劳动关系，分公司应该为自己补缴社会保险金，并补足最低薪酬标准，到退休年龄的村民还应该在分公司办理退休。由于该分公司未能提供任何对自己真正有利的证据，最终不得不给出了补偿，这就是未能签订明确协议而导致的成本损失。

另一家 F 企业，在招聘员工时过于急迫，没有做充分的背景调查，就将一名员工招聘入研发部门团队。不久之后，该员工曾经工作过的企业提起诉讼，以员工曾经签署过竞业限制条款且未超过约定期限为由，对 F 企业向法院提起诉讼。虽然双方最终和解，但 F 企业还是付出了赔偿金。

实际上，无论招聘需求多么迫切，企业在招聘员工（尤其是从事技术或管理工作的员工）时都应审慎地完成背景调查，审查其是否和其他单位约定了商业秘密或竞业限制条款，是否已经超过了约定的期限。在确认拟招聘的员工已经不负有保密或者竞业禁止义务之后，才能将其纳入招聘范围。否则，该员工的原企业很可能因此产生经济损失，并提出赔偿要求。

7.4.9 第 18 招：最有效的人力资源成本降低措施

2019 年底，一家著名的互联网企业上了“热搜”。令人遗憾的是，这并没有为其带来品牌印象上的加分，反而引起了不小的舆论风波。原因是，该企业在面对不幸患重病的老员工时，采取了过激的裁员方法，结果引起了员工在网络上的愤怒回应。最终，企业不得不以道歉和补偿来收场。

毫无疑问，人力资源成本降低措施中，最有效、最直接的就是裁员这把双刃剑。如果使用得当，企业的人力资源成本能在短时间内得到有效降低。但如果错误使用，很可能后患无穷。

下面是裁员的常见合理步骤。

1. 裁员决策

为能更好地进行裁员决策，企业必须缜密思考以下方面。

（1）确认企业战略

企业的裁员往往发生在企业经营遭到重大挫折，或者市场环境出现巨大变化时，企业既有的战略已经不符合未来的经营要求，必须进行调整或改变。例如，企业曾经采取多元化发展战略，但遭遇市场不景气，因此必须将业务重心集中在某一特定市场而放弃其他领域，也就不可避免地要对人力资源队伍进行调整。这就是企业战略方向变化对裁员决策的指导作用。

（2）评价知识技能

在做出裁员决策之前，还需要评价员工的知识与技能。这样能厘清目前企业的员工状态，比照未来的战略需求，确认新的员工团队需要掌握哪些知识和技能。同时，也能确保裁员的决策更加合理、更具有说服力，大量减少由于盲目裁员而导致的劳动纠纷。

2. 编制裁员计划

在编制裁员计划之前，企业需要完成 3 个方面的准备。图 7.4-3 所示为裁员计划准备。

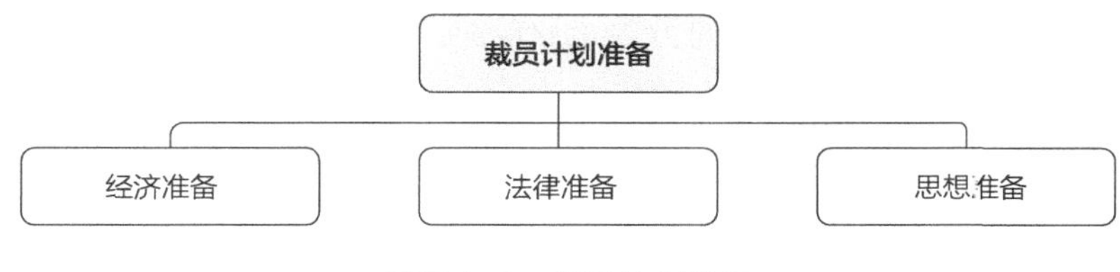

图 7.4-3　裁员计划准备

① 经济准备。对被裁减的员工，企业需要按照合同，发放一定数量的补偿金，保证这些员工在一段时间内的正常生活。

② 法律准备。如果裁员规模较大，很可能引起法律诉讼，因此，企业必须要做好“打官司”的准备。

③ 思想准备。裁员往往会对企业内部的转型产生负面作用，企业管理者必须有充分的思想准备。

做好上述准备，才能正式编制裁员计划。裁员计划包括裁员主计划和配套计划。其中，裁员主计划是编制裁员计划时需要重点把握的，其内容包括裁员方法、裁员标准、裁员进度安排以及裁员负责人的安排等。裁员配套计划主要用于协助并确保裁员主计划的落实与执行，具体内容包括补贴分配计划、员工安置计划、裁员安全计划、纠纷处理计划等。

3. 宣布决定

宣布裁员都是难以说出口的。在宣布之前，应该对员工有前期铺垫，如面谈、交流等，至少让员工内心有所准备，不要让员工感觉是突如其来的故意行为。例如，对绩效欠缺的员工，应该先给出书面警告，双方确认签字，才便于宣布决定。

在向员工宣布决定之前，应提前通知员工，确定其第二天是否会到办公室，以此避免员工第二天出差、见客户等意外情况。在宣布决定时，应提前半个小时通知该员工，并带上其个人的档案资料，尽量选择气氛比较轻松的环境。开始谈话时，尽量不要谈无谓的话题，而是直接介绍企业遇到的困难和情况，并表明意图。此时，需要做到“七个不”，分别是不提员工的表现、不承诺做不

到的事 、不过分安慰员工、不过分为企业辩护、不说自己的个人看法、不谈及其他员工、宣布和面谈的时间不过长。

在表明意图之后，转换话题，和员工谈及赔偿问题和关系转移问题。在此基础上，了解员工是否需要企业开具推荐信，同时为离职员工提供核对清单，便于他们完成随后的离职工作。

4. 执行计划

完成初次面谈后，等员工心情稍微稳定后，可以与他们进行离职面谈。此时，员工最容易表露自己对企业的真实看法。通过谈话，管理者能发现企业内存在的很多问题，为后期改进打好基础。

面谈结束后，完成交接手续，包括办公桌、办公计算机、门禁卡和离职补偿等。还应及时转移被辞退员工的档案和福利待遇等。

完成裁员计划后，人力资源管理部门可以通知该部门的员工开一个简短的会议。在会议上，尽量采用闲聊式的口吻将消息通告给所有人。

案例：从该企业的裁员败局中吸引教训

S企业创始人早在16岁就开始创业，创业第二年拿到1 700万元的投资后开始大举扩张。由于缺乏人力资源成本管理经验，2016年6月，该企业因为面临现金流问题，裁掉了两个部门共计近80名员工，引发了社会争议。

实际上，在拿到天使融资之后，裁员问题就在S企业内埋藏下来。为扩大规模，该企业大量扩招员工，随后遇到的问题又导致必须大规模裁员。此时，该企业采取了“搬家前裁人”的方式，由财务和行政给被裁的员工打电话通知，企业创始人和管理员工并没有直面每一名被裁员工。等员工上班后，发现企业已经人去楼空，情感和理智上都难以接受，于是连续在网上发帖，进一步导致企业的信用危机。

由于企业创始人非常年轻，这次裁员事件被进一步放大，人们质疑其管理方式简单粗暴，难以创业成功。最终，该企业的官网无法打开，投资人也纷纷撤资，企业被迫走向失败的大结局。

实际上，S 企业在很大程度上可能是被“冤枉”的。根据创始人后来的表述，该企业的裁员调整目的很合理，是为了尽快达到企业整体收支平衡甚至盈利，而大多数被辞退的转正员工都已经拿到了赔偿，各项赔偿都按照国家法律规定与当事人协商解决，几乎所有被辞退的员工都签署了解除劳动合同协议。但创始人最终也意识到，他并没有妥善处理好裁员的善后工作，导致大多数被辞退员工和企业发生了纠纷与冲突。

从 S 企业裁员引发失败的案例中，当今的人力资源管理部门能吸收很多有益的教训。裁员并不能只追求结果，让过程更加合理、科学和高效，是企业必须学会的裁员之道。